大学生创新创业
与社会实践活动指导

杨海波 主编

西北工业大学出版社

西安

【内容简介】 本教材基于知识经济和"双创"时代背景,将"创新创业"和"社会实践"进行有效融合,主要内容分为理论篇和实践篇。理论篇包括3章:认识社会实践、深入创新创业、社会实践与创新创业的关系;实践篇包括8个项目:社会调查、志愿服务、行业见习、组建创业团队、编写创业计划书、创业项目的路演、新企业的创办和新创企业的成长。

本书适合高等学校本科学生使用。

图书在版编目(CIP)数据

大学生创新创业与社会实践活动指导 / 杨海波主编.
西安:西北工业大学出版社,2024.8 -- ISBN 978-7-5612-9457-4

Ⅰ. G647.38;G642.45

中国国家版本馆 CIP 数据核字第 2024MQ4005 号

DAXUESHENG CHUANGXIN CHUANGYE YU SHEHUI SHIJIAN HUODONG ZHIDAO

大 学 生 创 新 创 业 与 社 会 实 践 活 动 指 导
杨海波 主编

责任编辑:	李文乾 党 莉	策划编辑:	李 萌
责任校对:	高茸茸	装帧设计:	李 飞

出版发行:西北工业大学出版社
通信地址:西安市友谊西路 127 号　　邮编:710072
电　　话:(029)88491757,88493844
网　　址:www.nwpup.com
印 刷 者:陕西向阳印务有限公司
开　　本:787 mm×1 092 mm　　1/16
印　　张:16.75
字　　数:418 千字
版　　次:2024 年 8 月第 1 版　　2024 年 8 月第 1 次印刷
书　　号:ISBN 978-7-5612-9457-4
定　　价:59.00 元

如有印装问题请与出版社联系调换

前　言

在知识经济和"双创"时代背景下,创新创业能力已成为衡量一个国家核心竞争力的重要指标。作为国家的未来和希望,大学生的创新创业能力直接关系到国家的长远发展和社会的持续进步。

创新创业不仅仅是一种商业行为,更是一种精神追求和人生态度。它要求人们敢于挑战传统,勇于探索未知,以开放的心态和创新的思维去解决问题,创造价值。在这个过程中,社会实践是一个不可或缺的环节。通过社会实践,大学生可以将理论知识转化为实际操作能力,可以在失败与成功中积累经验,可以在挑战与机遇中锤炼品质。

目前,关于大学生创新创业的教材多种多样,对大学生创新创业教育起到了良好的促进作用,但融合大学生创新创业与社会实践的专业教材较为少见。因此,我们编写了《大学生创新创业与社会实践活动指导》,旨在通过系统的理论知识和丰富的社会实践指导,激发大学生的创新思维,培养他们的创业能力,引导他们积极投身于社会实践,实现个人价值与社会价值的双重提升。

本教材内容具有如下特色:

(1)在对多所高校教师和学生进行问卷调查和深入访谈,了解当前"双创"教学的真实需求之后,再根据需求有针对性地设计章节结构。本教材分为"理论篇"和"实践篇"两大模块,各模块的内容前后贯通,环环相扣,理论紧密结合实践。

(2)本教材以创新创业为核心,以社会实践为载体,注重理论与实践的紧密结合,并且融入课程思政元素,促进学生综合素养的提升。

(3)除了介绍创新创业和社会实践的基本内容以外,本教材还提供了许多案例和实用工具,可以帮助学生进行实际操作,快速入门。

(4)为了帮助学生更好地掌握创新创业与社会实践知识,还设置了"小知识""任务实训"等栏目,使教材内容更加新颖、有趣。

本教材由杨海波担任主编,龙玉峰、吕霞担任副主编。具体的编写分工如下:杨海波负责编写理论篇中的第一章和第二章,龙玉峰负责编写理论篇中的第三章,秦向涛负责编写实践篇中的项目一,郑琪琪负责编写实践篇中的项目二,赵睿负责编写实践篇中的项目三,吕霞负责编写实践篇中的项目四至项目八,最后由吕霞负责统稿。

我们期望学生通过本教材的学习,能够掌握创新创业的基本知识和技能,培养创新思维和创业精神,提高社会实践能力和团队协作能力。同时,也希望学生能够以积极的心态面对未来的挑战和机遇,以创新思维解决遇到的问题,以创业精神追求个人的梦想,助力社会的进步。

在编写本教材的过程中,参考了相关文献、资料,在此谨向其作者表示感谢。

由于水平有限,教材中难免有疏漏之处,恳请广大读者批评指正。

编 者

2024 年 6 月

目　录

第一篇　理论篇

第一章　认识社会实践 ………………………………………………………………… 3
　　第一节　实践育人理论的提出及基本特征 ……………………………………… 4
　　第二节　社会实践的概念和特点 ………………………………………………… 6
　　第三节　大学生社会实践的发展历程和趋势 …………………………………… 8
　　第四节　大学生社会实践的模式 ………………………………………………… 12

第二章　深入创新创业 ………………………………………………………………… 18
　　第一节　创新创业概念与大学生双创政策体系介绍 …………………………… 20
　　第二节　大学生创新创业面临的挑战与机遇 …………………………………… 33
　　第三节　创新思维的发掘与养成 ………………………………………………… 37
　　第四节　创业意识和创业素养 …………………………………………………… 48
　　第五节　创新型创业渠道与方式 ………………………………………………… 50
　　第六节　创业风险评估与规避 …………………………………………………… 61

第三章　社会实践与创新创业的关系 ………………………………………………… 66
　　第一节　社会实践对创新创业的促进作用 ……………………………………… 67
　　第二节　创新创业对社会实践的反哺 …………………………………………… 73
　　第三节　创新创业与社会实践共同发展路径 …………………………………… 76

第二篇　实践篇

项目一　社会调查 ……………………………………………………………………… 83
　　任务一　基础知识的认知 ………………………………………………………… 85

　　　　任务二　选题阶段的实施 …………………………………………………… 90
　　　　任务三　准备阶段的实施 …………………………………………………… 98
　　　　任务四　调查阶段的实施 ………………………………………………… 104
　　　　任务五　撰写调查报告 …………………………………………………… 111

项目二　志愿服务 ……………………………………………………………………… 118
　　　　任务一　了解志愿服务 …………………………………………………… 120
　　　　任务二　志愿服务组织的运营 …………………………………………… 126
　　　　任务三　志愿者的自我管理 ……………………………………………… 133

项目三　行业见习 ……………………………………………………………………… 140
　　　　任务一　认识生产实习与顶岗实习 ……………………………………… 141
　　　　任务二　生产实习流程 …………………………………………………… 145
　　　　任务三　顶岗实习流程 …………………………………………………… 153

项目四　组建创业团队 ………………………………………………………………… 167
　　　　任务一　创业团队的构成要素及优势 …………………………………… 169
　　　　任务二　创业团队组建的程序 …………………………………………… 172
　　　　任务三　创业团队成员角色定位 ………………………………………… 175
　　　　任务四　创业团队管理与激励 …………………………………………… 179

项目五　编写创业计划书 ……………………………………………………………… 187
　　　　任务一　初识创业计划书 ………………………………………………… 188
　　　　任务二　创业计划书的撰写 ……………………………………………… 191
　　　　任务三　展示创业计划 …………………………………………………… 207

项目六　创业项目的路演 ……………………………………………………………… 210
　　　　任务一　认识路演 ………………………………………………………… 211
　　　　任务二　路演的准备与技巧 ……………………………………………… 213
　　　　任务三　收集路演的反馈意见与评估结果 ……………………………… 223
　　　　任务四　路演后的融资谈判与跟进 ……………………………………… 226

项目七　新企业的创办 ………………………………………………………………… 230
　　　　任务一　新企业设立的流程 ……………………………………………… 231

任务二　企业备案登记流程 ………………………………………… 235

项目八　新创企业的成长 ……………………………………………… 238

　　任务一　新创企业资金的良性循环 …………………………………… 239

　　任务二　新创企业营销的良性循环 …………………………………… 242

　　任务三　新创企业技术与服务 ………………………………………… 245

　　任务四　新创企业的团队管理 ………………………………………… 247

附录　创业计划书模板 ………………………………………………… 252

参考文献 ………………………………………………………………… 259

第一篇　理论篇

第一章　认识社会实践

知识目标

(1)掌握实践育人理论的基本概念和特征。
(2)理解社会实践的概念、特点和重要性。
(3)熟悉大学生社会实践的发展历程、问题及未来趋势。
(4)了解大学生社会实践的多种模式。

素养目标

(1)提升学生的实践意识和能力,培养积极参与社会实践的习惯。
(2)增强学生的团队协作能力和解决实际问题的能力。
(3)锻炼学生的创新思维和批判性思维,以适应不断变化的社会环境。

思政目标

(1)培养学生的社会责任感,通过社会实践深入理解社会主义核心价值观。
(2)引导学生在社会实践中增强国家意识和民族自豪感,树立为人民服务的意识。
(3)鼓励学生通过社会实践了解国情、民情,增强历史使命感,积极投身国家建设与发展。

思维导图

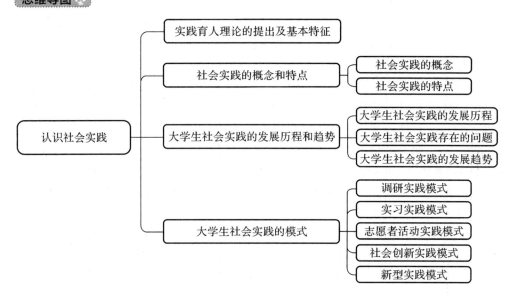

> **案例导入**

李明是一个热心的大学生,他就读于一所知名大学。在大学期间,他积极参与各种社会实践活动,尤其是志愿服务。他认为,通过这些活动,自己不仅能够为社会作出贡献,还能在实践中学到很多宝贵的经验。

有一次,李明参加了一个名为"绿色出行"的环保志愿服务活动。该活动的目的是倡导市民减少使用私家车,多采用乘坐公共交通工具、骑行或步行等环保出行方式。为了吸引市民的注意,李明和他的志愿者团队在城市的繁华地段设置了一个宣传摊位,向来往的市民发放环保宣传册,并邀请他们在"绿色出行"的横幅上签名,以表示支持。

在活动进行的过程中,一个小女孩被志愿者的摊位所吸引。她好奇地问李明:"你们在这里做什么呢?"李明耐心地为她解释了活动的目的和意义。小女孩听后非常感兴趣,她不仅自己在横幅上签了名,还拉着她的父母一起过来支持这个活动。

让李明感到惊喜的是,这个小女孩后来竟然成了他们团队的"小小志愿者"。她利用自己的课余时间,帮助团队向更多的市民宣传绿色出行的理念,甚至还自己设计了一些有趣的环保宣传画,吸引了不少市民的注意。

这个小女孩的热情和创造力让李明深受启发。他意识到,志愿服务并不仅仅是单向的付出,更是一个相互影响、共同成长的过程。通过这次活动,他不仅为社会作出了贡献,还收获了与小女孩以及其他志愿者的深厚友谊。

这个故事生动展示了大学生参与志愿服务活动的重要意义。李明通过参加"绿色出行"环保志愿服务活动,不仅锻炼了自己的社会实践能力,而且向市民传递了环保理念,提升了公众对环保问题的重视程度。因此,高校应鼓励和支持大学生积极参与这类社会实践活动。

第一节 实践育人理论的提出及基本特征

"实践"是一个基本的哲学概念,无论是西方哲学,还是马克思主义哲学,都没有回避此问题,尤其是其中涉及的认识的问题、人的问题。马克思讲的"实践"主要有三层基本内涵:第一,"实践"指的是人的感性活动,但并不是只有简单的感知,它是综合的。第二,实践是指人的活动,是指人的关系活动,所以实践概念确立了人的主体性的地位。实践的问题其实是人的生存方式、发展方式的问题。教育是培养人的活动,不能忽视实践在教育活动中的意义与价值。第三,实践体现了主体改变世界的价值关怀。人在实践活动中,在处理与外部世界关系的过程中,一定是有价值诉求的,是有意义关怀的,是有合目的性追求的。总之,实践是人类的一种存在方式,离开了实践,离开了社会活动,离开了技术性活动,离开了理性的活动或知识性活动,人类是没办法存在的。因此,实践是人类的存在方式,实践是人类的存在过程,无论从个体还是群体来讲,都是如此。

实践育人是通过引导大学生参加与自身健康成长和成才密切相关的各种应用性、综合性、创新性实践活动,促使大学生形成高尚的思想道德、健全的人格、勇于创新的精神与实践能力的教育活动。20世纪80年代,我国正处于改革开放初期,一些教育工作者逐渐认识到，单纯的课堂教学无法满足社会经济发展对高素质人才的需求，必须加强实践教学，培养学生的实际操作能力和社会责任感。随着时间的推移，这一理念逐步得到深化和推广。进入21世纪，随着科技的进步和社会的发展，实践育人的内涵和形式也在不断丰富。高校通过建立实习基地、开展社会实践活动、推进产学研结合等多种方式，探索实践育人模式。例如，清华大学、北京大学等高校纷纷成立了各种实践教育基地，通过暑期社会实践、实习实训、志愿服务等活动，提升学生的实践能力和综合素质。北京大学原党委书记朱善璐更是在座谈会上强调，"实践育人"不仅是北京大学的教育传统和办学特色，更是新时期高校教育的指导方针。实践育人是提高高等教育质量的必然选择，在学校教育中具有不可替代的地位和作用。党中央多次强调高校要加强实践育人，把实践育人作为全面落实党的教育方针、深入实施素质教育、大力提高高等教育质量的重要措施。习近平总书记也在多个场合强调教育的重要性，提出高校要广泛开展各类社会实践。因此，近年来我国各地高校纷纷响应号召，深入推进实践育人工作，将其作为学校教育教学改革的重要内容。

实践育人的理念和实践体现了新时代育人的实践性品格，强调全面贯彻党的教育方针，落实立德树人根本任务，培养德智体美劳全面发展的社会主义建设者和接班人。这一理念不仅聚焦于落实立德树人根本任务，还坚持育人为本的指导思想，从科学实践、技术实践、社会实践、文化实践和生命实践等维度来建立和完善实践育人体系。实践育人理论的提出，对于深化教育教学改革、拓宽办学思想、创新人才培养具有重要意义。实践育人理念的运用，丰富了教育的内容和形式，拓展了教育空间，丰富了教育手段，将教育教学引向社会，使理论育人与实践育人相结合，完善了教育教学体系，有利于提高思想政治教育的质量，有利于巩固理论学习的成果并进一步激发学生学习理论的积极性，有利于学生接触社会、了解社会，进而奉献社会，是实践素质教育的必要手段和办法。

把握实践育人的基本特征是深入开展实践育人工作的思想基础。实践育人具有四个主要特征：一是实践性，即以实践活动为育人的重要方式，强调学生亲力亲为，在亲身体验、亲手操作、亲自行动、亲身经历的实践中获得成长。教育的实践性是马克思主义最重要的理论品质，即坚持一切从实际出发，理论联系实际，实事求是，在实践中检验真理和发展真理。二是学生主体性，即以学生为实践主体，重视学生的主体地位。注重发挥学生的主体自觉性、能动性和创造性，引领学生自主成长。三是综合性，即立足于人的生活世界的综合性和人的个性的整体性，注重培养学生综合运用知识的能力及提高学生的综合素质。四是开放性，即以人的全部社会生活领域为活动范围，尊重学生的个性与特殊发展需要，其内容、过程、结果与评价都不是机械单一的，而是多元开放的，随着学生生活及其成长需求的变化而变化。

实践育人突出强调学生在实践活动中面向实践、深入实践、亲自参与实践。在实践活动中，学生是主体，完全以主体的身份投入其中，充分展示主体的自觉性、能动性与创造性。高校在实践育人工作中要做到：不断拓展青年学生社会实践的内容和形式，积极搭建社会实践、科技实践等实践平台；完善管理制度，规范各项实践育人工作，从而把实践育人真正落到实处；建立科学、完整的"实践育人"考核评价体系，保证实践育人的方向，提高实践育人的成效，及时发现实践中的问题并加以调整，使广大青年学生在实践中受教育、长才干、作贡献。

第二节　社会实践的概念和特点

社会实践是大学生思想政治教育的重要环节,对于促进大学生了解社会、了解国情,增长才干、奉献社会,锻炼毅力、培养品格,增强社会责任感具有不可替代的作用。大学生社会实践活动是我国高等教育的一项重要内容和一种教育形式,是课堂教学的有益补充,是新形势下学校思想政治教育的延伸,是贯彻党的教育方针,培养具有创新精神和实践能力的人才的重要途径之一。

一、社会实践的概念

"社会实践"是一个多维度的概念。从哲学层面来看,社会实践是人类通过有意识、有目的的活动,与客观世界进行交互,从而实现自我认知、自我发展和自我超越的过程。社会实践是人与世界相互作用的桥梁。人类并非孤立地存在于这个世界之中,而是通过不断的社会实践,与自然界、社会以及自身的内心世界建立起紧密的联系。在这个过程中,人类不仅改造了客观世界,使其更符合自身的需求和利益,同时也改造了自己的主观世界,提升了自我认知和能力。因此,社会实践既是人类与世界相互作用、相互影响的重要方式,是人类存在和发展的基石,又是人类自我认知的重要途径。人类通过社会实践能够更深入地了解自然和社会的规律,把握事物的本质和内在联系。同时,社会实践也是人类认识自我、理解自我、实现自我价值的过程。在实践中,人类能够发现自己的潜能和不足,从而不断地调整自我、完善自我,实现个人的成长和进步。

从社会学层面来看,"社会实践"不仅仅是个人在社会中的简单行动,更是一种基于社会关系和互动模式的复杂过程,它贯穿于人类社会的各个层面,塑造了社会现实并推动了社会的发展。一方面,社会实践是人类社会行为的基本形式。在社会学的视野下,社会实践是人们在特定的社会环境中,通过交往、合作、竞争等方式,共同创造和维持社会秩序的过程。这一过程涉及个体与个体、个体与群体、群体与群体之间的多种关系,这些关系在社会实践中得以形成、调整和变革。社会实践既是个体在社会中的自我实现,也是社会整体结构和功能的体现。另一方面,社会实践是社会结构和社会变迁的重要动力。社会结构是由一系列相对稳定的社会关系所构成的,而社会实践则是这些关系得以形成和维持的基础。通过社会实践,人们可以不断地塑造和改变社会结构,使其适应不断变化的社会环境和需求。同时,社会实践也是社会变迁的催化剂。在社会实践中,新的观念、行为和制度得以产生和传播,推动着社会的进步和发展。

从教育学层面来看,"社会实践"不仅是教育活动的重要组成部分,更是培养学生综合素质、促进其全面发展的关键环节。社会实践是教育过程中理论与实践相结合的重要桥梁。在传统的教育模式下,学生往往只能在课堂上接受理论知识的学习,而缺乏实际操作的机会。然而,社会实践为学生提供了一个真实的、具体的环境,使他们能够将所学知识运用到实际情境中,从而加深对知识的理解和记忆。通过大量的实践,学生能够发现理论知识与实际应用之间的联系和差异,进而调整自己的学习方法和策略,提高学习效果。社会实践是促进学生社会化的重要手段。社会化是指个体在社会环境中,通过与他人的互动和学习,逐渐获得社会所期望的行为规范、价值观念和生活技能的过程。社会实践为学生提供了一个接触社会、融入社会的机会,使他们能够在实际生活中体验和学习社会规范、文化习俗和人际关系等方面的知识。通过社会实践,学生能够更好地理解社会现象,增强自己适应社会的能力,为未来承担的社会角色做好准备。

大学生社会实践活动在本质上属于教育学的范畴。理论联系实际是党的优良传统和作风,教育与生产劳动和社会实践相结合是党的教育方针的重要内容,理论教育和实践教育相结合是大学生思想政治教育的根本原则。大学生参加社会实践,对其了解社会、认识国情、增长才干、奉献社会、锻炼毅力、培养品格,增强历史使命感和社会责任感,具有不可替代的重要作用,对学校培养中国特色社会主义事业的合格建设者和可靠接班人具有极其重要的意义,对加强大学生自身独立性也有十分重要的影响。

二、社会实践的特点

(一)学校教育与社会教育双重属性

社会实践同时具有学校教育与社会教育双重属性。从组织与实施的角度来看,社会实践是学校教育体系中的有机组成部分。在学校教育的框架下,社会实践作为一种重要的教学手段和途径,通过精心的设计与安排,使学生能够在教师的指导下,有计划、有目的地参与到社会生活中去。这种组织化的实践方式,使得社会实践具备了学校教育的规范性、系统性和连续性,从而确保了教育目标的实现。同时,社会实践又深深根植于社会教育的土壤之中。社会是一个广阔而复杂的教育场所,能为学生提供比学校更丰富、真实的教育资源。在社会实践中,学生需要走出校园,深入社会的各个领域和层面,与各种各样的人打交道,解决各种各样的问题。这种与社会的直接接触和互动,使得学生能够更加直观地认识社会、了解社会,从而在社会教育的熏陶下,形成正确的世界观、人生观和价值观。

从教育目标的达成与效果评估来看,学校教育的目标是培养学生的综合素质和能力,包括知识、技能、情感态度等方面。而社会实践作为一种特殊的教育形式,其目标不仅在于让学生获得实践经验和技能,更在于通过实践来深化学生对理论知识的理解和应用,培养其创新精神和实践能力。这种目标的达成,既需要学校教育的引导和支持,又需要社会教育的滋养和熏陶。从社会实践效果评估来看,学校教育注重学生的知识掌握和学业成绩,而社会教育则更注重学生的社会适应能力和综合素质。因此,在评估社会实践的效果时,既要关注学生在实践中的表现和取得的成果,又要考虑其对社会的贡献和影响。

(二)多功能性

多功能性是指社会实践活动的教育目标或价值,既可以体现在认知发展、技能形成等方面,也可以体现在情感体验、品德与态度的确立等方面。首先,社会实践具有教育教学的功能。社会实践作为学校教育的延伸和补充,为学生提供了一个将课堂所学知识应用于实际情境的平台。通过亲身参与社会实践,学生能够更直观地理解理论知识,增强学习的深度和广度。社会实践还能培养学生的实践能力和创新精神,使他们能够在面对实际问题时,灵活运用所学知识,提出创新性的解决方案。其次,社会实践还具有促进学生个人成长的功能。通过参与社会实践活动,学生不仅能够锻炼自己的实践能力,还能提升自己的沟通协作、创新思维、解决问题等综合能力。再次,社会实践具有社会服务的功能。通过参与社会实践活动,学生可以利用自己的知识和技能服务于社会,为社会的发展贡献自己的力量。这种服务不仅能够帮助解决一些社会问题,提升社会福祉,还能增强学生的社会责任感和使命感,培养他们的公民意识和奉献精神。最后,社会实践还具有文化传承的功能。在参与社会实践的过程中,学生会接触到各种各样的社会现象和文化传统。通过与社会的互动和交流,学生能够更深入地了解和体验社会文化,传承和弘扬中华优秀传统文化。

(三)参与性

社会实践强调个体或团队的亲身参与和体验。在社会实践中,学生不再是被动的接受者,而是积极的行动者,他们可以深入社会生活的各个领域,亲身参与各种实践活动。这种参与性不仅体现在物理层面的参与上,更体现在心理层面的投入上。参与者需要全身心地投入实践活动中,通过实际操作、观察、思考等方式,深入了解社会现象,体验社会生活。在积极参与社会实践的过程中,学生需要根据实际情况调整自己的行为和策略,这要求他们具备独立思考和解决问题的能力。

(四)开放性

社会实践的内容是开放的,涵盖了社会生活的各个领域和层面,从政治、经济、文化到教育、科技、环保等无所不包。这种内容上的开放性使得社会实践具有广泛性和包容性,能够满足不同参与者的兴趣和需求。同时,社会实践的形式也是开放的,既可以是集体性的实践活动,如社会调查、志愿服务等,也可以是个人性的探索活动,如实习、创新创业等。这种形式上的开放性使得社会实践具有灵活性和多样性,能够适应不同参与者的特点和需求。此外,由于社会实践涉及的因素众多且复杂多变,因此其参与结果往往具有不确定性和多元性。这种结果上的开放性使得社会实践具有挑战性和探索性,能够激发参与者的创新精神和实践能力。

(五)协同性

社会实践强调在实践活动中各个参与主体之间的合作与协调。在社会实践中,无论是学生、教师还是社会机构,都需要共同参与、相互协作,才能确保实践活动的顺利进行和目标的达成。在实践活动的组织和管理上,需要各个参与主体共同制订实践计划、分配任务、安排时间等,通过彼此之间的密切配合和有效沟通,确保实践活动的有序进行。在实践活动的实施过程中,也需要各个参与主体相互支持、相互帮助,共同解决问题、克服困难。这种协同合作不仅能够提高实践活动的效率和质量,还能够增强参与者之间的团队精神和合作意识。

第三节 大学生社会实践的发展历程和趋势

一、大学生社会实践的发展历程

自1990年开展全国大学生社会实践活动以来,各高校紧紧围绕"受教育、长才干、作贡献"这一主题,不断拓展这一活动的广度和深度,将其作为在实践中教育大学生的生动课堂。总结梳理可以发现,我国大学生社会实践活动的发展过程与国家发展进步的历程密切相关。随着我国现代化建设事业的不断深入,大学生社会实践活动经历了不同的历史阶段。

(一)第一阶段

1990年6月,中宣部、教育部、团中央联合开展了大中专学生暑期社会实践活动,引导大学生走与实践相结合、与工农相结合、与生产劳动相结合的成长道路。这个时候的社会实践活动主题比较单一,目的很明确,重在一个"看"字。当时的活动主题是"大学生看中国",主要目的是引导广大青年学生到农村去、到厂矿去、到贫苦地区和革命老区去,深入了解国情民意,接受革命传统教育。作为当代中国青年运动的大学生社会实践活动就此拉开了序幕。

(二)第二阶段

20世纪90年代初,随着改革开放的不断深化,我国经济发展明显提速,物质积累明显增强,综合国力明显提升,但同时新的社会问题也开始涌现。因此,这段时间的大学生社会实践活动集中聚焦在社会问题的调查思考上,突出一个"问"字。大学生社会实践活动不再仅仅停留在走走看看,大学生的社会实践调查报告大多都是对各种社会问题的追问。这一时期的社会实践活动,旨在帮助大学生更为深刻地了解国家发展战略和发现社会发展困境,但同时也面临着活动发展方向的定位问题。例如大学生社会实践活动的目的是什么?大学生在社会实践活动中的价值和作用是什么?这些问题亟待回答和破解。

(三)第三阶段

1998年,大学生暑期社会实践活动更名为大学生暑期"三下乡"活动,目的在于将社会实践活动落在一个"做"字上,引导大学生深入乡村开展志愿服务活动,利用各自的专业优势和特长为城乡经济建设和精神文明建设服务,在服务中接受锻炼、增长才干。以此为标志,大学生社会实践活动进入了新的历史时期,实现了从"看""问"到"做"的价值转向,从而为后来的社会实践活动明确了方向,开辟了道路,奠定了基调,打亮了底色。同时,这个阶段的"做"也经历了不同的时期,从"青年文明号"到"青春三下乡",从精神文明创建到立足专业服务城乡发展,社会实践活动的内涵不断丰富,项目不断拓展,形式也不断创新。各高校也结合自身实际,进行了有益的探索和尝试,积累了很多行之有效的做法和经验。全国上下在工作实践中不断强化大学生社会实践活动的科学性、时代性、实效性。

(四)第四阶段

2004年,中共中央、国务院印发了《关于进一步加强和改进大学生思想政治教育的意见》,我国大学生社会实践进入了规范发展阶段。该文件从中央角度以整段篇幅阐释了大学生社会实践的地位、作用、原则、内容、方法、载体,体现了大学生社会实践在新形势下人才培养工作中的重要战略价值。为落实这一文件精神,2005年,中宣部、中央文明办、教育部、共青团中央印发了《关于进一步加强和改进大学生社会实践的意见》,从重要意义、总体要求、工作原则、内容体系、专项活动、长效机制、组织领导等方面对大学生社会实践进行了设计与部署,与1987年、1992年、1996年相关部委印发的大学生社会实践有关文件相比,该文件内容以更清晰、更完整的结构,对大学生社会实践进行了系统规划,为推动其规范化发展提供了科学的具体指导。党的十八大之后,大学生社会实践更是获得了新的发展。2012年,教育部等部门印发了《关于进一步加强高校实践育人工作的若干意见》,在大学生社会实践的基础上提出了实践育人,使其成为实践育人体系的组成部分。2016年,习近平总书记在全国高校思想政治工作会议上指出要广泛开展各类社会实践,突出了社会实践对高校思想政治工作创新的重要价值;随后,中共中央印发了《关于加强和改进新形势下高校思想政治工作的意见》,提出了构建包括实践育人在内的全员全过程全方位长效机制,强化社会实践育人,明确了大学生社会实践在新时代高校人才培养体系中的重要地位和作用。2018年,习近平总书记在全国教育大会上再次强调把立德树人融入思想道德教育、文化知识教育、社会实践教育各环节。当前,大学生社会实践已成为高校落实立德树人根本任务并与德育、智育并列的主要途径之一。2019年,教育部发布了《关于一流本科课程建设的实施意见》,计划从2019年到2021年,完成1000门左右国家级社会实践一流课程认定,有力推动了大学生社会实践的课程化、专业化建设;同年,共青团中央开始在原有品牌实践基础上实施"返家乡"社会实践项目,进一步完善常态化、长效化社会实践工作格局。2020年,共青团中央、中共教育部党组印发了《深化学校共青团改革的若干措施》,从工作原则、品牌项目、校地协同、综合评价等角度提出了新时期健全实践教育机制的任务要求,并将其作为破解制约高校共青团发展思维定式和重点难点的四个重要举措之一;同年,中共中央、国务院印发了《深化新时代教育评价改革总体方案》,要求将大学生参加社会实践情况纳入对高校的评价,将教师指导大学生社会实践情况计入教师工作量,为完善大学生社会实践评价、促进其高质量发展提供了新的契机。2022年,共青团中央发布了《大学生社区实践计划工作指引》,统筹校内外共青团力量实现各类实践项目的互补互融。2023年,共青团中央、全国学联印发了《关于增强新时代大学生社会实践活动实效 深化共青团实践育人工作的意见》,为推动新时代大学生社会实践内涵化、规范化、常态化、长效化发展提供了重要指导。该阶段大学生社会实践的重要性进一步彰显,其概念内涵和内容要素得到优化完善,与第一课堂结合得更加紧密,成效评价等质量建设问题被提上日程并有序推进,大学生社会实践朝着优化提质的方向阔步前行。

二、大学生社会实践存在的问题

大学生社会实践活动取得的成效有目共睹,但也存在一些值得注意的问题。有研究者认为,我国大学生社会实践活动大多缺少科学的规划和指导,目标过于宏大,制度机制不够完善,经费投入不足,专业特色不够明显,实践基地不够稳定,学生参与面不够广泛,学校层面认识不足。综合来看,当前我国大学生社会实践活动存在以下几类问题。

(一)娱乐化

大学生社会实践的目的是组织大学生到城乡、贫困地区和革命老区了解国情、接受教育,增强家国情怀,砥砺意志品质,强化专业本领,服务城乡建设。然而,近些年,有些实践团队和实践队员没有正确认识社会实践活动的重要意义,没有认真对待实践育人工作,实践活动演变为"乡村旅游""农家乐",一路上走马观花、拈轻怕重,给实践活动所在地的群众留下了很不好的印象。这样的社会实践根本无法实现活动的教育目的,反而浪费了很多人力、物力和财力。

(二)形式化

大学生社会实践活动是高校人才培养的重要环节,是实践育人的重要课堂,是大学生成长成才的必修课。每年集中开展社会实践活动是对一所高校的重大考验,是对高校办学水平和育人理念的集中检验,必须投入大量的人力、物力和财力。但是,一些高校、一些实践团队和队员没有正确认识和对待社会实践活动,没有将主要精力放在人才培养方案与社会实践活动的有效对接、社会实践活动内容的精心设计、科学的考核机制和激励机制的优化上,而是放在启动仪式的宏大场面和声势营造上,把更多的时间花在总结材料的制作、汇报PPT的设计上。这样的工作思路必然会助长社会实践活动的形式主义风气,偏离社会实践活动的正确方向。

(三)无序化

大学生实践活动作为一门育人课程,必须做到精准定位、精心设计、精细实施,就如第一课堂的课程教学,一般都要有规范的课程教学大纲、严谨的课程教学计划、科学的课程考核方式等,大学生社会实践也应该强化活动的规范意识。然而,有些实践团队没有对实践活动进行充分的前期准备和布置,也没有对社会实践活动过程进行强有力的领导和指导,实践活动的主题不突出,项目设计不现实,团队内部分工不明确,与实践活动所在地有关单位的沟通对接不紧密,导致社会实践活动的具体内容和日程安排随意化、无序化,不仅社会实践活动的成效无法得到保障,还会引发社会实践活动中各种安全隐患。

(四)精英化

受高校财政支持力度、指导教师队伍数量、组织管理能力等因素的制约,大多数高校的大学生社会实践活动基本上都是采取"点面结合"的组队方式展开。学校和学院层面通过一定程序组建一定数量的重点团队,各个团队都会抽调相关专业的学生骨干,以增强实践团队的综合实力。这种重点团队的社会实践活动一般会得到较为充分的时间保障、物质保障、内容保障和指导教师保障,也容易出成效、出亮点。然而,其余大部分学生都是采取自愿组队或单兵作战的方式,回乡就近参加社会实践活动,这样的实践活动,其教育成效就很难得到保证。大学生社会实践活动的初衷,是让所有的大学生都得到相应的锻炼和教育,否则社会实践活动的价值和意义就会大打折扣。当然,大学生社会实践实现大众化、普遍化教育还有很多难题需要破解,相关主管部门和各高校还有很多保障工作需要跟上。

三、大学生社会实践的发展趋势

随着我国高等教育的不断发展和社会对人才需求的日益多样化,大学生社会实践作为高等教育的重要组成部分,其地位和作用愈发凸显。未来,我国大学生社会实践将呈现出一系列新的发展趋势,这些新趋势不仅将推动社会实践活动的深入发展,也将对大学生的成长成才产生深远影响。

(一)实践活动内容与形式将更加多样化和个性化

当前,大学生社会实践的内容与形式已经相当丰富,涵盖了志愿服务、社会调查、实习实训、创新创业等多个方面。然而,随着社会的不断进步和科技的快速发展,未来的社会实践将更加注重多样化和个性化。一方面,社会实践将涵盖更多领域,如人工智能、大数据、环保科技等新兴领域,以满足社会对多元化人才的需求。另一方面,高校将更加注重学生的个性发展和兴趣特长,鼓励学生根据自己的兴趣和专长选择适合自己的实践项目,从而实现个人价值的最大化。

(二)实践活动的组织与管理将更加专业化和规范化

随着社会实践活动的不断深入发展,其组织与管理也将逐渐走向专业化和规范化。首先,高校将加强对社会实践活动的统筹规划,建立健全组织机构和管理制度,确保实践活动的有序进行。其次,高校还将加强对实践指导教师的培训和管理,提高他们的专业素养和指导能力,为学生提供更加专业、更加有效的实践指导。最后,高校还将加强与政府、企业、社会组织的合作,共同推动社会实践活动的深入开展,形成全社会共同参与的良好氛围。

(三)实践活动的评价与反馈将更加科学化和系统化

社会实践活动的评价与反馈是确保实践活动质量的重要环节。未来,我国大学生社会实践的评价与反馈将更加科学化和系统化。高校将建立完善的实践活动评价体系,通过量化指标和质性评价相结合的方式,全面、客观地评价实践活动的成果和效益。同时,高校还将建立实践活动反馈机制,及时收集和分析学生、指导教师、社会各方面的反馈意见,针对存在的问题和不足进行改进和优化,不断提高实践活动的质量和水平。

(四)实践活动与创新创业教育的融合将更加紧密

创新创业教育是当前高等教育的重要任务之一,而社会实践活动则是培养学生创新创业能力的重要途径。未来,我国大学生社会实践将更加注重与创新创业教育的融合。高校将通过社会实践活动,为学生提供创新创业的实践平台,帮助他们了解市场需求、掌握创业技能、积累创业经验。同时,高校还将加强对学生创新创业项目的支持和指导,为他们提供必要的资金、技术和人才支持,推动他们的创新创业项目落地生根。

(五)实践活动的国际化程度将不断提高

在全球化的背景下,我国大学生社会实践的国际化程度也将不断提高。高校将积极推动国际交流与合作,鼓励学生参与国际性的社会实践活动,如国际志愿服务、跨国企业实习等。通过参与国际性的实践活动,学生不仅能够拓宽视野、增强跨文化交流能力,还能够为我国的国际交流与合作做出积极贡献。

(六)实践活动的社会影响力将不断扩大

社会实践活动的最终目的是服务社会、贡献社会。未来,我国大学生社会实践将更加注重发挥其社会影响力。高校将加强与媒体的合作,加大对实践活动的宣传力度,让更多的人了解和支持社会实践活动。同时,高校还将积极推动实践成果的转化和应用,将实践活动中形成的创新成果、社会经验等转化为社会价值,为社会的发展进步贡献智慧和力量。

第四节 大学生社会实践的模式

大学生社会实践活动的开展模式多种多样,既有传统的调研实践、实习实践,也有新兴的志愿者活动、社会创新实践等。

一、调研实践模式

调研实践是一种传统的大学生社会实践模式,该模式通常要求学生围绕某一特定的社会现象、问题或政策,通过设计问卷、访谈、观察等方式,深入基层、社区、企业等一线收集第一手资料。在调研过程中,学生需要运用所学的社会学、统计学、政治学等相关知识,对收集到的数据进行整理、分析和解读,进而得出有针对性的结论和建议。学生通过亲身调研实践,可以锻炼自己的社会调查能力、数据分析能力和问题解决能力,也可以进一步接触社会、了解国情。

调研实践模式的应用范围非常广泛,既可以用于学术研究,也可以服务于政府决策和企业发展。例如,在学术研究方面,学生可以通过调研了解某一领域的最新动态和发展趋势,为学术研究提供有力的数据支撑;在政府决策方面,学生可以通过调研了解民意和社情,为政府制定政策提供科学依据;在企业发展方面,学生可以通过调研了解市场需求和竞争态势,为企业制定市场策略提供参考。

调研实践模式的优点在于,其具有较强的针对性和实践性。通过调研,学生能够深入了解社会的真实面貌,发现存在的问题和不足,提出切实可行的解决方案。同时,调研实践还能够培养学生的团队合作精神和沟通能力,锻炼他们的组织协调能力和解决问题的能力。在调研实践的实施过程中,高校通常会为学生提供必要的指导和支持。例如,学校会组织专业的教师进行调研方法的培训和指导,帮助学生掌握正确的调研方法和技巧;学校还会与相关部门和企业建立合作关系,为学生提供实践基地和调研对象;此外,学校还会通过设立社会实践基金、组织社会实践成果展示等方式,鼓励学生积极参与调研实践活动,提高他们的实践能力和创新精神。

不过,调研实践模式也存在一些问题和不足。例如,由于调研对象的复杂性和多样性,学生在调研过程中可能会遇到数据收集困难、信息失真等问题。而且,大学生缺乏实践经验和社会阅历,可能会导致其在调研过程中遇到沟通障碍、人际关系处理不当等问题。因此,高校在组织学生开展调研实践时,需要注重培养学生的实践能力和综合素质,提高他们的社会适应能力和解决问题的能力。

二、实习实践模式

实习实践是学校组织大学生到企业、机构或相关单位进行一定时期的实习工作。在实习过程中,学生有机会亲身体验工作环境,深入了解企业运作机制,并通过实际操作来掌握相关专业技能。实习实践模式不仅要求学生具备扎实的专业知识,还要求他们具备良好的沟通能力、团队协作能力和解决问题的能力。通过实习,学生可以更好地了解自己的职业兴趣和发展方向,进而更科学地进行职业规划。实习实践是连接学生与企业的一座桥梁,可以帮助学生将在课堂上学到的理论知识与实际操作相结合,进而提升其专业技能和实践能力。这一社会实践模式不仅有助于培养学生的职业素养,还能够为他们未来的职业生涯奠定坚实的基础。实习实践模式的应用范围也很广泛,几乎涵盖了所有行业和领域。无论是制造业、服务业还是高科技产业,大学生都可以通过实习活动来熟悉和掌握相关的业务知识和技能。

实习实践模式的优点在于,在实习过程中,学生能够直接参与到实际工作中,与职场人士进行互动交流,了解行业的最新动态和发展趋势。这种亲身体验的学习方式有助于学生更好地理解和掌握专业知识,提高他们的实践能力和职业素养。同时,实习实践还能够帮助学生建立职业网络,为未来的就业和职业发展积累人脉资源。该模式的缺点在于,部分实习单位存在对实习生不够重视、管理不规范等问题;实习岗位的竞争日益激烈,部分学生难以获得高质量的实习机会。为了解决这些问题,高校需要设置专门的实习管理机构,负责与企业沟通、协调实习事宜,并对实习过程进行监督和评估;对实习生进行必要的培训和指导,帮助他们更好地适应实习环境和工作要求。企业需要为实习生提供必要的工作指导和支持,帮助他们更好地融入工作环境。政府则需要出台相关政策,鼓励和支持企业参与大学生实习实践活动,推动产学研深度融合。

三、志愿者活动实践模式

志愿者活动实践模式是指大学生个人或在学校的统一组织下,参与支教、扶贫、环保、社区服务等各类社会公益志愿者活动,深入基层、接触社会,用实际行动践行社会责任。志愿者实践活动不仅要求学生具备基本的技能和素质,更需要他们具备高度的社会责任感和奉献精神。通过志愿服务,大学生能够深入了解社会现状,增强社会责任感,培养团结协作、无私奉献的精神品质。

志愿者活动作为大学生社会实践的重要组成部分,既体现了高等教育的社会责任,又凸显了大学生群体的社会担当。大学生通过组织、参与各类志愿服务活动,将学习与服务社会相结合,在实现自我价值的同时,也为社会进步贡献青春力量。在志愿者活动实践模式的实施过程中,高校需要设立志愿者服务中心或相关机构,负责学生志愿者的招募、培训、管理和考核工作,确保志愿服务活动的有序开展。同时,高校还要积极与地方政府、社区组织、企业等建立合作关系,为志愿服务活动提供必要的支持和保障。社会组织则是志愿者活动实践模式的重要推动者,他们通过策划和组织各类志愿服务项目,为大学生提供丰富的实践机会。同时,社会组织还会对志愿服务活动进行监督和评估,确保活动的质量和效果。

志愿者活动实践模式的优点在于其广泛的社会参与性和实践性。一方面,志愿服务活动可以涵盖教育、环保、医疗、文化等多个领域,为大学生提供广阔的实践平台;另一方面,志愿服务活动通常在社会基层开展,大学生能够直接面对社会问题,深入了解社会需求,从而有针对性地开展服务。然而,志愿者活动实践也存在一些问题。例如,部分大学生对志愿服务活动的认识不够深入,参与热情不高;志愿服务活动的资源保障和激励机制尚不完善,影响了活动的可持续发展。因此,高校和社会组织需要进一步加大宣传和教育力度,提高大学生对志愿服务活动的认识和参与度。同时,还需要完善相关政策和制度,为志愿服务活动提供更有力的保障和支持。

四、社会创新实践模式

社会创新实践是鼓励大学生通过创新思维和方法,在社会实践中发现问题,提出创新性的解决方案,推动社会问题的有效解决,从而创造新的社会价值。在社会创新实践模式中,大学生不再是被动接受知识的学习者,而成为主动探索和实践的创新者。他们通过深入观察和分析社会现象,发现存在的问题和挑战,然后运用所学的知识和技能,提出创新的解决方案。这些解决方案可能涉及科技应用、服务创新、政策倡导等多个领域。

社会创新实践模式的应用范围广泛,涉及教育、医疗、环保、扶贫等多个领域。例如,在教育领域,大学生可以通过开发在线教育平台、推广新型教育模式等方式,提高教育质量;在医疗领域,大学生可以通过研发新型医疗器械、改进医疗服务流程等方式,提升医疗服务水平;在环保领域,大学生可以提出创新的环保方案,推动环境保护事业的发展。通过创新实践,大学生能够突破传统思维的束缚,针对问题提出新颖有效的解决方案。这些方案不仅有助于解决当前的社会问题,还能够推动社会进步和发展。同时,社会创新实践模式还注重实效性,强调将创新方案付诸实践,通过实践检验方案的可行性和有效性。

五、新型实践模式

随着社会的快速发展和科技的日新月异,大学生社会实践的模式也在不断演变和创新。除了传统的模式外,近几年来,又涌现出了一系列新型的大学生社会实践模式。

(一)线上社会实践模式

随着互联网技术的普及,线上社会实践模式逐渐兴起。大学生可以通过网络平台参与各种社会实践活动,如线上调研、虚拟社区管理、网络公益等。这种实践模式突破了地域限制,使得大学生能够更广泛地参与社会实践,同时也降低了实践成本。线上社会实践模式不仅锻炼了大学生的网络素养和团队协作能力,也为其提供了与不同地域、不同背景的人交流的机会。

(二)创业实践模式

在"大众创业、万众创新"的背景下,创业实践模式成为越来越多大学生的选择。大学生可以组建创业团队,开发创新项目,将所学知识转化为实际产品或服务。这种模式不仅培养了大学生的创新思维和创业能力,也为其未来的职业发展奠定了坚实的基础。

(三)科技实践模式

在科技日新月异的今天,科技实践模式成为大学生社会实践的重要一环。大学生通过参与科研项目、科技竞赛、创新实验室等活动,深入探索科技前沿,将科技知识转化为实际应用。这种模式不仅提升了大学生的科技素养和创新能力,也为其未来的职业发展提供了有力支持。

◎思政小课堂

厚植家国情怀　增长知识才干[①]

暑期社会实践是高校育人的重要载体。在义诊中守护居民健康,用墙绘装点美丽乡村,支教点亮孩子梦想……这个夏天,高校学生在实践中了解国情民情、增长知识才干,加强磨炼、增长本领。

基层义诊　守护健康

实践队:首都医科大学博士生义诊实践团

---

① 光明网.厚植家国情怀　增长知识才干(深聚焦)[EB/OL].(2023-08-12)[2024-05-13]. https://baijiahao.baidu.com/s?id=1774013417411401252&wfr=spider&for=pc.

实践地:内蒙古自治区林西县

7月12日清晨,内蒙古自治区林西县中医蒙医医院二楼大厅里,已经排了不少等候就诊的患者。"村里通知我们,来了北京的医学生,免费给我们看病""我这高血压好多年了,想请他们帮忙看看"……人群中,大家带着期盼的语气互相交流。

不一会儿,一辆大巴车驶入医院。随车而来的,正是首都医科大学博士生义诊实践团的40余名学生。他们来自首都医科大学本部及12家临床医学院,涵盖10余个科室。

"小朋友,放轻松,叔叔按压一下,看看哪里不舒服。"首都医科大学附属北京儿童医院2022级儿外科学博士生张志一,一下车就开始出诊。

"我的导师、北京儿童医院院长倪鑫曾参与林西县医院的援建。这次,我跟随老师的脚步来到这里,就是希望把守望相助的精神传递下去。"张志一说,"看到诊室外排起长队,我很感动,有一种被信任、被需要的感觉,也更坚定了为健康中国贡献力量的决心。"

以医疗服务、药品发放和健康教育为中心环节,以服务老人、儿童等为重点,这样的模式已成为首都医科大学暑期社会实践团助力民生健康的有效途径。

首都医科大学附属北京同仁医院2021级眼科学博士生何海龙发现,前来就诊的老年人中,干眼症、白内障患者居多。根据所学,他对疾病的诊疗给出建议,并在与当地青年医务工作者的交流会上,结合当地诊疗情况与前沿科学,提出建设性意见。"授人以鱼不如授人以渔,我希望尽自己所能,与当地医生交换诊疗经验,为他们提供相关信息及医疗资源。"何海龙说。

此次博士生义诊实践团先后在林西县中医蒙医医院、县医院、统部镇中心卫生院诊疗1024人次,送药800余盒。首都医科大学党委副书记张健表示,"社会实践对于医学人才培养具有重要意义。我们将继续引领青年学子聚焦社会需求和百姓期待,提供精准而有温度的健康服务"。

创新手段　传承文化

实践队:中央财经大学"'语'润乡村"实践队

实践地:山西省曲沃县

"你们听过曲沃碗碗腔吗?"向中央财经大学"'语'润乡村"实践队同学发问的,是山西曲沃碗碗腔剧团团长刘平。

曲沃碗碗腔,顾名思义,以敲击独特的打击乐器"碗碗"来确定音乐的轻重缓急,它的唱腔优美,曲调婉转,深受当地群众喜爱。2011年,碗碗腔(曲沃碗碗腔)被列入国家级非物质文化遗产名录。

暑期,中央财经大学政府管理学院本科生杨拓航和同学们组成实践队,把目光投向曲沃碗碗腔,关注非遗文化保护与传承。

"这门地方小戏红火过。1998年,剧团在80余县巡回演出200多场。"从历史到现状,刘平如数家珍。言语间,也有无奈:而今,剧团只有约30名演员,平均年龄四五十岁,碗碗腔的发展和传承面临挑战。

聊罢,恰遇剧团彩排《薛平贵与王宝钏》。从聊戏到赏戏、品戏,队员们感触更深:要尽自己所能,让历史久远的曲沃碗碗腔传承下去,让更多人欣赏到我们的非遗文化。

先翔实调研。

有盼望——"爱听啊,从小就听,希望能继续听下去";

有困惑——"很多年轻后生不爱唱了";

有鼓励——"大学生们心思活,给想想办法,保护咱曲沃碗碗腔"……

此山哪闻那山音?实践队队员们思考:发展传承,只走线下演出的老路,显然不行。

赋予这门地方戏曲更多"网感",是队员们数次讨论后做出的尝试。为剧团制作宣传海报,把演出视频剪辑成更适合传播的短视频,配以普通话字幕……带着海报和戏曲光碟,队员们走进曲沃县乐昌镇马庄村、苏村等地。

7月29日,《薛平贵与王宝钏》新戏首演,不少观众拿着队员们此前印发的海报而来。台上卖力演出,台下声声喝彩。"多少年没这么热闹过了,谢谢你们啊!"谢幕后,一名剧团成员拉着杨拓航的手,连声道谢。

演出结束当晚,实践队队员们还在继续讨论:下一步,若能帮助剧团创建视频号、直播号,重视网络宣传,发布演出视频,应该能收获更多关注,帮助曲沃碗碗腔传得更远。

多彩墙绘　扮靓乡村

实践队:重庆大学艺术学院实践队

实践地:重庆市潼南区

"作为美术专业学子,我们希望用手中的画笔为乡村带来新风貌。"7月,重庆大学艺术学院美术专业的同学们来到重庆市潼南区寿桥镇开展暑期社会实践。这群年轻人以白墙为画卷,用五彩斑斓的画笔绘制出一幅幅生动的墙绘,为寿桥镇的墙壁换上了"新衣"。

"蔬菜种植是这儿的重要产业,咱们要画进去。""图案不宜太复杂。"……队员们在寿桥镇实地考察,了解当地村情村貌、风土人情。随后,充分发挥想象力和创造力,反复修改设计图,将祖国的大好河山与寿桥镇的农耕生活"搬"到村里的墙面上。8天时间,队员们在300多平方米的墙面上绘制了5幅作品。

抬臂、起手、落笔、上色,队员们分工有序、配合默契,用绚丽色彩营造出"画中有景、景中有画"的美好景象。队员万昭辉感慨地说:"一天下来,手臂酸得抬不起来了,但看到村子被装点得越来越美,村民脸上露出喜悦的笑容,我心里特别踏实、高兴!"

每次路过这些墙绘时,村里的老人们都会驻足欣赏。"娃娃们把咱村的花椒、油菜都画进去啦!""站远一点看,这幅画仿佛变立体了。"你一言我一语的讨论背后,满是村民们对墙绘的喜爱、对创作者的感谢。

让队员们印象深刻的,还有一名小学一年级的小姑娘。她每天抱着绘画本,在角落里学着哥哥姐姐们的样子画画。实践队队员们鼓励她,要继续画下去。"小时候,村中的一幅墙绘点燃了我的绘画梦想。在小姑娘身上,我仿佛看到了童年的自己。希望我们的画作能让这里的孩子们感受到艺术的魅力。"队员吕小平说。

近3年来,重庆大学艺术学院选派20余支团队深入各地乡村开展社会实践。带队教师周宇说,通过暑期实践,同学们既发挥了专长,也帮助乡村改善环境,更好地实现了自我价值、为社会服务。

第二章　深入创新创业

知识目标

(1)理解创新创业的含义。
(2)了解国家及地方政府关于大学生创新创业的相关政策与扶持措施。
(3)认识大学生在创新创业过程中可能面临的挑战与机遇。
(4)熟悉创新型创业的多种渠道与方式。

素养目标

(1)培养学生对创新创业的热情与兴趣,鼓励学生积极探索创业机会。
(2)提升学生的创新思维能力和问题解决能力。
(3)增强学生的创业素养,包括领导力、团队协作能力、风险承受能力等。
(4)塑造学生的创业精神,使其具备坚韧不拔、勇于创新、敢于挑战的品质。

思政目标

(1)培养学生树立正确的创业观念,明确个人价值与社会价值的统一。
(2)引导学生在创新创业过程中践行社会主义核心价值观,遵纪守法,诚信经营。
(3)激发学生服务国家、服务社会的责任感与使命感。

思维导图

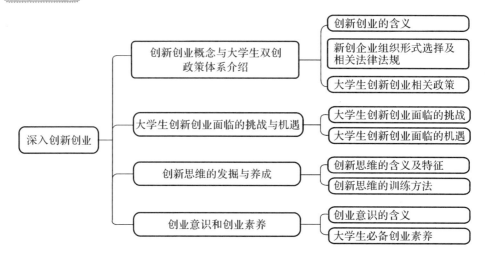

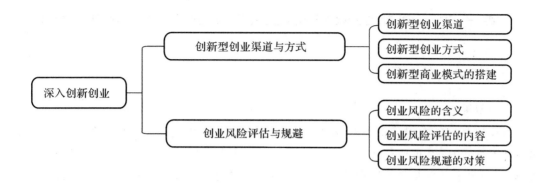

案例导入

通过便捷的线上线下相结合的销售模式，××学院计算机科学与技术专业大三学生邱亮在校园内开设的一家水果店取得了骄人的业绩。他经营的水果店日均销售500多斤新鲜水果，月营业额超过7万元。

今年三月，一个偶然的机会，邱亮得知校内的一家水果店准备转让。一直怀揣创业梦想的他迅速行动，与另外两名志同道合的同学联手租下了这家店，开启了他们的创业之路。邱亮分享道："每天凌晨五点不到就要起床，急忙赶往水果批发市场，精心挑选最新鲜、最优质的水果。货物装卸完毕后，还要赶在七点前回学校上早自习。"他坦言，身兼"老板"和学生两重身份，其挑战远超预期。

挑选水果的过程也充满了学问。"初入此行，我们吃了不少亏。"邱亮的合作伙伴之一陈龙笑着说，"只看水果的外观是不够的，形状、色泽、敲击声等都有讲究。为了掌握这些诀窍，我们三人还特地去合伙人父母的水果店取经学习。"

但作为"00后"的他们也有自己独特的优势。邱亮介绍说："为了吸引更多顾客，我们开设了微店，学校的师生只需在网上下单，我们就能提供送货上门的服务。"为了满足不同顾客的口味需求，他们还别出心裁地推出了水果拼盘服务。

经过三个月的精心运营，这家水果店已经步入正轨。辅导员向胜涛透露："除去各种成本，他们每月能有2万元的净利润。"值得一提的是，这三位年轻创业者在学业上也表现出色，邱亮还是学生会干部，并积极参与各类公益活动。他们的创业故事在校园内传开后，许多老师纷纷光顾他们的店铺，给予鼓励和支持。

从创新的角度来看，邱亮和他的团队不仅采用了新颖的线上线下相结合的销售模式，还根据不同消费者的需求，创新性地推出了水果拼盘服务。这种对市场需求的敏锐洞察力和快速反应能力，正是创业者应具备的重要素质。创新创业能够锻炼大学生的实践能力和解决问题的能力，这对于他们未来的职业生涯是非常有益的。而且，大学生创新创业也是推动社会进步和经济发展的重要动力。像邱亮这样的年轻人，通过自己的努力，不仅实现了自我价值，也为社会创造了价值。

第一节 创新创业概念与大学生双创政策体系介绍

一、创新创业的含义

(一)创新

从经济学层面来看,"创新"是指通过引入新事物或新方法,打破现有的经济均衡,推动经济体系向更高效、更优化的方向发展。创新是一个多维度概念,涵盖了新产品、新技术、新市场、新原料来源以及新组织形式等多个方面。这种创新不仅仅是科技层面的突破,更是对经济体系的深刻变革。创新,既可以是产品创新,例如开发出一款全新的产品来满足市场需求;也可以是技术创新,通过改进生产工艺或研发新技术,提升生产效率和质量;还可以是市场创新,例如开拓新的销售渠道或发现新的消费群体;甚至可以是组织形式的创新,例如通过改变企业的组织管理方式,提高组织的灵活性和应变能力。创新不仅能为企业带来竞争优势和经济增长点,还能推动整个社会的进步。创新能够激发市场活力,引领消费升级,甚至能引发产业链的深刻变革。

从社会学层面来看,"创新"是指引入新的思想、方法、技术或产品,从而改变原有的社会实践方式和生产方式的现象。创新不仅是一种技术手段的更新,更是一种深层次的社会现象,能够推动社会的变革和进步。从人类社会发展历程来看,创新是驱动人类社会发展的关键动力之一。人们通过利用现有的资源和条件不断创新,去发现或发明某种具有社会价值的新事物、新思想。这种创新可能表现为一种新的社会实践方式、一种新的社会组织形式,或者是解决社会问题的新方法。

概括而言,创新是指人们为了发展需要,运用已知的信息和条件,以现有的知识和物质,在特定的环境中突破常规,发现或生产某种新颖、独特、有价值的新事物、新思想的活动。在知识经济时代,科学技术的进步与创新已经成为经济社会发展的决定性力量之一,越来越多的企业用实践证明,高效率的生产方式、优质的质量、良好的品牌等已经不足以让一家企业永远获得持续的市场竞争优势,创新是各类企业生存与发展的必然选择。

【小知识】

创新是一个民族进步的灵魂,是一个国家兴旺发达的不竭动力。党的十八届五中全会提出创新、协调、绿色、开放、共享的新发展理念,把创新放在首位,以创新引领发展,突出了创新的重要性。

在党的二十大报告中,"创新"一词出现了55次。二十大报告特别指出:"坚持创新在我国现代化建设全局中的核心地位。"把握发展的时与势,有效应对前进道路上的重大挑战,提高发展的安全性,都需要把发展基点放在创新上。只有坚持创新是第一动力,才能推动我国实现高质量发展,塑造我国国际合作和竞争新优势。

(二)创业

对于创业,不同的学者从不同的角度出发有着不同的解释。有人认为,创业是创业者对自己拥有的资源或通过努力能够拥有的资源进行优化整合,从而创造出更大经济或社会价值的过程。还有人认为,创业是一种劳动方式,是一种需要创业者运用组织、服务、技术进行思考、推理和判断的行为。全球创业研究和创业教育的开拓者杰弗里·蒂蒙斯认为,创业是一种思考、推理和行为方式,这种行为方式是机会驱动、注重方法和与领导相平衡。创业导致价值的产生、增加、实现和更新,不只是为所有者,也为所有参与者和利益相关者。当代管理大师彼得·德鲁克认为,任何敢于面对决策的人,都可能通过学习成为一个创业者并具有创业精神。创业是一种行为,而不是个人的性格特征。创业是一种可以组织,并且需要组织的系统性工作。借鉴以上定义,并结合现实创业实践内容,人们将开创新事业、扩大现有的生产规模、改变现有的经营模式都归结为创业。

根据创业主体的不同,创业可分为个体创业和公司创业两种类型。个体创业指不依附于某一特定组织而开展的创业活动。公司创业指在已有组织内部发起的创业活动,这种创业活动可以由组织自上而下地发动,也可以由员工自下而上地推动,无论推动者是谁,公司内的员工都有机会通过主观努力参与其中,在创业中获得报酬并得到锻炼。从创业本质来看,个体创业与公司创业有许多共同点,但是由于创业主体在资源、组织形态和战略目标等方面各不相同,二者在创业的风险承担、成果收获、创业环境、创业成长等方面存在较大差异,见表1-2-1。

表1-2-1 个体创业和公司创业的主要差异

个体创业	公司创业
创业者承担风险	公司承担风险,而不是与个体相关的生涯风险
创业者拥有商业概念	公司拥有与商业概念有关的知识产权
创业者拥有全部或大部分事业	创业者或许拥有公司的权益,但可能只是一小部分
创业者的潜在回报是无限的	创业者在公司内所能获得的潜在回报是有限的
个体的一次失误可能意味着整个创业失败	公司拥有更多的容错空间,能够吸纳失败
受外部环境波动的影响较大	受外部环境波动的影响较小
创业者具有相对独立性	公司内部的创业者更多受团队的牵制
在过程、试验和方向的改变上具有灵活性	公司内部的规划、程序和组织结构会阻碍创业者的策略调整
决策迅速	决策周期长
低保障,缺乏安全网	高保障,有一系列安全网
在创业考量时,可以沟通商量的人较少	在创业考量时,可以沟通商量的人较多
在创业初期,规模经济和范围经济有限	能够很快实现规模经济和范围经济
严重的资源局限性	在各种资源的占有上都有优势

(三)创新创业

"创新创业"是一个综合性的概念,融合了创新与创业两个元素,旨在通过独特的创新思维和创业精神,推动新产品、新服务或新商业模式的产生和发展。"创新"更多是指对现有技术、产品、服务或商业模式的改进或颠覆,以满足市场的新需求或解决新的问题。而"创业"更多指将创新思维转化为实际的商业行动,通过创立新的企业或项目,将创新成果转化为实际的产品或服务,以满足市场需求并实现商业价值。

因此,"创新创业"的核心理念在于通过创新和创业的结合,实现商业价值和社会价值的双重提升。创新创业鼓励人们勇于尝试新事物,敢于挑战旧有规则和传统,以推动社会的进步和发展。同时,"创新创业"也强调实践的重要性和不断试错的精神,通过不断尝试和调整,找到最适合市场和用户需求的产品或服务。这种精神是推动社会创新和发展的重要力量,也是实现个人价值和梦想的重要途径。

二、新创企业组织形式选择及相关法律法规

在创立新企业之际,首要之务便是挑选恰当的企业组织形式。企业组织形式代表企业存在的种类与形态,均需依法进行设立。根据我国现行法律《中华人民共和国民法典》《中华人民共和国公司法》《中华人民共和国合伙企业法》《中华人民共和国个人独资企业法》等相关规定,目前,我国个人创办企业的主要法定形式包括个体工商户、个人独资企业、合伙企业以及公司制企业。不同的企业形式在企业管理难度、风险承担、纳税金额与方式、决策程序与复杂度以及后续发展等方面均存在差异。因此,创业者在选择企业形式时,必须全面评估自身条件、团队结构以及创业资源等因素,以便选择最适合自己的企业形式。

(一)我国企业的法定组织形式

1. 股份有限公司

根据 2023 年 12 月 29 日修订的《中华人民共和国公司法》[①]的相关规定,股份有限公司是指其注册资本由等额股份组成,公司通过发行股票来筹集资本,股东则以其所认购的股份为限对公司承担相应责任。设立股份有限公司,应当具备以下条件:

(1)设立股份有限公司,应当有一人以上二百人以下为发起人,其中应当有半数以上的发起人在中华人民共和国境内有住所。

(2)以发起设立方式设立股份有限公司的,发起人应当认足公司章程规定的公司设立时应发行的股份。以募集设立方式设立股份有限公司的,发起人认购的股份不得少于公司章程规定的公司设立时应发行股份总数的百分之三十五;但是,法律、行政法规另有规定的,从其规定。

(3)发起人应当在公司成立前按照其认购的股份全额缴纳股款。发起人不按照其认购的股份缴纳股款,或者作为出资的非货币财产的实际价额显著低于所认购的股份的,其他发起人与该发起人在出资不足的范围内承担连带责任。

(4)募集设立股份有限公司的发起人应当自公司设立时应发行股份的股款缴足之日起三十日内召开公司成立大会。发起人应当在成立大会召开十五日前将会议日期通知各认股

---

① 中国人大网.中华人民共和国公司法[EB/OL].(2023-12-29)[2024-05-12]. http://www.npc.gov.cn/c2/c30834/202312/t20231229_433999.html.

人或者予以公告。成立大会应当有持有表决权过半数的认股人出席,方可举行。

(5)股份有限公司应当将公司章程、股东名册、股东会会议记录、董事会会议记录、监事会会议记录、财务会计报告、债券持有人名册置备于本公司。

股份有限公司的优势在于其能有效保障股东权益,股东仅需承担有限责任,并可通过股票转让来规避风险;通过公开发行股票,股份有限公司可显著增强融资能力,提升公司声望,且管理权与经营权分离,有助于引入职业经理人,提高公司管理水平。然而,股份有限公司的劣势亦不容忽视,其受到的限制和监管更为严格,需定期公开财务数据、经营信息等。

2. 有限责任公司

根据2023年12月29日修订的《中华人民共和国公司法》的相关规定,有限责任公司指由符合法律规定的股东出资组建,股东以其认缴的出资额为限对公司承担责任,公司以其全部资产对公司的债务承担责任。设立有限责任公司,应当具备以下条件:

(1)有限责任公司由一个以上五十个以下股东出资设立。

(2)有限责任公司的注册资本为在公司登记机关登记的全体股东认缴的出资额。全体股东认缴的出资额由股东按照公司章程的规定自公司成立之日起五年内缴足。法律、行政法规以及国务院决定对有限责任公司注册资本实缴、注册资本最低限额、股东出资期限另有规定的,从其规定。

(3)股东共同制定公司章程。公司章程是公司组织和行为的基本准则,必须包含公司名称、住所;公司经营范围;公司注册资本;股东的姓名或名称;股东的出资额、出资方式和出资日期;公司的机构及其产生办法、职权、议事规则;公司法定代表人的产生、变更办法;股东会认为需要规定的其他事项。

(4)公司必须建立符合有限责任公司要求的组织机构,有限责任公司股东会由全体股东组成。股东会是公司的权力机构,依照本法行使职权。

(5)公司必须有固定的住所,这是公司开展业务活动的基础,也是公司登记机关确定公司登记注册地址的依据;还要有明确的公司名称,公司名称是公司对外进行经营活动的标志。

有限责任公司的优势在于股东责任有限,仅以其出资额为限承担企业经营管理风险,有效分散企业风险;其劣势在于需双重纳税,即缴纳公司所得税和个人所得税,且无法公开发行股票,从而在资金筹集和规模扩张方面受到一定限制。

3. 合伙企业

2006年8月27日修订,2007年6月1日开始施行的《中华人民共和国合伙企业法》[1]规定,合伙企业分为普通合伙企业和有限合伙企业,均由中国境内的自然人、法人和其他组织设立。普通合伙企业由普通合伙人组成,合伙人对合伙企业债务承担无限连带责任。本法对普通合伙人承担责任的形式有特别规定的,从其规定。有限合伙企业由普通合伙人和有限合伙人组成,普通合伙人对合伙企业债务承担无限连带责任,有限合伙人以其认缴的出资

---

[1] 中华人民共和国中央人民政府网.中华人民共和国合伙企业法[EB/OL].(2006-08-27)[2024-05-24].https://www.gov.cn/flfg/2006-08/28/content_371399.htm.

额为限对合伙企业债务承担责任。设立合伙企业,应当具备以下条件:

(1)有二个以上合伙人。合伙人为自然人的,应当具有完全民事行为能力;

(2)有书面合伙协议;

(3)有合伙人认缴或者实际缴付的出资;

(4)有合伙企业的名称和生产经营场所;

(5)法律、行政法规规定的其他条件。

设立合伙企业时,合伙人需注意承担无限责任,即对合伙企业债务承担无限连带责任,这要求合伙人在决策时充分评估风险。尽管合伙企业能汇聚多方资金、提升竞争力并拓宽业务领域,但其决策需经所有合伙人共同商议,这增加了管理难度并可能降低决策效率。然而,合伙企业成员进出机制灵活,适合团队独立创业。常见的合伙企业形式如律师事务所和会计师事务所等,均能有效利用这一优势。因此,在选择合伙企业形式时,合伙人应权衡其风险与优势,确保决策符合团队长远发展目标。

【案例】

良好的合作关系的重要性

李某某,一名就读于××民族大学艺术设计专业的2023级女学生,积极投身于创业之路,开设了自己的画室,专注于为美术类高考生提供考前培训。在此之前,她积累了丰富的实践经验,通过勤工俭学,不仅在多家超市打工,还尝试了手机卡、轮滑鞋的销售工作,甚至参与了学校的招生工作,并自制手工艺品进行销售。

大三那年,李某某开始了她的首次创业尝试。她投资了一万多元与人合伙开设了一家饰品店,初衷是减轻家庭的经济负担。然而,由于对合伙人的了解不够深入,双方在经营过程中产生了分歧,导致饰品店的经营最终失败,不仅未能盈利,还造成了两万元多的亏损。这次创业的失败对李某某造成了不小的打击,但她并未因此气馁。经过一段时间的调整,她决定再次创业,投入六万多元开设了自己的画室。凭借对美术的热爱和深厚的美术功底,以及通过美术考试升学的个人经历和经验,李某某的画室经营逐渐步入正轨,并取得了可观的盈利。

对于资金与人力相对匮乏的创业者而言,合伙创业往往成为他们筹集资源和人力的关键途径。然而,若创业者在选择合作伙伴时未能进行充分的了解和建立足够的信任,那么这种合作方式将潜藏巨大的风险。事实上,稳固而和谐的合作关系是新企业得以立足和发展的基石。李某某首次创业的失败便是一个生动的例证,深刻揭示了缺乏良好合作关系的创业之路注定会充满坎坷。

4. 个体工商户

《中华人民共和国民法典》第五十四条[①]规定,自然人从事工商业经营,经依法登记,为个体工商户。个体工商户可以起字号。个体工商户享有起字号的权利。对于个体工商户的债务,若为个人经营,则由个人财产承担;若为家庭经营,则以家庭财产负责;若二者无法明

---

① 中国人大网.中华人民共和国民法典[EB/OL].(2020-06-02)[2024-05-24]. http://www.npc.gov.cn/npc/c2/c30834/202006/t20200602_306457.html.

确区分,同样以家庭财产承担。个体工商户承担的是无限责任。在日常生活中,我们经常可以见到的餐馆和小旅馆等,多数均为个体工商户。

个体工商户的设立条件,人数没有严格限制,无论是个人还是家庭均可,个体工商户的申请人必须是具有完全民事行为能力的自然人,且年龄符合相关法律规定。一般来说,责任人需年满16岁且具备劳动能力。申请人需提供符合规定的经营场所,该场所应具备开展经营活动的必要条件,如安全、卫生等。个体工商户的注册资本没有最低限额要求。业主具备必要的经营资金和场所,前往工商部门完成登记手续后便可启动业务。这种经营形式虽具有灵活性优势,但也因其简洁性而使得企业资源受限,进而限制了未来的发展空间与潜力。

目前我国个体工商户数量已达惊人的1.24亿户,成为企业界的重要支柱。据市场监管总局数据,第三产业在个体工商户中占据近九成比例,充分展现了个体工商户在人们日常生活中的服务角色。其行业布局主要集中在批发零售、住宿餐饮以及居民服务、修理等多元服务业,为民众提供着丰富多样的服务,个体工商户在稳增长、稳就业方面发挥着至关重要的支撑作用,当前,已成功助力超过3亿人就业,成为促进就业的重要力量。

【小知识】

法律规定禁止个体工商户进入的行业

根据相关法律法规,部分特定行业禁止个体工商户进入,例如:
(1)盐资源开发;
(2)批发种子质量检验、进出口;
(3)农药生产;
(4)电影制片、发行、放映、进出口(不含农村16毫米电影片放映)等。

5. 个人独资企业

依据《中华人民共和国个人独资企业法》[①]的规定,个人独资企业指在中国境内设立,由一个自然人投资,财产为投资人个人所有,投资人以其个人财产对企业债务承担无限责任的经营实体。

设立个人独资企业应当具备下列条件:
(1)投资人为一个自然人;
(2)有合法的企业名称;
(3)有投资人申报的出资;
(4)有固定的生产经营场所和必要的生产经营条件;
(5)有必要的从业人员。

个人独资企业的优势体现在其简便的设立手续、灵活的经营模式及快速的决策流程等方面。然而,其劣势同样明显,即经营风险较高,所有风险需由个人承担,并承担无限责任。此外,企业的发展和经营水平常受限于企业主的个人能力。因此,在创业的初期阶段,考虑到其流程简便和税负相对较低的优势,个人独资企业是一个可行的选择。常见的个人独资

---

① 中华人民共和国最高人民法院公报. 中华人民共和国个人独资企业法[EB/OL]. (1999-08-30)[2024-05-24]. http://gongbao.court.gov.cn/Details/347492e2f1649ab896146fc968dd9e.html.

企业形式有工作室、设计中心等。

个人独资企业与个体工商户是两个常被混淆的概念,它们之间的差异主要有以下4方面:

(1)个人独资企业的出资人为单一自然人,而个体工商户则可选择由家庭或个人出资。值得注意的是,个人独资企业在申请企业登记时,可以选择以家庭共有财产为个人出资的方式,以此来明确其资本构成。

(2)个人独资企业与个体工商户在承担责任的财产范围上有所不同。对于个人独资企业,其出资人通常仅以个人财产对企业债务承担无限责任,除非在企业设立登记时明确选择以家庭共有财产作为出资,此时方需依法以家庭共有财产对企业债务承担无限责任。而个体工商户的债务承担方式则取决于其经营模式,若为个人经营,则以个人财产承担;若为家庭经营,则以家庭财产承担。

(3)个人独资企业在法律上被视为一种经营实体和企业组织形态,而个体工商户则不采取企业的组织形式。这两者的区别,关键在于是否进行了独资企业的登记手续,并成功领取了独资企业营业执照。

(4)个体工商户的投资者与经营者身份合一。相较之下,个人独资企业的投资人拥有更多选择,既可以亲自管理企业事务,也可以委托或聘用具备民事行为能力的人负责。此外,个人独资企业具备设立分支机构的权利,而个体工商户则无法享有此项权益。

【思考讨论】

个人独资企业与个体工商户的区别在哪里?

(二)选择合适的企业组织形式

企业组织形式繁多,创业者需深思熟虑,审视自身长短,以选择最适宜的企业形式开启创业之旅。作为创业者,选择企业组织形式时需考虑以下因素。

1. 参与创业的人数

不同的企业组织形式对发起人数量有不同的规定。若为个人投资,可选择个体工商户、个人独资企业或一人有限责任公司。当人数介于2至50人时,成立有限责任公司是合适之选。若人数超过50人,则可考虑设立股份有限公司。

2. 创办企业的规模

在创办企业时,首先需考虑的是企业未来的融资需求。若创业者预计其企业项目对资金需求不高,个体工商户、个人独资企业和合伙企业是合适的选择。然而,若公司业务预期将涉及大量资金需求,如互联网和高新科技领域,则应考虑设立有限责任公司或股份有限公司。此外,企业所从事的行业也是选择组织形式的关键因素。对于规模较小的行业,个体工商户、个人独资企业和合伙企业是理想之选;而房地产、汽车等大规模行业则更适合采用公司制企业形式。

3. 投资者责任

企业投资者在选择不同类型的企业时,需明确其所承担的责任。个体工商户、个人独资企业以及普通合伙企业的投资者需承担无限责任,这意味着一旦企业负债,投资者除需以现有投资进行赔偿外,还需动用其个人全部财产。然而,对于公司制企业及有限合伙企业的有限合伙人而言,其责任则相对有限,仅需承担其投资额所对应的责任,当公司面临负债等风险时,不会波及其个人财产。

4. **企业税收**

不同企业组织形式的征收税收方式不一样,个体工商户、个人独资企业、合伙企业只征收个人所得税,不缴纳企业所得税。一般情况下,个人独资企业和合伙企业的税负比公司制企业要轻。但对于大学生创业或者某些国家扶持的高新科技行业、小微企业,国家会给予一定的税收优惠政策,所以在考虑企业税收的时候要综合衡量。

除了以上四点,在选择组织形式时,还需要考虑企业的运营成本、法律的限制、企业是否能参与政府采购项目、是否设立分支机构等。创业者一定要通过以上判断做出一个最有利于自己或者至少是现阶段最合适的组合,在之后的企业发展中,如果最初的企业形态不再适合企业的发展,也可以根据相关法律更改企业法律形态。

(三)相关法律与法规

法律规定为公民设定了行为的界限,明确规定了哪些行为是允许的,哪些行为是禁止的,从而为创业者的决策和行动划定了明确的框架。在这一框架的约束下,创业者必须深入了解并严格遵守相关的法律法规和伦理规范。只有这样,才能避免在创业初期因不了解或忽视法律而导致的错误行为,进而防止这些失误给新企业带来不必要的损失,甚至避免因此直接引发创业失败的风险。因此,对法律法规和伦理问题的认识和遵守,是创业者成功创业不可或缺的一环。

在创业的起步阶段,创业者会面临一系列的法律问题,这些问题不仅涉及企业组织形式的选择,还包括税务筹划、专利申请、商标注册、版权保护以及合同起草和融资协调等多个方面。每个环节都有其特定的法律要求和规定,它们共同界定了创业者在经营过程中所应遵循的行为界限和规则。因此,创业者需要深入了解并严格遵守这些法律和规定,以确保企业合法合规地运营,并避免因违法行为而带来的潜在风险。

1. **注册企业需注意的法律法规**

注册企业时应充分了解并遵守国家法律法规,确保企业的合法注册和稳健运营。

(1)企业注册时必须遵守《中华人民共和国公司法》及其相关法规,包括公司的设立条件、注册资本要求、股东权利与义务、公司治理结构等。例如,有限公司的最低注册资本要求、股东出资方式及期限等。

(2)企业注册时还需要关注《中华人民共和国企业登记管理条例》等行政法规,确保企业名称、经营范围、注册地址等信息的合法性和准确性。特别是企业名称,不得含有违反国家、社会公共利益的内容,也不得与其他已注册企业的名称相同或近似。

(3)根据《中华人民共和国税法》及相关法规,企业在注册时还需要了解税务登记、税种核定、纳税申报等税务相关事项,确保企业合法纳税。

(4)企业在注册过程中还需关注知识产权法律,如《中华人民共和国专利法》《中华人民共和国商标法》等,确保企业的知识产权得到保护,避免侵犯他人的知识产权。

(5)企业在注册后还需遵守《中华人民共和国劳动法》等法律法规,规范用工行为,保障员工的合法权益。

2. 制定企业规章制度需注意的法律法规

企业规章制度是企业内部管理和员工行为的重要依据，因此，在制定和执行规章制度时，必须注意相关的法律问题，以确保其合法性和有效性。以下是企业在制定规章制度时需注意的法律问题：

(1)企业必须遵循《中华人民共和国劳动法》和《中华人民共和国劳动合同法》的相关规定，确保规章制度中的条款与劳动法律法规保持一致。这包括但不限于员工招聘、劳动合同签订、工作时间和休假、薪酬福利、社会保险、劳动保护、解雇和裁员等方面的规定。同时，规章制度应尊重员工的权益，避免侵犯员工的合法权益。

(2)《中华人民共和国安全生产法》也是企业必须遵守的重要法律。企业规章制度应包含安全生产的相关规定，确保员工在工作过程中的人身安全和健康。这包括制定安全生产责任制、安全操作规程、安全培训制度以及应急预案等，以预防和减少安全事故的发生。

(3)知识产权法也是企业在制定规章制度时需要关注的重要法律。随着企业的发展，知识产权保护变得愈发重要。企业规章制度应明确对知识产权的保护措施，包括员工在工作中创造的知识产权的归属、使用和保密等方面的规定，以防止知识产权的流失和侵权行为的发生。

不同行业可能还有特定的行业法规需要遵守。企业应了解所在行业的法律法规，确保规章制度与行业规定相一致。国家相关的法律法规和规章制度也是企业必须遵守的。这些法律法规可能随着国家政策的调整而发生变化，因此企业需要定期关注并更新规章制度，以确保其符合最新的法律法规要求。

3. 企业生产经营中应注意的主要法律问题

在企业生产经营过程中，需要特别注意以下主要法律问题：

(1)合同法律问题。合同是企业经营中的基础法律文件，无论是采购、销售、合作还是其他任何形式的商业活动，都需要通过合同来明确各方的权利和义务。因此，企业应确保合同的合法性和有效性，并严格遵守合同约定，避免合同纠纷的发生。

(2)知识产权法律问题。知识产权是企业的重要资产，包括专利、商标、著作权等。企业在经营过程中需要确保自身的知识产权得到保护，同时也要避免侵犯他人的知识产权，以免引起知识产权纠纷。

(3)劳动法律问题。企业在与员工签订劳动合同时，应遵守劳动法律法规，确保员工的合法权益得到保障。同时，企业还需要关注劳动安全、劳动保护等问题，确保员工的人身安全和健康。

(4)竞争法律问题。企业在市场竞争中应遵守公平竞争的原则，不得采取不正当竞争手段，如虚假宣传、侵犯商业秘密等。否则，不仅可能面临法律制裁，还可能损害企业的声誉和形象。

(5)税务法律问题。企业应依法纳税，确保税务申报的准确性和及时性。同时，企业还需要关注税务优惠政策，合理利用税收资源，降低经营成本。

(6)环保法律问题。企业在生产经营过程中应遵守环保法律法规，确保生产活动符合环保要求。否则，可能会面临环保处罚，甚至影响企业的正常经营。

【小知识】

企业需要注意的伦理问题

新企业成立后,市场竞争激烈,遵守行业规则与行为规范至关重要。能否遵守行业规则与行为规范,体现了创业者是否具有互惠互利、协同合作的品德与道德。重视商业伦理有助于新企业树立品牌形象,脱颖而出;忽视商业伦理则威胁新企业的生存与发展。因此,新企业需严格遵循行业规范,确保稳健发展。

(1)创业者与原雇主间的伦理考量。创业者基于自身行业经验和技术资源萌生创业念头决定离职的,离职前,应提前告知雇主,并认真履职至最后一刻。离职时,不得带走雇主资料,防止商业机密泄露。离职后,若与前雇主存在竞争,需遵循原则处理。

(2)创业团队成员伦理问题。创业团队需就新企业利益分配与未来发展达成共识。制定股东协议至关重要,协议应涵盖业务实质、商业计划、成员身份与职位、所有权形式、股份分配、支付方式、知识产权归属、初始资本及回购条款,确保合作稳定与公平。

(3)创建者与利益相关者伦理问题。创建者与利益相关者间的伦理问题涉及人事伦理、利益冲突和顾客欺诈。人事伦理指创业者与雇员间的不当行为;利益冲突指员工因私交泄露企业资料;顾客欺诈则指企业宣传或销售隐患商品,误导顾客,侵害顾客权益,忽视公众安全。

三、大学生创新创业相关政策

目前,国家不仅鼓励大学生创新创业,还将创业逐渐划归到重要课题研究当中。为了促进大学生勇于创新、大胆创业,中央以及各地方政府根据不同阶段不同的任务,以及新形势、新变化等,不断制定创新创业的激励政策,为拥有创新创业梦想的大学生提供便利条件。

(一)创新创业政策内涵

创新创业政策指的是通过对影响创新创业活动的环境因素进行改善,刺激个体或者群体进行创业,同时支持创新创业活动,以促进创新创业活动发展为目标的一系列办法或者举措。

大学生是最具有创新创业潜力的特殊群体,中央或者各地方政府针对大学生创业出台了一系列创新创业政策。这些创新创业政策一般通过培养大学生创新创业精神、强化大学生创业意识、提升大学生创业能力等手段让大学生创新创业活动顺利开展。其实大学生创新创业政策同一般的创新创业政策在本质和目标上是一致的。因此,基本上可以将大学生创新创业政策定义为政府为了给大学生创造创业条件,以达到提升大学生创业成功率、促进大学生创新创业健康发展为目的所制定的一系列相关办法和举措。

(二)鼓励和支持大学生创新创业的政策

近几年,国家和政府为了支持和鼓励大学生自主创业出台了一系列政策,这些政策为有抱负的青年提供了发挥聪明才智的广阔空间和创业的平台。根据创新创业政策的不同作用,结合创新创业活动的实践,可将大学生创新创业政策分为五大类。

1. **注册登记类政策**

(1)准入门槛降低。对大学生注册登记条件和经营场所的限制放宽。注册条件方面,大学生在申请个体工商业、合伙企业、独资企业登记时不受资源额度限制,而且该类政策鼓励大学生依法以知识产权、专利技术、科技成果等可评估的非货币资产作价来出资。对于大学生申请设立有限公司,并以高校毕业生的人力资本、智力成果、工业产权、非专利技术等无形资产作为投资入股的,可以抵充40%注册资本。在经营场所方面,政府准许大学生将租借的房屋、临时商业用房等作为企业的经营场所。

(2)登记程序简化。

1)登记的通道更加便捷。国家规定,凡是高校毕业生,包括毕业两年后的毕业生,在申请个体经营或者办理私营企业时,申请者可以通过各级工商部门开通的"绿色通道"优先进行登记注册。

2)经营的范围更加宽广。企业的经营范围,除了国家明令禁止的行业和商品之外,全部对高校毕业生放开。不过对限制性或专业性经营项目,准许其一边补办专业项目审批手续,一边申请。

3)申请程序简化。对于在科技园、高新技术园区和经济技术开发区等经济特区申办私营企业的,可以特事特办。除了涉及一定前置审批的项目之外,可以采用承诺等登记制。对申请人能提供登记申请书、验资报告等登记材料的,可以事先为其颁发营业执照,不过要让其在3个月内将规定的材料补充齐备。

(3)各类费用减免。在登记费用方面,工商部门自批准该企业经营之日算起,1年之内不收取其个体工商户登记费用,其中包括注册登记、变更登记、补照费、个体工商户管理费用和各种证书费用,不过上述减免只针对国家限制之外的行业。企业如果参加了个私企业协会,那么免收其1年会员费用。高校毕业生如果从事的是社区服务等活动,经过所在居委会报备所在工商行政管理部门机关的,1年内可以不用办理工商注册登记,免收各种工商管理费用。

2. 税收类政策

(1)对企业所得税实行优惠。

1)软件类企业征税优惠。大学生创业成立的新办软件生产企业,且设置在境内的,在经过相关部门认定后,第一年和第二年不征收企业所得税,第三年到第五年征收50%企业所得税。国家规划布局之内的重点软件生产企业,如果当年没有享受免征所得税的优惠,那么减按10%税率征收企业所得税。大学生创业成立的企业经过省高新技术企业认定管理机构审核认定,在征收企业所得税时减按15%征收。

2)免征企业所得税。大学生创业企业,从事蔬菜、谷物、薯类、油料、豆类、棉花、麻类、糖料、水果、坚果的种植,农作物新品种的选育,中药材的种植,林木的培育和种植,牲畜、家禽的饲养,林产品的采集,灌溉、农产品初加工、兽医、农技推广、农机作业和维修等农、林、牧、渔服务业项目,远洋捕捞等八大类行业的,免征企业所得税。

3)减半征收企业所得税。大学生创业企业,从事花卉、茶及其他饮料作物和香料作物的种植,海水养殖、内陆养殖等行业的,减半征收企业所得税。

4)小型微利企业税收优惠政策。小型微利企业包含两种:一种是工业企业,年度应纳税所得额不超过30万元,从业人员的数量小于100人,资产总额低于3000万元。另一种是其他企业,年度应纳税所得额不高于30万元,从业人员的数量低于80人,资产总额不高于

1000万元。只要大学生创办的企业符合上述条件,那么企业所得税减按20%税率征收。上述减免优惠政策从当年的1月1日起开始计算。

5)符合环保政策的减免优惠。大学生创立的企业经营符合环境保护的条件和节能节水项目,从项目获得第一笔生产经营收入所纳税的时间起,第一年到第三年不征收企业所得税,第四年到第六年征收50%所得税。

(2)对个人所得税实行优惠。

1)按照税法相关规定减征应纳税额的30%,如大学生的著作权转让所获稿酬。

2)不征收个人所得税。大学生个人或者创业成立的个体工商户专注经营种植业、养殖业、饲养业、捕捞业,而且经营的项目在农业税、牧业税范围内的,不征收个人所得税。

3)自2019年1月1日至2025年12月31日,毕业年度内高校毕业生从事个体经营的,自办理个体工商户登记当月起,在3年(36个月)内按每户每年14400元为限额依次扣减其当年实际应缴纳的增值税、城市维护建设税、教育费附加、地方教育附加和个人所得税。

(3)对房地产税实行优惠。

1)医疗机构和非营利机构所得税优惠政策。大学生成立非营利性医疗机构,按照国家规定的价格取得医疗服务收入,不征收所得税。大学生成立非营利性的医疗机构,所得收入直接用在改善医疗卫生条件的,从取得执业登记之日开始计算,3年内享受下列优惠政策:对其获得的医疗服务收入免征营业税,对其自产自用的制剂不收取增值税。

2)房产税或城市土地使用税收优惠政策。对营利性医疗机构自己使用的房产、土地免征房产税和城镇土地使用税。对大学生自己建立的企业缴纳城镇土地使用费用存在困难的,经过税务机关核实审批后,可以给予适当减免或者不收取城镇土地使用税。缴纳房产税存在非常大的困难的中小型企业,可以向市级或县级人民政府提出申请来减免房产税,获得相应优惠。

3. 财政金融类政策

大学生在创新创业时面临的最大困难应该是缺乏启动资金。针对这一历史性难题,中央和各级政府机关出台了一系列优惠政策,为大学生提供最大的帮助,让其创业顺利展开。

(1)小额担保贷款和贴息优惠政策。符合条件的高校毕业生自主创业的,可在创业地按规定申请创业担保贷款,贷款额度为10万元。鼓励金融机构参照贷款基础利率,结合风险分担情况,合理确定贷款利率水平,对个人发放的创业担保贷款,在贷款基础利率基础上上浮3个百分点以内的,由财政给予贴息。

各类银行在为大学生提供创业小额贷款时,可简化程序。贷款期限最长2年,到期后还可申请延期一次。贷款利率担保最高限额为担保基金的5倍,期限与贷款期限相同。

(2)地方政府的优惠政策。

1)江苏省。对符合条件的高校毕业生自主创业的,可在创业地按规定申请小额担保贷款。从事微利项目的,可享受不超过10万元贷款额度的财政贴息扶持。对合伙经营和组织起来就业的,可根据实际需要适当提高贷款额度。在电子商务网络平台开办"网店"的高校毕业生,可享受小额担保贷款和贴息政策。毕业2年以内的普通高校毕业生从事个体经营(除国家限制的行业外)的,自其在工商部门首次注册登记之日起3年内,免收管理类、登记类和证照类等有关行政事业性收费。

2)上海市。根据《上海市人民政府关于进一步做好本市促进创业带动就业工作的若干意见》(沪府发〔2009〕1号)规定,小额担保贷款扶持范围扩大到创业后三年以内的创业组织,担保金额最高为100万元。其中,10万元以下的项目可免予个人担保。自主创业的大学生,向银行申请创业贷款担保额度最高为7万元,并享受贷款贴息。此外,创新基金管理中心制定《科技型中小企业技术创新基金初创期小企业大学生创业项目(试点)工作指引》规定,科技型中小企业技术创新基金在初创期小企业创新项目内设立大学生创业项目给予引导和支持。创新基金以无偿资助方式支持立项项目,资助额度为每个项目20～40万元。

3)北京市。毕业年度及毕业2年以内的本市高校毕业生等重点群体,在本市首次创办企业或个体工商户,同时符合以下条件的,可申请一次性创业补贴。补贴额度最高1万元。①自2020年11月30日起,创业人员在本市首次创办创业组织,并担任法定代表人或主要责任人。②创业人员在所创办的创业组织缴纳社会保险费且累计满6个月。③创业组织自登记注册之日起正常经营且依法纳税1年以上。④创业人员及所创办的创业组织信用良好,未被列入北京市公共信用信息服务平台"黑名单"。个人创业担保贷款最高贷款额度不超过50万元,贷款期限最长不超过3年。小微企业创业担保贷款最高贷款额度不超过300万元,贷款期限最长不超过2年。

4. 管理和服务类政策

为了鼓励大学生创新创业,中央和各地政府除了在资金、税收等方面为其提供优惠政策外,还制定了管理和服务方面的优惠政策。

(1)中央管理和服务类优惠政策。政府人事部是行政部门下属的人才中介服务机构,为自主创业的大学毕业生提供了免费保管人事档案(代办社保、职称、档案工作等相关手续)2年的优惠政策;同时还提供免费查询人才、劳动力供求信息、免费发布招聘广告等新服务。参加人才集市和人才劳动交流活动使用的经费可以适当减免。为创办企业的员工在培训和测评服务上提供相应优惠。除此之外,国家还规定符合条件的创业大学生可以在创业地落户。

(2)各地政府管理和服务类优惠政策。

1)上海市:人才服务中心开辟了一条大学生创新创业绿色通道,为应届大学生创业创办人员免费保管人事档案1年和出具人事证明,为员工免费建立诚信档案,免费提供政府人事行政部门的相关政策规定和操作咨询,为其免费提供急需的人才信息等。

2)成都市:人事局针对创业高校毕业生及其创办企业招聘的高校毕业生,免费保管3年的人事档案。

5. 教育培训类政策

我国的创新创业政策最初就是从教育方面入手的,国家在教育培训方面也有相应的教育培训政策。

(1)教育培训政策。国家规定,毕业生在毕业学年(毕业前一年的7月1日到12月31日)内参加创业教育培训的,给予培训补贴的依据为其获得的创业培训合格证书或者就业、创业的具体情况。

有创业意向的毕业生可以免费得到公共就业和人才服务机构提供的创业指导服务,这种服务是由政策咨询、信息服务、项目开发、风险评估和跟踪扶持等构成的一条龙的创业服务。各地在企业孵化基地作用的基础上,因地制宜建造了一批企业大学生创业孵化基地,同时给予相应的扶持政策。政府针对基地大学生创办的企业提供相应的培训和服务指导,将扶持政策落到实处,提高大学生创业的成功率。

(2)教育培训实现的方式。

1)将模拟实训坐实。探索并建立模拟公司和信息化创业实训平台,将创业意愿强烈的大学生组织在一起参加创业实训培训,通过建立模拟公司、确定公司框架、尝试经营业务以及完成岗位和商业环节的实际任务来让学员身临其境地感受商业环境、进行商业行为。实训的目的是提升大学生创业者经营管理能力和市场竞争的能力。

2)将培训的触角延伸。将SYB(Start Your Business,创办你的企业)培训推荐到高校中去,以高校应届毕业生为重点,免费为其提供集SYB培训、拓展训练培训和创业见习于一体的创业服务,进而通过培训进驻校园的契机,加强大学生创新创业意识并提升其创业能力。

3)提供孵化服务。利用大学科技园区、工业园区、高校技术园区的人员、设施和技术等,为有创业意向的创业者提供个性化、专业化的免费培训和创业项目孵化等,进而提升大学生创业成功的概率。

第二节 大学生创新创业面临的挑战与机遇

一、大学生创新创业面临的挑战

随着社会经济的发展和创新创业政策的推动,近年来我国越来越多的大学生选择创业就业,创业市场也呈现蓬勃发展的态势。截至2022年底,全国范围内约有1000万大学生选择创业就业,占当年大学毕业生总人数的30%左右。其中,广东、浙江、北京等地的大学生创业率较高。据统计,大学生创业市场总资金规模达到人民币5000亿元。尽管国家和学校为大学生创新创业提供了诸多支持和优惠政策,但是我国大学生创新创业现状仍令人担忧。当前我国大学生创新创业的挑战主要集中于以下六方面。

(一)热情高涨,但付诸实践者实为少数

自1998年5月,清华大学举办首届创业计划大赛开始,大学生自主创业一时成为社会各界关注的焦点之一。大学生创业热在全国迅速蔓延开来,无数大学生投身其中。虽然近年来,大学生的自主创业热情仍然不减,但是真正加入自主创业行列的人却逐年减少。目前我国大学生创业还仅仅处于起步阶段,自主创业的实际人数不多,占大学生总数的比例不大。例如清华大学,由于毕业生就业并不是太困难,同时又由于自身创业需要承担相当大的风险,虽然其有相对比较好的学生创业环境,但是选择自主创业的人并不多,目前清华大学自主创业的学生只占学校学生总数的2%左右;而在美国,像斯坦福大学等知名学府大学生创业的比例可以达到10%。

(二)自主创业科技含量低,成功率低

大学生在校参加的自主创业计划大赛中,大多数项目都是关于高新技术的,学生一旦毕业脱离学校,要凭个人之力创办高科技企业,往往显得势单力薄,而作为近似完全理性人的风险投资公司当然不愿意投资学生创办的规模小、风险大的企业。因此,大多数毕业生在创业时选择了启动资金少、容易开业且风险相对较小、较容易操作的传统行业,如餐厅、咨询、零售等小而适合自己的行业。这样,一方面可以节约成本,另一方面也可以先积累经验。人们对于大学生创业无疑是寄予厚望的,但尽管国家出台了优惠政策引导大学生自主创业,目前选择自主创业的大学生仍然不多,自主创业的成功率也不是很高。

目前,我国的创业活动呈现四个明显趋势。第一,严峻的就业形势要求更多的大学生选择创业之路。第二,大学生自主创业迎合了产业发展转向"知识经济"的趋势。第三,大学生自主创业更进一步得到了政府的支持和社会的关心。第四,创业者的创业行为更加理性、创业项目更加多样。

(三)缺乏实战经验与市场认知

大学生创新创业面临的首要难题是缺乏实战经验和对市场的深入了解。很多大学生虽然在学校中接受过相对系统的创新创业教育,但这些知识往往都是理论性的,与实际操作有着较大的差距。当他们真正踏入创业领域时,会发现理论与实际操作的鸿沟远比想象中要大。由于缺乏实战经验,他们在面对实际问题时可能会手足无措,无法快速做出有效的决策。很多大学生在创业之前并没有对市场进行深入的调研和分析,只是凭借自己的兴趣和想法开始行动。然而,市场是复杂多变的,不了解市场的需求和竞争态势,就很难制订出切实可行的商业计划和营销策略。这种情况下,即使他们的创业项目本身具有一定的创新性,但由于不符合市场需求或无法与竞争对手区分开来,也很难在激烈的市场竞争中脱颖而出。

(四)创业资金筹集困难

资金是创业过程中不可或缺的重要因素,然而对于大多数大学生而言,筹集创业资金是一个巨大的挑战。这主要是因为大学生通常没有稳定的收入来源和可供抵押的资产,从传统金融机构获得贷款的难度很大。金融机构在评估贷款申请时,通常会考虑申请人的信用记录、收入稳定性和还款能力等因素。而大学生在这些方面往往无法满足金融机构的要求,因此很难获得贷款支持。

与此同时,风险投资机构对于大学生创业项目的投资也持谨慎态度。虽然大学生创业项目具有一定的创新性和市场潜力,但由于缺乏实战经验和市场认知,其成功率和回报率都存在较大的不确定性。因此,风险投资机构在投资时会更加谨慎,甚至会选择回避这类项目。

资金的匮乏使得很多有潜力的创业项目难以落地实施。一些大学生创业者可能会因为资金不足而放弃创业计划,或者选择缩减项目规模以降低资金需求。然而,这些做法都可能影响项目的创新性和市场竞争力,甚至导致创业失败。

(五)法律意识淡薄

创业不仅涉及商业模式的构建和市场的开拓,还必须遵守各种法律法规,以确保企业合法运营。然而,很多大学生在创业初期往往忽视了这一点。一些大学生创业者对知识产权保护的重要性认识不足,导致创业过程中不知不觉就侵犯了他人的专利权、商标权或著作权,从而面临法律纠纷和经济损失。而且随着企业的发展,雇佣员工是必然的,但如何合法合规地雇佣、管理员工,很多大学生创业者并不清楚。这容易导致劳动纠纷,甚至面临法律诉讼。

【案例】

左鑫曾经也是一名普通大学的学生。在别的同学都认真读书的时候,他就开始寻找生财之道。在同学们的眼里,左鑫是一个极具商业头脑的人。

经过一段时间的调查研究,左鑫很快就将目标瞄准了当时的手机市场,并开始在学校内倒卖苹果手机,左鑫所倒卖的手机都是正规平台发售的,但出售价格却远远低于市场价。一来二去左鑫的名气越来越大,很多人都找他买手机。而他在每次出售手机之前,都会和他人签订一份正规的合同,这也让他的信誉越来越好。

那时左鑫一个月就能赚2万到3万元,为了进一步扩大业务,左鑫还联系了自己的老同学,在当地成立了一家公司,试图吸纳社会上更多的成员来购买苹果手机。后来调查发现,最多的时候左鑫一个月能聚集近百万元的资金。

随着自己的名气越来越大,一些商人就找到左鑫要与他进行合作。此后左鑫的生意越做越大,可突然有一天,左鑫的合作伙伴金女士发现左鑫经常以货源不足为借口延期发货。

对于商人而言,信誉是头等大事,如果运转中资金链出现断裂,对他们而言是致命的。金女士为了不让自己受损,索性找到左鑫理论。可左鑫却表示按照合同上的规定仍未到归还期限,并承诺金女士一定在归还期限内还清债款和货物。随着时间一天天地过去,金女士始终没有得到左鑫的答复,当她再次拨打左鑫的电话时,却发现对方的手机早已变成空号。

情急之下,金女士选择了报警,可她来到公安局的那一刻才发现有关左鑫的备案调查在公安局已经高达四十余次,而报案人的理由也都和她惊人的相似,都是拖欠手机款。

警方决定立即对左鑫展开调查,通过调查,隐藏在这个商业奇才背后的秘密也被挖掘出来。左鑫自始至终都没有购买苹果手机的特殊渠道,他是先利用客户的预订金用于投资赚取利润,之后再以市场价购买苹果手机再低价卖给客户,只要投资盈利大于手机差价,他就能从中获利。

可以说之前左鑫一直做得天衣无缝,直到那段时间左鑫的投资生意出现亏损,他索性将客户的手机款据为己有,挥霍一空。但面对着顾客的百般催促,他无奈之下采用拆东墙补西墙的办法,这也导致他最终无法偿还巨额的债款。

法院认定左鑫的行为已构成非法集资诈骗罪,判处其有期徒刑13年,处罚100万元人民币。非法集资本身是指单位或者个人未依照法定程序经有关部门批准,以发行股票、债券、彩票、投资基金证券或者其他债权凭证的方式向社会公众筹集资金,并承诺在一定期限内以货币实物以及其他方式向出资人还本付息或给予回报的行为。左鑫事先承诺他人以特殊渠道的方式收集资金,然后再利用这笔资金去做生意,最后从中间赚取差价,这种行为就属于非法集资。

(六)缺乏长期规划和战略眼光

创业是一个需要长期投入的过程,但很多大学生只是有一个初步的想法或创意,然后就急于开始行动,而没有对未来进行深入的规划和思考。缺乏长期规划会导致创业者在面对困难和挑战时缺乏明确的方向和目标,无法形成稳定的业务模式和核心竞争力。这不仅会浪费大量的资源和时间,还可能导致创业项目的失败。而战略眼光的缺失则会使创业者难以洞察市场变化和竞争态势,无法及时捕捉到新的商业机会,也无法有效地应对竞争对手的挑战。在快速变化的市场环境中,缺乏战略眼光的创业者很容易被市场淘汰。

二、大学生创新创业面临的机遇

(一)政策的大力支持

在"双创"背景下,近年来我国中央及地方政府不断加大对大学生创新创业的政策支持力度,为大学生创业提供了难得的机遇。政府深知大学生是国家的未来,他们的创新思维和创业实践对推动社会进步和经济发展具有重要意义。因此,我国各级政府纷纷出台了一系列优惠政策,旨在鼓励和支持大学生创业。首先,各地政府为大学生创业者提供了大量的创业贷款和资金支持。对于缺乏启动资金的大学生创业者来说,这无疑是一场及时雨。各地方政府还通过与金融机构合作,为大学生创业者提供低息或无息的创业贷款,帮助大学生解决创业初期的资金难题。其次,各地政府还设立了各种类型的创业园区和孵化器,为大学生创业提供了良好的环境和资源。这些园区和孵化器不仅提供办公场地和基础设施,还配备有专业的导师团队,为大学生提供创业指导、项目对接、市场推广等全方位的服务。最后,各地政府还通过举办创新创业大赛、提供税收优惠等措施,进一步激发大学生的创业热情。这些政策不仅降低了创业的门槛,还提高了创业的成功率,让更多的大学生有机会实现自己的创业梦想。大学生应该充分利用这些创业扶持政策,结合自己的创新理念和专业技能,勇敢追求自己的创业梦想。同时,政府也应继续加大扶持力度,完善创业服务体系,为大学生创业创造更加有利的条件。

(二)科技发展带来的无限机遇

在科技创新日新月异的时代背景下,科技创新为大学生群体提供了广阔的创新创业舞台,广大高校学生可以借助先进的技术手段,实现自己的创业梦想。

随着科技的不断发展,越来越多的领域开始与科技融合,这为大学生创业提供了更多的可能性。例如,利用大数据、云计算等先进信息技术,开发出具有市场竞争力的新产品或服务;或者通过人工智能技术优化传统产业的生产流程,提高生产效率,降低成本,从而提升企业的竞争力。

除了在传统产业和消费电子领域的应用,科技创新还为大学生创业提供了更多的新兴创业领域。例如,随着物联网、区块链等技术的不断发展,智能家居、智能交通、数字货币等领域逐渐兴起。大学生可以结合自身专业知识和技术背景,在这些新兴领域中寻找创业机会,实现自己的创业梦想。此外,科技创新还为大学生创业提供了更多的创新工具和平台。例如,开源、3D打印、虚拟现实等技术,为大学生创业提供了更多的可能性和便利性。大学生可以利用这些技术和平台,快速进行原型设计、产品开发和市场推广,降低创业门槛和风险。

(三)市场需求愈发多样

随着时代的进步和社会的发展,市场需求呈现出多样化的特点,这为大学生创新创业提供了广阔的舞台和无限的机遇。一方面,现在的消费者对于产品和服务的需求不再满足于单一的功能和品质,而是追求个性化、差异化和体验化。这种多样化的需求为大学生提供了创新的灵感和方向,针对特定人群或特定场景,开发出独具特色的产品或服务,以满足市场的不同需求。另一方面,新兴产业的快速发展为大学生创新创业提供了广阔的市场空间。

随着科技的不断进步,新兴产业如人工智能、大数据、云计算、生物科技等不断涌现,这些产业具有巨大的发展潜力和市场前景。大学生可以结合自身所学专业和兴趣,选择适合自己的创业方向,通过技术创新和商业模式创新,开拓新的市场领域。除此之外,随着全球化的不断深入发展,国际的贸易往来和文化交流日益频繁,这为大学生创新创业提供了更多的国际合作机会。大学生创业者可以通过跨境电商、海外投资等方式,将自己的产品和服务推向国际市场,实现更大规模的发展。

第三节 创新思维的发掘与养成

一、创新思维的含义及特征

创新思维是指对事物间的联系进行前所未有的思考,从而创造出新事物、新方法的思维方式。美国心理学家科勒期涅克认为,创新思维就是发明或发现一种新方式,用以处理某些事情或表达某种事物的思维过程。例如,如何自动摘收番茄?一般认为能自动摘收番茄的机器始终是可望而不可即的,主要是因为番茄的皮太柔嫩,任何机械都可能因抓得过紧而将其夹碎。那么,怎样才能实现自动摘收番茄呢?解决这个问题有两种不同的思维方式:第一种方式是致力于研究如何控制机器的抓力,使其既能抓住番茄又不会将番茄夹碎。但是始终未能成功。第二种方式则是采用了一种从问题的源头进行解决的办法,即研究如何才能培育出韧性十足、能够承受机器夹摘力的番茄,沿此思路人们成功研制出一种"硬皮番茄",解决了自动摘收番茄的难题。

一般来说,创新思维具有以下几个特征。

(一)独创性或新颖性

创新思维贵在创新,或者在思路的选择上,或者在思考的技巧上,或者在思维的结论上,具有"前无古人"的独到之处,具有一定范围内的首创性、开拓性。一位希望事业有成或生活有意义的人,就要在前人、常人没有涉足的领域"开垦"出自己的一片天地,就要站在前人、常人的肩上再前进一步,而不要在前人、常人已有的成就面前踏步或仿效,不要被司空见惯的事物所迷惑。因此,具有创新思维的人对事物必须具有浓厚的兴趣,在实际活动中善于超出思维常规,对"完善"的事物、平稳有序发展的事物进行重新认识,以求新的发现,这种发现就是一种独创、一种新的见解、新的发明和新的突破。

【小故事】

紧身裙与可口可乐瓶

关于经典的可口可乐瓶的设计,据说有这样一个故事。路透是美国一家玻璃瓶厂的工人,由于上班路上耗费的时间很长,他便在离工厂不远的地方租了一个小隔间,方便自己上班。路透因工作繁忙已经很长时间没有和女友见面了,他和女友都十分想念对方。一天上午,女友精心打扮了一番,穿了一条时兴的紧腿裙来探望路透。这条裙子在膝部附近变窄,凸显了人体的曲线美,实在是非常漂亮。约会后,路透突然想到:为什么不把又沉又重的可口可乐瓶设计成这种紧腿裙的样式呢?

于是,路透按照女友裙子的样式制作了一个玻璃瓶,并将玻璃瓶的图案画下来进行了专利登记。之后,他来到可口可乐公司,将制作好的玻璃瓶和图案交给了当时的可口可乐公司经理史密斯。史密斯看了之后非常高兴,大大称赞了路透一番,并马上与路透签订了一份合同,约定每生产12打汽水便支付路透5美分。就这样,可口可乐饮料的瓶身就变成了现在我们所熟知的样式。

目前这种瓶身的生产数量已经达到760亿个,路透所获得的收益约18亿美元。路透通过女友漂亮的裙子,想到了改变可口可乐饮料原本笨重的瓶身,这就是他的创新思维促使了灵感的发挥。

(二)极大的灵活性

创新思维没有现成的思维方法和程序可循,所以它的方式、方法、程序、途径等都没有固定的框架。进行创新思维活动的人在考虑问题时可以迅速地从一个思路转向另一个思路,从一种意境进入另一种意境,多方位地试探解决问题的办法,这样,创新思维活动就表现出不同的结果或不同的方法、技巧。例如面对世界经济趋于一体化、竞争日趋激烈的格局,企业的领导者不能无动于衷或沿用老思路,否则只有死路一条。他必须或是考虑进行技术革新,生产具有自主知识产权的产品;或是引进外资,联合办厂;或是改组企业的人力、财力、物力的配置结构;或是加强产品宣传,并在包装上下功夫;或是上述几者并用。企业的领导者也可以考虑企业的转产,或者让某一大型企业兼并,成为大企业的一个分厂。这里提到的思路分别包括了方法、技巧的创新,也包括了结果的创新,这两种不同的创新都是创新思维在拯救该企业问题的应用。创新思维的灵活性还表现为,人们在一定的原则界限内的自由选择、发挥等。一般来讲,原则的有效性体现在它的具体运用上,否则,原则就变成了教条。

(三)艺术性

创新思维活动是一种开放的、灵活多变的思维活动,它的发生伴随有"想象""直觉""灵感"之类的非逻辑、非规范的思维活动,如"思想""灵感""直觉"等往往因人而异、因时而异、因问题和对象而异,所以创新思维活动具有极大的特殊性、随机性和技巧性,他人不可以完全模仿、模拟。创新思维活动的上述特点同艺术活动有相似之处,艺术活动就是每个人充分发挥自己才能,包括利用直觉、灵感、想象等非理性的活动,艺术活动的表面现象和过程可以模仿。例如梵高的名画《向日葵》,人们都可以去画"向日葵",且大小、颜色都可以模仿,甚至临摹。然而,艺术的精髓和内在的事物及梵高的创造性创作能力只属于个人,他融于作品中的思想与精、气、神是无法仿照的。任何模仿品只能是"几乎"以假充真,但毕竟不是真的,所以才有人想尽办法,甚至不惜倾家荡产,也要得到著名画家的真迹。同样,创造性的思维活动也是不可模仿的,它无法像一件物品摆放在人们面前,任人临摹、仿照。一旦谈得上可以模仿,所模仿的只是活动的实际实施过程,并且自己是跟在他人后面,一步一个脚印地学习他人。因此,创新思维被称为一种高超的艺术。

(四)对象的潜在性

创新思维活动从现实的活动和客体出发,但它指向的不是现存的客体,而是一个潜在的、尚未被认识和实践的对象。例如,在改革浪潮席卷全球的今天,无论是发达国家,还是发展中国家,都在寻求适合本国国情的改革之路,那么,这条路究竟怎么走,各国正在探索,即各国分别依据本国所面临的各种现实情况,进行创造性的思索,大胆试验,所以这条路至今还不太清晰,还是潜在的,至多是处于由潜在向现实的不断转变之中。所以,创新思维的对象,或是刚刚进入人类的实践范围,尚未被人类所认识的客体,人们只能猜测它的存在状况;或是人们虽然有了一定的认识,但认识尚不完全,还可以从深度和广度上进一步加以了解的客体,这两类客体无疑带有潜在性。

(五)综合性

人的思维模式结构可以分为思维形式、思维方法和思维过程三个部分。如图1-2-1所示,X轴代表思维形式,由求同与求异、收敛与发散、习惯与变异、循序与跳跃、试悟与顿悟5对思维组成,在每对思维中,前者为正向思维,而后者为反向思维;Y轴代表思维方法,由辩证、逻辑、形象、动作等4个部分组成;Z轴代表思维过程,由分析、综合、比较、概括、推理、抽象、类比、概念、判断、想象等10个过程组成。

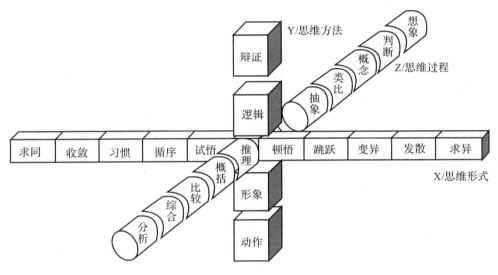

图1-2-1 人的思维模式结构

二、创新思维的训练方法

(一)常见的思维障碍

前人的误区往往提供了智者的创新起点。要想以创新思维在未来的竞争中取胜,就要善于突破经验思维的误导,突破思维定式的束缚,突破对寻常事物的成见,遇事不轻易凭经验下结论、做决定,学会清醒地从全盘看问题,做到全局在胸、胜券在握。在现实生活中,为什么越是简单的问题越容易让人掉以轻心,并由此出错?因为急于求成的人总是容易首先从自己的经验定势和主观愿望出发,习惯于按常规思维办事,进入思维障碍的陷阱。在现实中,人们常见的思维障碍有以下几种。

1. 从众性思维

从众心理是指放弃独立思考,盲目相信大众,一切跟在别人后面,不出头,不冒尖的心理。这种从众包括学习从众,如高考的热门专业;消费从众,喜欢买热门商品;恋爱从众,喜欢大家都觉得好的人;作弊从众,因为他们都作弊,所以也跟着作弊。殊不知,只有有与众不同的想法,才能有与众不同的机会,得到与众不同的收获。

每个人都是独立的个体,也是社会中的一员。作为社会的成员,面对外在的世界,应该通达和顺应,顺应规则、遵从法度、与人交往,这一切都是我们可以叫作外化的东西。但是一个人之所以成为他自己,更应该是坚持自己的秉性而不要随波逐流,有他独特的价值观,有他独特的风格,有一个人内心的秉持。在现实生活中,人们总有一些从众心理,似乎有了不同的意见想法就成了不合群的人,我们怕听到反对的声音而放弃自己独特的想法,与此同时也放弃了改变生活的大好时机。只有那些敢于表达自己与众不同想法的人,才能变得与众不同。

【小故事】

物理学家福尔顿需要测量固体氦的热传导系数。由于他采用的是一种新的测量方法,测出的数值比用过去公认的理论计算出来的数值高出500倍。福尔顿大吃一惊:"这个差距也太大了!"他迟疑了一阵,决定把这个结果束之高阁。

没过多久,一位年轻的美国科学家在实验中也测出了和福尔顿相同的结果,而且把结果公布了出去,同时在此基础上发明了一种新的测量热传导系数的方法。由于这位科学家的数据和方法真实准确,科学界很快就给予了承认,还纷纷赞扬他的创新精神。福尔顿听说此事后追悔莫及,痛心地说:"如果我当时摘下'习惯'的帽子,而戴上'创新'的帽子,那个年轻人绝不可能抢走我的荣誉。"

2. 习惯性思维

习惯性思维,也即定式思维,是指人们在面对新事物、新问题时习惯用之前的思维方式,对新事物、新问题不加分析、不加思考的盲目重复,其主要特征是对问题的思考总是按照第一次的方向和次序进行。习惯性思维对人们解决问题既有积极作用,也有消极作用。从积极的一面看,习惯性思维可以极大地节约时间和精力,提高人们解决问题的效率;从消极的一面看,习惯性思维容易使人们走进思维的死角,钻牛角尖,不利于解决问题。对于一个立志于创新的人来说,应打破习惯性思维障碍约束,进一步优化自己做事的方式和方法,充分发挥主观能动性以寻求更新更好的思维方法。

【小故事】

有这样一个著名的试验:把6只蜜蜂和多只苍蝇装进一个玻璃瓶中,然后将瓶子平放,让瓶底朝着窗户。结果发生了什么情况?你会看到,蜜蜂不停地想在瓶底上找到出口,一直到它们力竭倒毙或饿死,而苍蝇则会在不到两分钟的时间,穿过另一端的瓶颈逃出。

由于蜜蜂具有目标导向的行为特性,会持续向光源飞行,它们以为"囚室"的出口必然在光线最明亮的地方,于是不停地重复着这种合乎逻辑的行动。然而,正是由于它们的智力和经验,蜜蜂灭亡了。而那些"愚蠢"的苍蝇则对事物的逻辑毫不留意,全然不顾亮光的吸引,四下乱飞,结果误打误撞碰上了好"运气",这些头脑简单者在智者消亡的地方反而能顺利地得救,获得了新生。

3. 刻板型思维

所谓刻板,是指呆板、机械、缺乏变化。刻板型思维指在思考的过程中不懂变通,思路单一。刻板思维通常能解决简单的问题。但当问题稍微复杂时,刻板思维不但无济于事甚至导致错误。刻舟求剑的故事深刻阐述了这个道理。如何打破刻板型思维呢?韩非在《五蠹》里说"世异则事异,事异则备变",意思是世界改变了,事情也就随之改变,事情改变了,那就需要对新变化做准备。在思维活动中,常常会发生一些新情况,面对新情况我们应打破刻板,随机应变,迅速做出反应,从而摆脱困境,顺利达到理想目的。

4. 权威型思维

权威常常是在某领域内有力量、有威望、有地位的人,权威之所以成为权威,是因为他们在某领域很有建树,他们的意见和建议能使人们事半功倍。人们常常对学识、能力比自己强的人产生尊敬和崇拜,不敢去质疑他们的观点,这种不敢质疑、过分相信权威将极大地阻碍人们的创新思维,因为他们思考的领域局限在权威限定的框架里。英国皇家学会会徽上镶嵌着一句耐人寻味的话:"不要迷信权威,人云亦云。"爱因斯坦也说过:"因为我对权威的轻蔑,所以命运惩罚我,使我自己竟也成了权威。"这些话很好地阐释了人们应该如何面对权威。

(二)创新思维训练方法

1. 突破思维定式

思维定式是指人们用一种固定的思维模式来思考问题,它会使人的思维沿一定的方向、一定的次序思考,使思维受到限制,从而阻碍新观念、新想法的产生,阻碍人的创造性。

思维定式适用于人们遇到同类或相似问题的时候,但对于创造性问题来说是十分不利的,因为它会让人的思维活动逐渐变为一种既定的方向和模式,形成思维惯性,逐渐成为一种本能反应,使人的创造性思维受到束缚。

对于创新者来说,突破思维定式是十分重要的。我们在思考问题时,可以从以下几个方面来打破常规的思维模式。

(1)这个问题还能用其他的方式来表述吗?
(2)可以将问题颠倒过来看看。
(3)能不能用另一个问题来替换目前的问题?
(4)将自己的思考方向转换一下。
(5)将思考问题时大脑中出现的想法记录下来,并认真思考。
(6)把复杂的问题转换为简单的问题。
(7)把自己生疏的问题转换为熟悉的问题。

【小故事】

半杯水[①]

著名的美国汽车大王——亨利·福特十分重视对员工创新思维的开发,经常会出一些小问题来考考员工。

---

① 黄小平.半杯水能看到什么[J].冶金企业文化,2006(2):63.

在一次会议上,他突然举起桌上的半杯水,问在座的员工:"你们看这杯水,能从中得出什么结论?"

马上有人回答:"水已经被喝了一半了,杯子空了一半。"

另一个人答道:"杯子里还有一半的水可以喝。"

亨利·福特听后,对大家说道:"你们说得都对,但我的思维方式和你们不同。"看到大家都不明白,他接着说:"我看到的是,这个杯子的容积是水的两倍。这说明了什么?说明装这半杯水,只要用它一半大小的杯子就够了。"

亨利·福特认为,用一只大杯子来做一只小杯子能做到的事,这是对资源的浪费。通过这个小小的问题,他不仅告诉了员工,节约资源的重要性;更启发了大家,要换一个方向来思考问题,这样才能打破思维的常规习惯,创造不同的价值。

2. 拓展思维视角

"视角"就是思考问题的角度、层面、路线或立场。思考问题,若仅从一个视角出发,得到的结论往往是不全面的。大学生创业者要想训练自己的思维能力,就应该尽量拓宽思维视角,学会从多种角度观察问题,从而提高发现新事物或解决问题的新方法。

(1)发散思维。发散思维又称辐射思维、放射思维、扩散思维或求异思维,是指人在思考的过程中,不受已经确定的规则、方式和方法的约束,思维呈现一种扩散状态的模式,如图1-2-2所示。

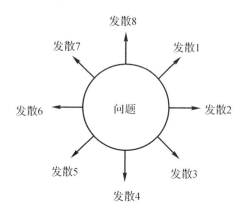

图 1-2-2 发散思维

发散思维就像一棵树,树枝从树干的四面八方延伸出去,从多个方向、多个角度扩展思维的空间。大学生在进行发散思维训练的过程中,要做到思维的流畅、变通和新颖。

1)流畅。流畅是指尽可能在最短的时间内产生更多的思维火花,表达尽可能多的思想和观念。训练思维流畅性的方式:在5分钟内,说出至少50个带有"雨"的成语。在3分钟内,列出至少60种水果的名称。如果你只剩下一天的时间,会做什么?

2)变通。变通性也叫灵活性,是思维发散的类别和不同方面,是指克服已有的思维框架和定式,按照某种新视角、新观念、新途径思考问题的思维方式。变通的主要特点表现在对待同样的问题,能够用许多不同的办法和途径进行思考,一旦思维出现困难,能主动地改变思路,从其他角度重新考虑问题。

【小故事】

曲别针的用途[①]

在一堂选修课上,教授拿出一个曲别针对学生们说:"大家都动动脑筋,告诉我曲别针都有哪些用途?"

同学 A 说:"可以别胸卡、挂日历、夹文件。"

同学 B 说:"可以别相册、挂讲义、挂稿件。"

同学 C 说:"可以当钩子,衣服的纽扣、拉链坏了,可以当搭扣。"

同学 D 说:"串起来当链条,可以绑东西;把针掰直,可以代替钥匙开锁;还可以磨成鱼钩去钓鱼。"

同学们七嘴八舌地说了一通,教授只笑笑并问道:"还有吗?"看大家都沉默了下来,教授才轻轻地伸出五个手指头,说道:"曲别针的用途远不止这些,我可以说出五十种、五百种、五千种。"

接着,他将曲别针不停地拆开再进行组合,分别组成了数字1、2、3、4等用来进行数学运算;做成英文字母用来拼读;利用曲别针的导电作用,将它绑在手机充电器上给手机充电。曲别针可以与硫酸反应生成氢气,曲别针包含铁元素,将其与其他物质发生化合反应,可以生成成千上万种物质……

人们在生活中往往习惯按照固定模式来思考问题,久而久之,就会妨碍思维的灵活性与创造性的发挥。所以必须训练自己的思维能力,打破常规,为自己的思维插上腾飞的翅膀。

3)新颖。新颖是指用与众不同的新观点、新认识反映客观事物,对事物表现出独特的见解。新颖既是发散思维的最高目标,又是创新思维的本质。作为大学生创业者,更要努力开阔自己的思维,以获得解决或发现新问题、新思想、新事物的能力。

(2)逆向思维。逆向思维是指朝着与固定思维相反方向进行思考的思维模式,它是一种从问题的对立面出发进行思考,从问题的相反面进行分析的方法。比如电动吹风机和电动吸尘器,它们就是发明者从相反的原理方向进行研究而发明的事物。

【小故事】

吸尘器的产生

为了更有效地清除地毯、房间中的灰尘,人们希望有一种能够迅速清理灰尘和脏物的机器。人们首先采用的是"吹"的方法,即通过机器把灰尘除掉。很快,英国人比赛尔经过试验制造出了清扫器,并将它用于宫廷和高尔夫球场的清洁工作。

到了1901年,在英国伦敦举行了一场车厢除尘器公开表演活动,桥梁建筑师舒伯特·布特也应邀参加。当表演活动开始时,灰尘被清扫器"吹"得漫天飞舞,使人睁不开眼睛,布特对这种方法并不赞成,他心想:不应该采用吹的方法来除尘,应该反过来,先把灰尘吸入机器中,再清理机箱中的垃圾。

实验证明,布特的想法是正确的。回到家后,布特用手帕蒙住口鼻,趴在地板上用嘴使

[①] 大学生创新创业基础第 3 章(36)[EB/OL].(2021-02-03)[2024-05-23]. https://max.book118.com/html/2021/0203/5242121210003122.shtm.

劲吸气,结果发现手帕的背面沾满了灰尘。1901年8月,根据自己的实验结果,布特终于发明了真正意义上的第一台真空吸尘器。后来,人们在布特发明的吸尘器的基础上又进行了改进,最终使吸尘器小型化,成了适合普通家庭使用的小家电。

逆向思维的主要目标是要形成一种观念,即在思维的过程中,并不局限于一条思维道路,对客观事物要向相反的方向分析、思考,这样才能改变传统的立意角度,产生全新的见解。逆向思维的训练方法如下:

1)要以怀疑的眼光来看待事物。

2)在思考问题时,既要看到事物之间的差异,又要看到因事物之间的差异而产生的互补性。

3)要积极主动地从正反两方面进行思考,以便于发现问题存在悖论的地方。

4)对问题进行分辨、评断和剖析,以发现客观事实。

(3)联想思维。联想是指思路由此及彼的连接,即由所感知、所思的事物、概念和现象刺激而想到其他事物、概念和现象的心理过程。联想思维就是指在人脑内的记忆表象系统中,由于某种诱因使不同表象发生联系的一种思维活动。比如,美国工程师斯潘塞在做雷达起振实验时,发现口袋里的巧克力融化了,原来是雷达电波造成的。由此,他联想到用雷达电波来加热食品,进而发明了微波炉。

联想是一种创造性思维活动,它可以通过对事物的接近、对比、同化等条件,把许多事物联系起来思考,加深人们对事物之间联系的认识,并由此形成新的构想和方案。

【小故事】

"后跟朝前,脚尖朝后"的策略摆脱追兵[①]

西汉末年,邯郸一位将士奉命追拿驻扎在蓟县的刘秀。这位将士带兵包围了刘秀,他被迫逃跑。刘秀从蓟县逃到饶阳,又从饶阳逃到束鹿,对方一直紧追在后,此时,刘秀只好带领部队去树林里躲藏,可是树林里刚下过雨,道路泥泞,留下脚印,必然引来追兵。

刘秀想了一个办法,他命令将士们脱下脚上的鞋子,将鞋子掉个头,让脚后跟朝前,脚尖朝后,再将鞋绑在脚上走路。这样,他们的部队实际上是朝东走的,而留下的脚印却是朝西的。

果不其然,对方的追兵向相反的方向追击,刘秀一行人摆脱了危险。

联想要求人们在脑内为事物建立某种联系,所以大学生创业者还要广泛实践,接触和了解事物,再结合思维训练的方法,将大脑中存储的经验、知识联系起来,才能达到创造性思维的目的。

3.水平思考法

水平思考法又称为德博诺理论、发散式思维法、水平思维法。垂直和水平思考法是英国心理学家爱德华·德博诺所倡导的广告创意思考法,因此,此方法通常又被称作德博诺理论。

[①] 人人文库.有关古代创新思维的例子[EB/OL].(2023-09-11)[2024-05-10]. https://www.baidu.com/link? url=ut-7bj-BGawA_b6ch7CuAbSTQD_REZq9loFUVJ67w-PpxTn4JgWcZabZL6tU58F4UUdAb-B1XKTeK6pJctTASI_&wd=&eqid=ed87d02e000ee13d00000006668e4394.

所谓水平思考法,就是摆脱非此即彼思维方式的思考方法,也是摆脱逻辑思维和线性思维的思考方法。在水平思考中,人们致力于提出不同的看法,每个不同的看法不是互相推导出来的,而是各自独立产生的。

在传统思维中,人们常常受逻辑思维和线性思维的局限,所以人们普遍擅长分析和判断。这样,人们普遍关注"为什么"而不是"还有可能成为什么",于是人们的创造力就受到了局限。为了拓展人的创造力,德博诺提出了"水平思维"和"平行思维"等概念,如今这些概念已经成为创新思维的同义词。

人们将传统思维称为"垂直思维",意指按照既定的思维路线进行思考,始终摆脱不了原有的思维框架(又称思维定式)的羁绊,因而无法做到创造性地思考。

垂直思维是以逻辑与线性为代表的传统思维模式,这种思维模式最根本的特点是:根据前提一步步地推导,按照因果关系产生结论,不允许出现步骤上的错误,它当然有合理之处,例如归纳与演绎等都是非常重要的思维方法,但如果一个人只会运用垂直思维这种方法,他就不可能具有创造性。

区别于垂直思维,水平思维不是过多地考虑事物的确定性,而是考虑它多种选择的可能性;关心的不是完善旧观点,而是如何提出新观点;不是一味地追求正确性,而是追求丰富性。

【小故事】

很多年前,一个人只要欠了别人钱,就会被送进监狱。一个伦敦商人就很不幸地欠了高利贷者一大笔钱。这个放高利贷的商人又老又丑,但他却早已对伦敦商人美丽的妙龄女儿垂涎三尺。于是,他提出了一个交易:只要让他得到伦敦商人的女儿,他就可以取消伦敦商人的债务[1]。

伦敦商人和他的女儿都被这个提议吓坏了。狡猾的高利贷商人便进一步说让上帝的旨意来决定这件事情。他告诉可怜的伦敦商人和少女,他会把一颗黑色和一颗白色的鹅卵石放进一个空的钱袋里,然后让少女挑选出其中一颗。如果她选中的是黑色鹅卵石,那么她将嫁给高利贷商人,她父亲的债务也会被取消。如果她选中的是白色鹅卵石,那么她可以继续留在她父亲身边,而债务也将被取消。但是,如果她拒绝挑选鹅卵石,那么她父亲将会被送进监狱,而她也会开始挨饿。

伦敦商人很不情愿地接受了这一提议。他们当时正站在高利贷商人的后花园里,脚下正好是一条由鹅卵石铺成的黑白相间的小路。于是,高利贷商人弯腰拾起了两颗鹅卵石。正当他拾起鹅卵石的时候,眼尖的少女吃惊地发现他拾起了两颗黑色鹅卵石,并把它们放进了钱袋。接着,高利贷商人要求少女选出一颗决定着她和她父亲命运的鹅卵石。

于是少女将她的手伸进钱袋,拿出了一颗鹅卵石。但大家还没来得及看上这颗石头一眼,她就不小心把它弄丢在地上。由于地上到处是黑白鹅卵石,所以再也分不清哪一颗是刚才掉在地上的鹅卵石了。

"哦,我真是笨手笨脚,"少女说道,"但是没关系,如果你看一看钱袋里剩下的那颗是什么颜色,就会知道我刚才选出的鹅卵石是什么颜色了。"

---

[1] 凌春鸣.打破纵向思维的局限,利用横向思维,解决不可能的问题[EB/OL].(2021-07-15)[2024-06-03]. https://zhuanlan.zhihu.com/p/389952319.

由于剩下的那颗鹅卵石肯定是黑色的,而高利贷商人也不敢承认他刚才的欺骗行径,所以少女刚才选出的那一颗自然就被认为是白色的。就这样,通过运用水平思考,少女奇迹般地把一个看起来完全不可能解决的情况转换成了对她极为有利的情况。少女现在的处境变得比原来更好,因为如果高利贷商人当初诚实地往钱袋里放进一颗白色和一颗黑色鹅卵石,那么少女获救的希望只有百分之五十。但经过运用水平思考,少女不仅可以继续留在父亲身边,债务也同时得以取消。

4. 六项思考帽法

六项思考帽法是英国学者爱德华·德博诺开发的一种思维训练模式。此方法利用白、黄、黑、红、绿、蓝6种颜色代表不同的思维角色,帮助人们在分析问题的过程中通过变换思维角色进行创新。运用此方法,人们在思考问题时,可有效区分感性认识与理性认识,使思维变得清晰,并针对目标问题进行全方位剖析,如图1-2-3所示。

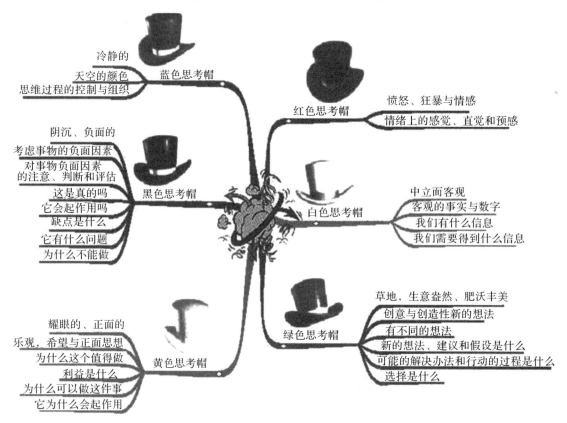

图1-2-3 六项思考帽法

六项思考帽法的主要功能在于为人们建立一个思考框架,在此框架下按照特定的程序进行思考,从而极大地提高企业与个人的效能,降低会议成本、提高创造力、解决深层次的沟通问题。六项思考帽法沟通的五大步骤如下:

(1)明确沟通的目的。在这个过程中要了解沟通的对象以及沟通对象的问题:是要帮助他解决一个问题还是想建议他采取一个行动,或是要在销售中完成成交的动作……也就是说,有一个问题界定的过程。

(2)建立六帽序列。根据目的及最终要达到的结果来设计六帽序列。换句话说,一切以结果为导向,六帽设计的前提是对六帽中的每一帽有一个深刻的认知。

(3)六帽序列之问题转化。将对六帽的认知通过问题很自然地流露出来,而且最好是能让对方感觉不到你在使用技巧。六帽只是提供了一个思维方向,提什么样的问题、该如何提则全看个人的转化能力。

(4)开始使用,有效倾听。当熟悉了以上步骤之后,就可以使用该方法了。在这里还可以采用一些在沟通中建立信赖感的技巧,如有效倾听、适度赞美和肯定。通过这些方法的使用,你将获得极大的信息量,同样你也会感受到无限的乐趣和成就感。

(5)纠偏,深度沟通。在发问过程中,你要的答案沟通对象未必能完整地给出,所以沟通要以结果为导向,通过重复发问来达到纠偏的目的。只有通过不断地提问与纠偏,沟通的目的才越容易达成。

5. **思维导图**

思维导图又称脑图、心智地图、脑力激荡图、灵感触发图、概念地图、树状图、树枝图或思维地图,是表达发射性思维的有效的图形思维工具,也是一种利用图像式思考的辅助工具。

思维导图是使用一个中央关键词或想法引起形象化的构造和分类的想法;它用一个中央关键词或想法以辐射线形连接所有的代表字词、想法、任务或其他关联项目的图解方式,如图1-2-4所示。它虽简单却又极其有效,是一种革命性的思维工具。思维导图运用图文并重的技巧,把各级主题的关系用相互隶属与相关的层级图表现出来,对主题关键词与图像、颜色等建立记忆链接。

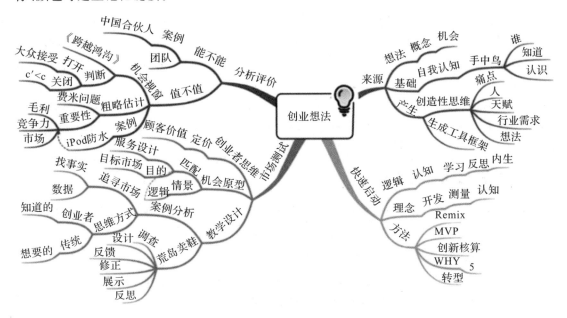

图1-2-4 思维导图

思维导图充分运用左右脑的机能,利用记忆、阅读、思维的规律,协助人们在科学与艺术、逻辑与想象之间平衡发展,从而开启人类大脑的无限潜能。因此,思维导图具有训练人类思维的强大功能。

思维导图是一种将放射性思考具体化的方法。放射性思考是人类大脑的自然思考方式,每一种进入大脑的资料,不论是感觉、记忆还是想法,包括文字、数字、符码、气味、食物、线条、颜色、意象、节奏、音符等,都可以成为一个思考中心,并由此中心向外发散出成千上万的关节,每一个关节代表与中心主题的一个连接,而每一个连接又可以成为另一个中心主题,再向外发散出成千上万的关节,呈现出放射性立体结构,而这些关节的连接可以视为记忆,也就是个人数据库。

第四节 创业意识和创业素养

一、创业意识的含义

创业意识是指具有创业潜质和兴趣的创业者产生自主创业的想法,并自觉进行创业实践活动的心理倾向。创业意识是创业者在创业过程中表现出的强烈内驱动力,是创业者素质结构中的基础和先天条件,同时能够客观地了解市场、掌握必要的商业运作知识,建立主体意识、风险意识、战略意识、资源整合意识等的一种综合意识。

具体来说,创业意识应包括以下几个方面的内容:

(1)对商机的敏锐洞察。创业者需要能够及时发现并抓住市场上的潜在机会,这需要他们对市场趋势、消费者需求、竞争态势等有深入的了解和判断。

(2)强烈的创业动机。创业者需要有明确的创业目标,并对实现这一目标抱有坚定的信念和决心。创业动机可以源于对成功的渴望、对自我价值的追求,或是对社会贡献的期望。

(3)浓厚的创业兴趣。创业者需要对创业活动本身充满热情,愿意投入大量的时间和精力去研究和实践。

(4)远大的创业理想。创业者需要有一个清晰、远大的创业愿景,这个愿景能够激发他们的内在动力,推动他们不断前进。创业理想包括打造一家成功的企业、推动某个行业的变革、为社会创造更多的价值等。

二、大学生必备创业素养

时代呼唤创业者,环境造就创业者。但是面临飞速发展的时代和纷繁复杂的环境,创业者必须具备特定的素质。概括起来,大学生必备的创业素质包括以下几个方面。

(一)团队意识

对于刚走出校园的大学生而言,团队意识在成功创业中尤为关键。所谓的"团队意识"不仅仅是简单的"一起工作"或者有着"共同目标",而是一种能够信任彼此、相互支持和协同合作的精神。团队意识之于创新的重要性在于,它可以聚集多种知识、技能和经验,更好地应对创业过程中各种不可预见的问题。而团队意识的培养可以使每个成员都能够更高效地发挥自己的长处,为整个团队的成功作出贡献。

对于大学生创业者来说,培养团队意识并不是一蹴而就的事情。需要通过实践、交流和相互了解来逐步加深。当团队中的每一个人都了解并信任彼此,都为了一个共同的目标努力时,这个团队就已经跨出了创业成功的第一步。

(二)艰苦奋斗

在创业的道路上,艰苦奋斗是每一个创业者都必须经历的阶段。与其他创业者相比,大学生创业者拥有着更多的热情和活力,但同时也面临着资源、经验和人际关系网络的不足。因此对于大学生创业者来说,创业并不是一个短跑,而是一场马拉松。真正的成功往往需要时间的积累和经验的沉淀。在这个过程中,艰苦奋斗不仅是一种态度,更是一种必需的品质。只有真正经历过风雨,才能真正享受到创业成功的喜悦。

(三)求真务实

在创业的过程中,很多大学生可能会对未来的发展蓝图充满各种美好的憧憬,这种积极的态度当然是值得鼓励的。但真正的创业并不是建立在梦想之上,而是要建立在求真务实、实事求是的基础之上。"求真务实"意味着大学生创业者要对市场有一个客观、清晰的认识,而不是盲目地跟随潮流,或是仅仅凭借一时的热情。创业者需要深入研究市场,了解消费者的需求,分析竞争对手,找出自己的定位。在创业的每一步,都要做到脚踏实地,不被外界的喧嚣所干扰。更为重要的是,大学生在创业过程中要坦诚面对自己的优点和不足,及时调整战略,不断学习新知识,积累经验。只有这样,才能在变化莫测的市场中立足,不断前行。

(四)坚持不懈

在创业的征途上,大学生创业者需要面对无数的挑战和波折,坚持不懈是成功创业的一种关键素养和品质。坚持不懈不同于顽固,它建立在不断学习和适应的基础上。在创业过程中,可能会遇到市场变化、资源短缺、竞争压力等问题,但坚持不懈的创业者不会被这些挫折击倒。他们会以冷静的心态,持续调整策略,改进产品或服务,不断探索新的机会。这种不屈不挠的毅力使他们能够逐步克服困难,迈向成功。只有始终坚持不懈、不忘初心的创业者,才能在内心中点燃强烈的创业信念和热情,驱使他们追求更高的目标。

(五)家国情怀

改革开放之初,"让一部分人先富起来"的政策,让整个社会为之激情澎湃,人们都渴望自己成为先富起来的一班人,由此也产生了许多企业家。这些企业家大部分都是普通百姓,他们富起来以后确实带动了一批人富了起来。因此,当代大学生创业者也要具有强烈的家国情怀。创业不仅是为了成就个人价值,更是承载着推动社会繁荣的重要角色和重任。因此,创业者应对国家和社会发展具有强烈的使命感,以此作为动力不断追求卓越,开拓创新,为国家在科技、经济等领域的进步作出贡献。

(六)文化自信

文化自信在商业活动中,不仅表现在对自己文化价值的坚持,还表现在对他人文化的尊重与包容。通过在商业合作中秉持尊重、平等和共赢的原则,创业者能够树立文化自信的典范,同时也能够传播积极的商业文化,为企业和社会的可持续发展做出积极贡献。首先,创业者要始终秉持"以人为本,尊重他人"的原则和精神,将尊重他人作为自己一种基本的道德准则。无论是合作伙伴、客户还是员工,都应该受到平等的尊重和善待。这种价值观不仅有助于建立良好的商业关系,也能够塑造积极的企业文化,吸引更多人的支持与合作。其次,创业过程中既要讲"义",也要讲"利"。创业者应当始终恪守承诺,履行应尽的责任。同时,创业者也要追求"利",但这不应只是一己之利,而是要确保伙伴、客户和员工都能从中受益。只有在共赢的基础上,才能建立长久稳固的商业关系,获得更大的成功。

(七)科技自信

科技自信是指创业者对科技的信任和积极应用,这不仅有助于推动企业的创新发展,还能够提高在竞争激烈的市场中的竞争力。首先,科技自信能够促进创业者积极探索、技术创新。如今,科技正不断催生新的商业模式和机会,创业者必须拥有对科技前沿的敏锐洞察和科技应用信心,只有如此,才能更好地把握新兴科技,将其融入企业发展战略中。这种积极的科技应用能够带来创新产品、服务和商业模式,让企业在市场中处于领先地位。其次,科技自信可以为创业者提供更多商业机会。通过深入了解科技趋势和市场需求,创业者能够发现新的商业机会,创造出具有差异化和创新性的产品或服务。科技自信让创业者能够在市场中发现更多的空白领域,从而获得先发优势,实现商业成功。最后,科技自信有助于提高企业的竞争力。在科技迅速发展的背景下,创业者如果缺乏科技自信,就有可能落后于时代,失去市场竞争力。相反,具备科技自信的创业者能够在技术领域取得优势,引领市场趋势,保持持续增长。

(八)社会道德

创业者应当在追求经济利益的同时,始终坚守道德底线,对客户、员工和社会负责。创业者要以身作则,为企业树立正面的社会形象。这不仅有助于赢得消费者的信任,也有助于推动企业的可持续发展。

(九)法律意识

法律意识是创业者在商业活动中必不可少的素质。了解并遵守法律法规是创业者合法经营的基础,也是维护企业合法权益的保障。创业者应当具备正确的法律观念,避免经营活动中出现违法行为,确保企业的经营活动合法合规。同时,创业者还要注意维护员工合法权益、遵守知识产权保护等方面的法律规定,为企业的长期发展创造良好的环境。

第五节 创新型创业渠道与方式

一、创新型创业渠道

在这个瞬息万变的时代,大学生不能拘泥于传统的创业观念,而是要敢于突破,勇敢拥抱变革。目前比较常见的创新型创业渠道有以下三种。

(一)网络平台与社交媒体

如今,互联网和社交媒体的广泛普及,为大学生开展创新创业提供了广阔的舞台。在互联网时代,信息传播的速度和范围都得到了极大的提升。创业者可以通过网络平台创建个人或团队的官方网站、博客、视频频道等,将自己的创意、产品或服务展示给全世界。这些平台不仅能够帮助创业者树立专业形象,还能够吸引潜在投资者、合作伙伴和客户的关注。而且,如今众多的在线投资平台、众筹网站和股权交易平台为创业者提供了与投资人直接对接的机会。创业者可以通过这些平台发布项目信息、展示商业模式和预期回报,吸引潜在投资者的关注和支持。这种直接、透明的投资方式不仅降低了融资门槛,还提高了融资效率,使得更多创新项目得以获得资金支持。

除此之外,大学生创业者还可以通过微博、微信、抖音等社交媒体平台进行品牌宣传、推广活动和互动营销。这些平台具有用户基数大、传播速度快的特点,能够帮助创业者迅速扩大品牌知名度和影响力。同时,社交媒体还提供了与用户直接沟通的渠道,创业者可以及时了解用户需求和市场动态,调整创业策略和方向。

(二)众筹平台

众筹,顾名思义就是集合众人的力量来筹集资金,众筹平台打破了传统融资方式的限制,为创业者提供了一个全新的融资平台。通过众筹平台,创业者可以将自己的项目创意、商业模式、市场前景等详细信息展示给广大网友。这些平台通常具有用户基数大、传播速度快的特点,能够迅速吸引大量潜在投资者的关注。创业者可以通过文字、图片、视频等多种形式,全方位地展示项目的亮点和特色,让投资者对项目有更深入的了解和认识。同时,众筹平台不仅为创业者提供了展示项目的机会,还为他们搭建了一个与投资者直接沟通的桥梁。投资者可以通过平台留言、私信等方式与创业者进行交流,提出自己的问题和建议。这种直接的沟通方式有助于建立信任关系,促进投资者对项目的认可和支持。

众筹平台还为创业者提供了一系列专业的服务和支持。平台通常会进行项目审核,确保项目的真实性和可行性;同时,还会提供资金托管、法律咨询、营销推广等增值服务,帮助创业者更好地推进项目。这些服务不仅降低了创业者的风险,还提高了项目的成功率。

(三)加速器与孵化器

加速器与孵化器都是支持创新创业的重要机构。孵化器是一种科技创业服务载体,其核心宗旨在于促进科技成果转化,培养高新技术企业和企业家。孵化器主要为科技创业人员提供物理空间、共享设施以及一系列的基础性公共服务,如创业辅导、行政代理、信息发布、投资融资、技术支撑、咨询培训、物业管理等。这些服务大大降低了科技创业的成本和风险,为科技成果的快速转化提供了平台,同时也为科技创业企业和企业家提供了成长的温床。加速器则是孵化器功能的延伸,主要为快速成长的企业和具有良好成长性的企业提供更大的物理空间、更个性化的专业服务以及更有力的政策扶植。加速器更注重于推动创新型企业的发展,形成高新技术创新集群,从而培育出更多具有市场竞争力和抗风险能力的企业。

加速器与孵化器作为创新型创业的重要渠道,可以为创业者提供全方位的支持与帮助,有效促进创业项目的快速成长,并降低创业者承担的创业风险。一方面,这些机构能为创业者提供资金支持,这对于初创企业来说至关重要。创业初期,资金往往是公司和项目发展最大的瓶颈,而加速器与孵化器通过设立投资基金或寻求外部投资,为创业者提供了必要的启动资金,使项目能够顺利启动。另一方面,加速器与孵化器还能为创业者提供优质的场地资源。这些机构通常拥有现代化的办公设施和舒适的工作环境,可以为创业者提供一个集中办公、交流合作的平台。在这样的环境中,创业者能够更专注于项目研发和市场拓展,提高工作效率。更为重要的是,加速器与孵化器可以为创业者配备经验丰富的导师团队。这些导师往往具有丰富的创业经验和行业资源,能够为创业者提供宝贵的建议和指导。他们可以帮助创业者梳理商业模式、优化产品策略、拓展市场渠道,使项目更具市场竞争力。

二、创新型创业方式

(一)技术驱动型创业

技术驱动型创业,顾名思义,就是以技术创新为核心驱动力的一种创业方式。在这种创业模式下,创业者通常致力于研发新技术、新产品或新服务,以满足市场需求并实现商业价值。技术驱动型创业不仅要求创业者具备深厚的专业技术知识,还需要他们具备敏锐的市场洞察力和商业思维。

以人工智能领域为例,近年来随着人工智能技术的快速发展,越来越多的创业者投身这一领域。通过研发先进的算法和模型,开发出了各种智能应用,例如智能家居、自动驾驶、智能客服等。这些应用不仅提高了人们的生活品质和工作效率,也为企业带来了可观的商业回报。在生物技术领域,技术驱动型创业同样展现了巨大的潜力。例如,基因编辑技术的出现为疾病治疗提供了新的可能性。一些创业者利用这一技术,研发出了针对特定疾病的基因疗法,为患者带来了希望。此外,生物技术在农业、环保等领域也有着广泛的应用前景,为技术驱动型创业提供了广阔的发展空间。

技术驱动型创业成功的关键在于持续的技术创新和市场需求的精准把握。创业者需要不断跟进技术发展趋势,提升研发能力,同时密切关注市场需求变化,以便及时调整产品策略。此外,与产业链上下游企业的紧密合作也是实现商业价值的重要途径。

(二)平台型创业

平台型创业是指搭建一个连接供需双方的平台,平台通过向供需双方提供信息、交易、服务等功能,实现价值的创造和传递。平台型创业不仅能够有效降低交易成本,提高市场效率,还能够为创业者带来可观的商业回报。

电商平台是平台型创业的典型代表。例如,阿里巴巴、京东等电商平台通过整合供应商和消费者资源,提供了一个便捷、高效的在线交易环境。其平台不仅为消费者提供了丰富的商品选择和便捷的购物体验,还为供应商提供了广阔的销售渠道和精准的市场定位。通过不断优化平台功能和服务,电商平台实现了价值的最大化,也为创业者带来了丰厚的利润。

此外,共享经济平台也是近年来出现的平台型创业的一种热门形式。以共享单车、共享汽车等为例,这些平台通过整合闲置的交通工具资源,为人们提供了更加便捷、环保的出行方式。共享经济平台不仅降低了人们的出行成本,也减少了资源浪费和环境污染。同时,这些平台还为创业者提供了巨大的商业机会,通过收取服务费、广告费等方式实现盈利。

平台型创业成功的关键在于平台功能的完善和用户体验的优化。创业者需要深入了解用户需求和市场趋势,以便设计出符合用户需求的产品和服务。同时,创业者还需要注重平台的运营和推广,吸引更多的用户加入平台,提高平台的活跃度和影响力。

(三)内容型创业

内容型创业是一种以内容创作为核心,通过生产高质量、有价值的内容来吸引用户,并实现流量变现的创业方式。在当今信息爆炸的时代,优质内容成了稀缺资源,内容型创业应运而生,为创业者提供了展现自我才华、实现商业价值的广阔舞台。

自媒体是内容型创业的典型代表,随着社交媒体和移动互联网的普及,自媒体如雨后春笋般涌现,为内容创作者提供了展示自我、传播观点的渠道。一些自媒体创业者凭借独特的视角、深入的分析和生动的表达,吸引了大量粉丝,并通过广告、赞助等方式实现了商业变现。例如,一些人通过发布原创文章、视频等内容,成功积累了数百万粉丝,不仅获得了广告收入,还推出了自己的知识付费产品,实现了多元化盈利。

网络文学也是内容型创业的一个重要领域。随着网络阅读的普及,越来越多的人开始在网络平台上阅读小说、散文等文学作品。一些网络文学作家凭借出色的创作能力和深厚的文学素养,创作出了众多受欢迎的作品,并通过在线阅读、版权转让等方式获得了丰厚的回报。同时,网络文学平台也为作家提供了良好的创作环境和市场推广支持,推动了网络文学产业的繁荣发展。

如今,短视频领域的内容型创业同样火热。短视频以其短小精悍、内容丰富的特点,迅速成为人们喜爱的娱乐方式。一些短视频创作者通过拍摄有趣、有创意的短视频内容,吸引了大量观众,并通过平台分成、广告植入等方式实现了盈利。短视频平台的兴起也为内容型创业者提供了更多展示才华的机会,推动了短视频产业的快速发展。

内容型创业成功的关键在于内容的质量和创意。创业者需要深入挖掘用户需求,了解市场趋势,创作出符合用户"口味"的高质量内容。同时,创业者还需要注重内容的传播和推广,利用社交媒体、搜索引擎等渠道扩大内容的影响力。

(四)服务型创业

服务型创业是通过向消费者提供专业化、个性化的服务,满足特定群体的需求,从而实现商业价值的创业形式。在进行服务型创业时,创业者通常要关注某一特定领域或行业,通过深入了解目标客户的需求和痛点,提供定制化的解决方案和优质的服务体验。

以定制化旅游为例,随着人们生活水平的提高和旅游消费观念的升级,越来越多的人开始追求个性化、定制化的旅游体验。一些创业者抓住这一机遇,推出了一系列定制化旅游服务。他们根据客户的需求和预算,量身定制旅游线路、住宿、交通等各个方面,为客户提供一站式、个性化的旅游服务。这种服务模式不仅满足了客户的个性化需求,也提高了旅游服务的附加值和竞争力。

个性化教育也是服务型创业的一个热门领域,面对传统教育的局限性,越来越多的家长和学生开始寻求更加灵活、个性化的教育方案。一些创业者推出了针对不同年龄段、不同学科需求的个性化教育服务,如一对一辅导、在线教育平台等。创业者通过运用先进的教学技术和方法,为学生提供量身定制的学习计划和辅导服务,帮助学生提高学习效果和成绩。

此外,健康管理也是服务型创业的一个重要方向。随着人们健康意识的提高和医疗技术的进步,健康管理服务逐渐受到关注。一些创业者通过运用大数据、人工智能等技术手段,为消费者提供包括健康咨询、健康监测、疾病预防等在内的全方位健康管理服务,并且可以为客户提供个性化的健康建议和解决方案,帮助消费者实现健康生活。

服务型创业的成功,关键在于服务的专业性和个性化。创业者要深入了解目标客户的需求和痛点,提供符合客户期望的优质服务。同时,创业者还要注重服务创新和品牌建设,不断提升服务质量和客户满意度。通过不断优化服务流程和提高服务效率,服务型创业者能够实现商业价值的最大化。

三、创新型商业模式的搭建

在创新创业的浪潮中,大学生作为时代的先锋,肩负着探索与开拓的重任。商业模式的搭建,如同航海者绘制航线,为企业的远航提供方向指引。正如现代管理学之父彼得·德鲁克所言:"当今企业之间的竞争,不是产品之间的竞争,而是商业模式之间的竞争。"

(一)商业模式搭建基本要素

商业模式是企业为盈利而精心设计的运营体系,涵盖产品服务提供、收入来源、成本结构及市场互动方式。它明确了企业如何创造价值、如何传递价值给顾客,并定义了与合作伙伴、客户之间的交易逻辑和利益分配。优秀商业模式旨在高效满足市场需求,通过优化成本、提升效率,实现可持续盈利和增长,是企业战略落地的关键工具。其核心在于创新性地整合资源,构建竞争优势,确保企业长期成功。具体来说,商业模式一般情况下要具有以下九个基本要素。

1. 价值主张

价值主张指企业通过其产品或服务向消费者提供的核心价值。这可以是标准化的产品、个性化的服务,也可以是整体性的解决方案。明确的价值主张能够吸引并留住目标客户,是商业模式创新的核心。

2. 客户细分

客户细分指企业根据市场划分后所瞄准的消费者群体。这可以基于地理位置、消费者画像等多种因素进行细分。精准的客户细分有助于企业更好地理解目标客户的需求,从而提供更加贴合的产品和服务。

3. 渠道通路

渠道通路指企业用来触达并将价值传递给目标用户群体的各种途径。这包括线下门店、线上商城、社交媒体等多种渠道。多元化的渠道通路能够扩大企业的市场覆盖范围,提高市场渗透率。

4. 客户关系

客户关系指企业与其客户之间建立的联系类型。常见的客户关系包括交易型、关系型、战略合作型、合伙型等。良好的客户关系能够增强客户忠诚度,促进口碑传播,为企业带来稳定的收入来源。

5. 关键业务

关键业务指完成企业价值创造、价值传递、价值获取整链的企业主营业务。关键业务是企业商业模式的核心组成部分,直接决定了企业的盈利能力和市场竞争力。

6. 核心资源和能力

核心资源和能力指运行整个商业模式所需的资源和能力。核心资源包括实体资产、知识资产、人力资产、金融资产等。拥有独特且强大的核心资源及能力是企业保持竞争优势的关键。

7. 重要伙伴

重要伙伴指企业同其他公司或机构为有效提供价值而形成的合作关系网络。这包括供应商、渠道商、竞争对手、互补企业等。建立广泛的合作伙伴关系能够为企业带来更多的资源和机会,促进企业的快速发展。

8. 成本结构

成本结构指运行一个商业模式所引发的各种费用的综合。这包括固定成本、流动成本、运营成本等。合理的成本结构能够降低企业的运营成本,提高盈利能力。

9. 收入来源

收入来源指商业模式的盈利点。这可以来自直接销售、佣金、分成、广告收入等多种方式。多样化的收入来源能够降低企业的盈利风险,提高盈利稳定性。

(二)商业模式搭建基本方法

在具体的商业模式设计中,创业者要参照他人成功的商业模式,找出项目的关键因素,在行业中实现准确的定位,并为市场和客户提供新的价值。商业模式的设计方法主要包括以下几方面。

1. 参照法

参照法是初创企业设计商业模式的有效策略,它以国内外成功模式为蓝本,结合企业自身环境、战略、技术及规模等权变因素,灵活调整与创新,形成独特商业模式。参照法具体分为全盘复制与借鉴提升两类。全盘复制强调适度修正成熟模式;而借鉴提升则强调融合企业特色,实现模式升级。

2. 相关分析法

相关分析法是在分析某个问题或因素时,将与该问题或因素相关的其他问题或因素进行对比、分析其相互关系或相关程度的一种分析方法。相关分析法需要根据影响企业商业模式的各种权变因素,运用有关商业模式设计的一般知识,采用影响因素与商业模式要素相对应的方式确定企业的商业模式。利用相关分析的方法,可以找出相关因素之间规律性的联系,研究如何降低成本,达到价值创造的目的。如当当网在传统书店的基础上创新,在网上开办电子书店。

3. 关键因素法

关键因素法是以关键因素为依据来确定商业模式设计的方法。商业模式中存在着多个变量影响设计目标的实现,其中若干因素是关键的和主要的。通过对关键成功因素的识别,找出实现目标所需的关键因素集合,确定商业模式设计的优先次序。关键因素法主要有5个步骤:①确定商业模式设计的目标;②识别所有的关键因素,分析影响商业模式的各种因素及其子因素;③确定商业模式设计中不同阶段的关键因素;④明确各关键因素的性能指标和评估标准;⑤制订商业模式的实施计划。

4. 价值创新法

对一些从未出现过的商业模式设计往往需要进行创新,即通过价值要素的构建、组合等设计出新的商业模式,这一点在互联网企业表现得尤为明显,如盛大网络游戏全面实行免费模式,开创了网游行业盈利新模式——CSP(内容安全策略)。音乐公司通过网络原创音乐平台,将进行原创音乐的网民、网络音乐下载者、电信运营商、风险投资者、合作伙伴等进行了关联,从而设计出了新的商业模式。

(三)商业模式搭建的流程

1. 画像描述

完整的画像描述可以从商业模式定位、业务系统、盈利模式、关键资源能力、现金流结构和企业价值6个要素着手;简化的描述则是关注商业模式中的业务系统图、利益相关方的盈利模式和现金流结构3个关键要素。描述现在的商业模式,可以帮助企业高管梳理现有模式的假设前提有哪些、不同的利益相关方存在哪些机遇和挑战。这一步既是企业高管运用商业模式思维展开思考的历练,也为新的商业模式创新指明了潜在的方向。

2. 模式洞见

这一步是商业模式设计过程中最为关键的一步,缺乏洞见也就失去了借助商业模式设计获得发展优势的前提。具体可以通过4个维度的视角去发现洞见。

(1)多棱镜视角强调洞察生态系统内利益相关方的多维价值。通过挖掘被忽视的角色与资源能力,实现价值创新。以小米手机为例,初期以高性价比快速扩大市场份额,这一规模转变提升了其在供应链中的议价能力,并吸引了庞大的用户基础,为后续在软件、应用等领域的盈利奠定了基石。随着规模与时间的演变,利益相关方的潜在价值可激发商业模式创新与优化,是理解并设计可持续商业模式的关键视角。

(2)广角镜视角聚焦于生态系统价值创造的动态调整。通过拓展利益相关方网络,如深挖客户链、供应商链及间接关联方,或重组现有生态中的合作环节,扩大价值空间。同时,评估各利益相关方贡献与资源成本效益,审视原有假设与现状适应性,寻求更优替代方案,以提升价值实现效率。此视角强调灵活调整合作策略,以适应生态系统变化,促进价值创造的持续优化与升级。

(3)聚焦镜视角提升商业生态系统的运作效率。商业生态系统是由不同的利益相关方以交易结构为纽带而紧密联系在一起的。但每个利益方的愿景目标、业务规模、风险承担能力各有不同,发展速度也不同步,这就要求创业者检讨不同利益相关方角色和交易结构设计能否与时俱进,而这就是商业生态系统效率改进的痛点和盲点。

(4)加速器助力整个商业生态系统的复制与扩张。加速器可以同时打破整个商业生态系统价值空间天花板和效率瓶颈,帮助生态系统进入加速成长的轨道。典型的加速器是金融工具的应用。金融如同生态系统中的润滑剂,将资产类资源的潜力释放并重新配置,提升流动性进而降低了系统性的风险;资本的力量则能带来企业所处竞争时空的再配置,借助企业未来潜在的竞争资源在当下展开竞争。

在商业模式创新设计实践中,这4个视角既紧密联系,又相对独立。它们并没有严格的先后顺序,每一个视角带来的改变都可以推动商业模式的重构。在绝大多数情况下,充满智慧和创造性的企业家和创业者都是从传统商业模式的某一个视角出发,重新勾勒出新的商业模式画卷,但4个视角同时存在可以保障他们在构思新的商业模式时的完备性,最终实现商业模式的更新换代。由于生态系统内利益相关方的实力、利益诉求、沟通方式等是一个动态变化的过程,这就需要创业者经常运用这4个视角去检视生态系统的运作是否有效。

3. 模式设计

对在模式洞见的过程中发现的各种潜在机遇点进行梳理,将其加入具体的模式构建设计中。在新的商业模式设计中,首先,要明确生态系统中各个利益相关方的角色调整与资源的投入;其次,要结合各个利益方对结果的影响力与利益诉求,匹配盈利模式;最后,要设计推演各个利益相关方的现金流结构,保障整个生态系统现金流结构的顺畅。因为当今的商业世界已经形成了一荣俱荣、一损俱损的生态系统,如果一家企业的现金流出现问题,有可能因此影响生态系统的健康发展。新的商业模式需要能够及时反映出利益相关方角色行为调整和利益诉求变化,力图在保障焦点企业价值最大化的基础上实现生态系统内各方共赢的局面。

4. 评价决策

企业提出不同的商业模式设计方案,明确设立评价标准,以便于进行选择。评价标准分为两类,一是结果类评价指标,即商业生态系统与焦点企业的价值空间和发展速度;二是过程类评价指标,即利益相关方的动力机制或投入度、资源能力的利益效率。

5. 执行反馈

进入执行阶段,首先需要对商业模式进行验证,测试不同利益相关方对新商业模式的认可程度是否达到预期,并在此基础上进行商业模式的调试。一旦商业模式经过市场检验后得到确认,就对其进行大规模复制。为了保障执行的效果,建议在具体的执行管理过程中进一步明确活动的责任人、所需资源、具体目标及评价标准,将拓展过程中的活动落到实处。

(四)商业模式搭建的工具

商业模式搭建工具是指一系列用于分析、设计和优化商业模式的方法和框架。这些工具可以帮助企业更清晰地理解其业务运作方式,识别潜在机会,优化资源配置,以实现商业目标。目前,比较常见的商业模式搭建工具有以下几种。

1. 商业模式画布

商业模式画布(Business Model Canvas)是由 Alexander Osterwalder 和 Yves Pigneur 提出的一种用于描述、设计可视化商业模式的工具,如图 1-2-5 所示。商业模式画布通过九个关键部分实现商业模式搭建,在此不再赘述。

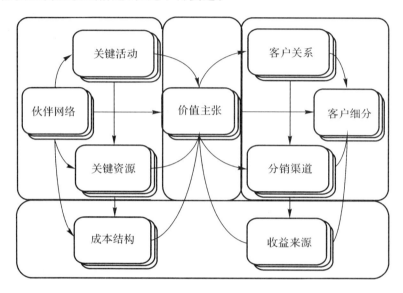

图 1-2-5 商业模式画布

2. 魏朱六要素模型

魏朱六要素模型是由我国知名学者魏炜和朱武祥提出的商业模式理论。该模型以企业的商业逻辑为基础,从定位、业务系统、关键资源能力、盈利模式、自由现金流结构和企业价值六个方面全面解析商业模式,为企业提供了深入理解和优化商业模式的框架,如图 1-2-6 所示。

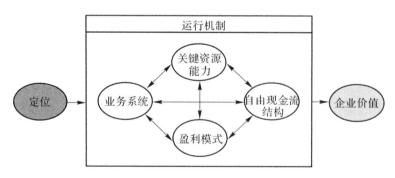

图 1-2-6 魏朱六要素模型

(1)定位。定位是指企业根据市场环境、竞争态势和自身资源能力,确定在市场中的发展方向和目标客户群体。定位的准确性直接影响企业的商业模式能否成功。通过深入分析市场需求和竞争格局,企业可以明确自身的市场定位,为后续的业务系统构建和资源能力配置奠定基础。

(2)业务系统。业务系统是指企业实现其定位所需的业务活动、合作伙伴和资源组合方式。业务系统是企业商业模式的核心,它描述了企业如何组织内外部资源,通过何种方式为客户提供价值。一个优秀的业务系统应该能够高效地满足客户需求,同时实现企业的盈利目标。企业需要仔细设计业务系统,确保各个部分之间的协同作用,以实现商业模式的最佳效果。

(3)关键资源能力。关键资源能力是企业执行其商业模式所需的关键资源和能力,包括技术、专利、品牌、人才、渠道等。关键资源能力的获取和培养对于企业的长期发展至关重要。企业需要评估自身现有的资源能力,并寻找提升和获取新资源能力的途径,以确保商业模式的顺利实施。

(4)盈利模式。盈利模式是企业通过提供产品或服务实现盈利的方式。盈利模式反映了企业的收入来源和成本结构,是企业商业模式的重要组成部分。一个成功的盈利模式应该能够确保企业在满足客户需求的同时实现盈利。企业需要不断优化盈利模式,降低成本,提高收入,以增强企业的盈利能力和市场竞争力。

(5)自由现金结构。自由现金流结构是指企业在运营过程中产生的自由现金流的流入和流出情况。自由现金流是企业可用于投资、扩张或偿还债务的资金,其结构反映了企业的资金运作效率和风险状况。企业需要关注自由现金流的流入和流出,确保现金流的稳定性和可持续性,为企业的长期发展提供资金支持。

(6)企业价值。企业价值反映了企业商业模式的市场认可度和潜在价值。企业价值不仅取决于当前的盈利能力和市场份额,还受到未来成长潜力、品牌影响力等多方面因素的影响。通过优化商业模式,企业可以提升企业价值,吸引更多的投资者和合作伙伴,为企业的长期发展奠定基础。

3. 麦肯锡7S模型

麦肯锡7S模型是由全球知名咨询公司麦肯锡提出的,旨在帮助企业全面理解和优化其组织结构和战略实施的一种管理模型,如图1-2-7所示。该模型从七个关键维度——结构(Structure)、制度(Systems)、风格(Style)、员工(Staff)、技能(Skills)、战略(Strategy)和共同价值观(Shared Values)入手,提供了一个综合性的框架,以帮助企业实现高效运营和持续发展。

(1)结构。在麦肯锡7S模型中,结构是指组织内部的分工与协调机制。一个高效的组织结构能够将各项任务和职责合理分配给各个部门和员工,确保企业各项工作的顺利进行。良好的组织结构能够减少决策层级,提高信息传递效率,增强组织的灵活性和适应性。同时,结构还需要与组织的战略目标相一致,以确保资源的有效利用和目标的顺利实现。

(2)制度。制度是组织运营的规范和准则,涉及组织的各项管理流程、决策机制和规范行为。制度的建设有助于确保组织内部的一致性和稳定性,减少不必要的冲突和误解。一个完善的制度能够规范员工的行为,提高工作效率,保证组织的正常运转。同时,制度也需要与组织的战略和文化相契合,为组织的持续发展提供有力保障。

(3)风格。风格是指领导者的管理方式和领导风格,对整个组织的氛围和员工的工作态度具有重要影响。领导者的风格应该与组织的目标和文化相协调,能够激发员工的积极性和创造力,推动组织的变革和发展。优秀的领导者需要具备开放、包容和创新的特质,能够引导员工朝着共同的目标努力,同时关注员工的成长和发展。

(4)员工。员工是组织最重要的资源之一,他们的素质和能力直接关系到组织的竞争力和发展潜力。在麦肯锡7S模型中,员工要素强调了员工在组织中的核心地位。组织需要重视员工的招聘、培训和发展,提高员工的技能和素质,同时关注员工的工作满意度和忠诚度。一个优秀的组织应该能够吸引和留住优秀的人才,为员工的职业发展提供广阔的空间和机会。

(5)技能。技能是指组织所需的专业知识和技术能力,是组织实现战略目标的基础。在快速变化的市场环境中,组织需要不断更新和提升自身的技能水平,以适应市场需求的变化。通过培训和学习,组织可以培养员工的专业技能和创新能力,提高组织的整体竞争力。同时,组织还需要关注技能与战略的匹配度,确保技能的提升能够为组织战略目标的实现提供有力支持。

(6)战略。战略是组织发展的方向和目标,决定了组织的资源配置和竞争策略。在麦肯锡7S模型中,战略要素强调了战略在组织变革中的核心地位。组织需要制定明确、可行的战略,确保战略与组织的目标和文化相一致。同时,战略还需要与结构、制度、风格、员工、技能和共同价值观等要素相协调,以实现组织的整体优化和发展。

(7)共同价值观。共同价值观是组织文化的核心,代表了组织的共同信仰和追求。共同价值观能够凝聚员工的力量,形成组织的核心竞争力。在麦肯锡7S模型中,共同价值观要素强调了文化在组织变革中的重要性。组织需要明确自己的核心价值观,并通过各种方式将其传递给员工,使其成为员工行为的指南和动力源泉。而且,组织还需要关注文化的传承和创新,确保文化能够与时俱进,为组织的持续发展提供有力支撑。

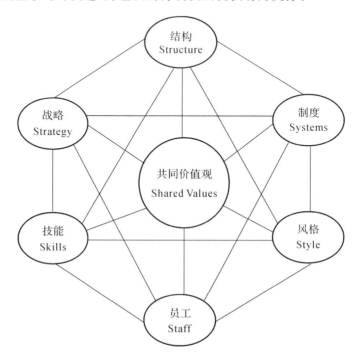

图 1-2-7　麦肯锡7S模型

麦肯锡7S模型中的七个要素相互关联、相互影响,共同构成了组织变革的完整框架。在实际应用中,组织需要全面考虑这七个要素之间的关系和相互作用,通过不断优化和调整这些要素,实现组织的整体优化和发展。值得注意的是,每个组织的具体情况都有所不同,因此在运用麦肯锡7S模型时,组织需要结合自身实际进行灵活调整和创新应用。此外,麦肯锡7S模型不仅适用于组织的整体变革,也可以应用于组织内部的各个层面和部门。无论是管理层还是基层员工,都可以从该模型中获得启示和指导,为组织的变革和发展贡献自己的力量。

第六节　创业风险评估与规避

一、创业风险的含义

大学生创新创业不可避免地会受到风险因素的干扰,如果不能及时规避风险或把风险降到最低,很有可能导致创业活动难以进行下去,甚至导致创业活动失败。因此,在激烈的市场竞争面前,学会识别并化解风险是十分重要的。

创业风险就是指在创业过程中存在的风险,主要是由不断变化的、不确定的因素构成的,分为系统风险与非系统风险两类。系统风险是环境因素的不确定性导致的风险,是创业者自身难以掌控的。创业者只能加强监测和预警,提前做好准备,尽力去规避它们。例如,国家法律及政策变化,对创业者的创业项目产生的有利或不利的影响;商品市场需求和同行竞争者的变化,对创业者的公司或项目带来的各种影响;等等。非系统风险是指非外部因素导致的风险,是与创业者自身、创业者团队和创业投资者等有关的不确定因素导致的风险。例如,企业的生产技术工艺落后,导致生产成本过高、生产周期过长、公司生产出来的产品不具备市场竞争优势,进而导致创业失败;或是管理不善、财务资金周转不灵,导致创业失败等。

二、创业风险评估的内容

创业风险是创业者在创业过程中无法避免的重要考量因素。为了有效地规避和应对风险,创业者需要掌握一系列风险评估方法,以便在决策时能够充分考虑潜在风险,从而制订出更为稳妥的创业计划。创业风险评估内容主要包括风险识别、风险量化、风险评估与决策等。

(一)风险识别

风险识别是创业风险评估的第一步,也是最为关键的一步。在这一阶段,创业者需要全面、系统地分析创业过程中可能面临的各种风险,包括但不限于市场风险、技术风险、财务风险、管理风险、法律风险等。

具体来说,创业者可以通过市场调研、竞争对手分析、专家咨询等方式,收集与创业项目相关的各类信息,进而识别出潜在的风险因素。同时,创业者还需要关注政策变化、宏观经济环境等外部因素,以及企业内部运营、团队管理等内部因素,以便更全面地把握风险状况。

在风险识别过程中,创业者应保持敏锐的洞察力和判断力,及时发现并记录下所有可能的风险点。此外,创业者还应建立风险清单,对识别出的风险进行分类、整理,以便后续的风险分析和评估。

(二)风险量化

风险量化是对识别出的风险进行客观、量化的评估,以便更准确地把握风险的性质和程度。在这一阶段,创业者需要运用概率论、统计学等数学工具,对风险进行量化分析。

在进行风险量化时,创业者可以根据历史数据、专家经验等信息,为每个风险因素设定一个概率值,表示该风险发生的可能性。同时,创业者还需要为每个风险因素设定一个影响值,表示该风险发生后对创业项目的潜在影响程度。通过概率和影响值的乘积,创业者可以得到每个风险的风险值,从而实现对风险的量化评估。

在风险量化过程中,创业者需要注意数据的准确性和可靠性,避免因数据偏差导致评估结果失真。同时,创业者还应根据项目的实际情况和风险评估的目的,选择合适的量化方法和模型,以确保评估结果的准确性和有效性。

(三)风险评估与决策

风险评估与决策是在风险识别和量化的基础上,对创业项目的整体风险水平进行评估,并据此制定出相应的应对策略和决策方案。在这一阶段,创业者需要综合考虑各种风险因素及其影响程度,对创业项目的风险水平进行整体评估。

创业者进行风险评估与决策时,可以通过构建风险矩阵、绘制风险图谱等方式,直观地展示各风险因素之间的关系和整体风险水平。同时,创业者还可以运用敏感性分析、蒙特卡罗模拟等高级风险分析方法,对项目的风险承受能力进行测试,以便更准确地把握项目的风险状况。

在风险评估的基础上,创业者需要制定相应的风险应对策略和决策方案。对于高风险因素,创业者应优先考虑采取风险规避、风险转移等措施,以降低风险发生的可能性和影响程度。对于低风险因素,创业者可以采取风险接受、风险自留等策略,以平衡风险和收益。此外,在制定决策方案时,创业者需要充分考虑项目的实际情况和资源状况,确保方案的可行性和有效性。同时,创业者还应关注方案的灵活性和可持续性,以便在项目实施过程中根据实际情况进行调整和优化。

三、创业风险规避的对策

创业者如果不在创业前认真了解与创业有关的法律法规和所在行业的基本政策,就有可能导致创业失败,甚至造成更为严重的后果。因此,懂法守法,运用法律保护自己的合法权益,时刻关注相关政策的调整,并随政策的变化对创业计划进行调整,这样才能在创业过程中获得先机。

(一)提前进行市场调研并选择正确的创业方向

创业者在确定了创业项目之后,要进行的一个重要环节就是市场调研。通过详尽的市场调研了解创业项目的市场潜力和成长性,并结合其他因素,对创业项目有一个客观的评估。

创业者在做好市场调研并了解了市场需求后,可以对市场未来发展方向有一个预估,进而选择正确的创业方向。创业者还需要对相关行业的发展现状、未来前景、经济变化形势、行业发展趋势以及市场竞争情况有一个相对详细的了解。

(二)加强竞争对手分析

市场上同类竞争者的存在,为创业团队带来了创业失败的风险。创业团队可通过竞争对手分析,了解竞争对手的信息,获知竞争对手的发展策略,先行一步,做出最适当的应对。一旦确定了竞争对手,那么从战略制定来讲,需要对竞争对手作以下四个方面的分析:

(1)竞争对手的各期目标和战略。
(2)竞争对手的经营状况和财务状况分析。
(3)竞争对手的技术经济实力分析。
(4)竞争对手的领导者和管理者背景分析。

(三)技术风险防范

创业者对技术风险的防范,主要是指对技术风险进行识别和预测,并采取行之有效的措施规避、降低风险的行为。对技术研发过程中风险的防范,是减少风险损失、获得创业成功的重要途径。

创业者可从以下几种途径对技术风险进行规避:一是避开高风险的开发项目或技术开发中的高风险因素;二是尽可能利用自有技术或过期的专利技术,并对所用技术进行科学的评估;三是在技术开发过程中,尽可能减少无法避免的风险性因素带来的损失。

(四)财务风险规避

创业者可采取多渠道融资来规避创业资金不足导致的创业风险。若采用单一的融资渠道,可能更容易产生资金链断裂的风险,因此,创业者应采取自筹资金、债券融资、股权融资、争取政府机构支持等多种手段来获取资金。

在创业过程中,及时收回初始资金并获取利润,以避免企业出现支付危机。在创业经营环节中应保证流动资金多于到期应付的贷款,维持企业的良好信誉。在出现资金周转困难时应果断采取应对措施,例如采用增加自筹资金、转化短期贷款为长期贷款、督促客户进行支付或对产品进行促销等方法来解决困境。

同时,创业者应在企业内部建立一套行之有效的财务预警机制,运用财务安全指标来预测企业财务危机,并分析导致企业失败的管理失误,有效解决资金的可获得性,通过预警不断调整自身来摆脱财务困境。

(五)管理风险规避

创业者应在团队形成之初就确立一个团队的"领导"任务,并努力形成团队凝聚力,鼓励团队成员拥有一致的目标、愿景、利益、思路等。在团队遇到困难时,团队的核心人物应及时鼓励团队成员,防止团队成员因畏难而退缩或误入歧途。在团队确立之初确定好科学健全的内部管理制度可以降低创业风险,提高创业成功率。具体而言,就是建立创新激励和人才储备机制,构建法人治理结构。

> 思政小课堂

未来成长路，精彩同步①

毕业季，有人选择深造，有人选择就业，有人选择创业。无论哪种，都是将个人价值融入社会价值的积极尝试，展现着让梦想照进现实的奋斗姿态。

2020年，各地政府和高校相继出台措施，拓宽升学渠道、开拓更多岗位、支持创新创业，力争给毕业生们提供更丰富的选择。他们在磨砺中选择方向，在成长路上继续奔跑。

考研成功，坚定从医信念

穿上正装，支起电脑，打开视频会议软件，在摄像头前举起身份证、学生证，并让镜头环顾一周，确认房间内没有其他人员后，李可欣的考研"云复试"开始了。

李可欣是长春中医药大学护理学专业的一名大四毕业生。大四开始，经学校推荐，李可欣在吉林省延边中医医院开始了实习。但受疫情影响，原本10个月的实习期只进行到第八个月。

李可欣实习时一边上班一边挤时间复习，在2019年底参加了研究生考试的笔试。2020年2月20日成绩公布，李可欣取得笔试第一名的好成绩，"悬着的心放下了一半"。

接着便是等待面试通知，直到5月，"云复试"的消息传来。复试之前，学校提前进行了模拟面试，对考生的网络情况、面试环境进行严格审查，在正式考试当天才发放分组及出场顺序。长春中医药大学相关负责人介绍，面试环节实行随机确定考生复试次序、随机确定导师组组成人员、随机抽取复试试题的工作机制。

按照要求，李可欣面对摄像头进行自我介绍，接下来是专业知识问答、英语口语测试。一天之后，成绩公布，她被录取了。2020年硕士研究生扩大招生规模，"受益于今年的扩招政策，进入复试的33名考生，只要是不低于最低录取分数线的，全部录取。"李可欣说。

"我们的毕业季虽然特别，但能真真切切感受到社会和学校的关心。"李可欣说，学校组织教师将课程搬上"云端"，各专业辅导员每天会搜集整理大量专业对口就业岗位，还会点对点了解学生每日健康和学习情况，为家庭网络条件不佳的学生提供免费的流量卡。

"全班超过95%的同学都签约了工作或者考研成功。"毕业季也使李可欣有了更多的思考。她所在的长春中医药大学及其附属医院就先后派出两支医疗队驰援武汉。"身边的师长就是抗疫英雄，他们的故事激励我在医护工作这条路上坚定地走下去。"李可欣说。

尝试创业，是件很酷的事

毕业前夕，学校组织线上就业经验分享讲座，屠康宇把自己积累的经验和教训毫无保留地讲给学弟学妹听，"创业要谨慎，但如果思考清楚了就去做吧，这是件很酷的事"。

屠康宇是天津大学2016级本科生，学习汉语言文学专业，从一进校园就开始琢磨怎么创业。屠康宇说："我喜欢文学，但也想尝试不一样的事。"他报名修了双学位，既学工商管理专业知识，也跟创业导师到企业学习实战经验。

---

① 人民网.人民日报关注毕业生就业创业:未来成长路,精彩同步[EB/OL].(2020-06-11)[2024-06-13].http://jl.people.com.cn/n2/2020/0611/c349771-34078534.html.

大学生创业,得有商业模式,有盈利有增长,能为社会创造更多价值。屠康宇说,这些都是一点一点学到的,"创业没那么容易,要学的东西太多,这方面学校提供了很大支持"。

大学期间,屠康宇入驻了众创空间,有了自己的办公室,这是天津大学新校区为大学生专门设立的创业活动中心。项目路演、审核通过后就可以免费使用,第二年再实行淘汰机制。

第一次创业时,屠康宇跟创业导师聊完,立刻着手市场调研。心里有谱后,他和两名同学创建了一家高考志愿辅导机构,瞄准解决高三学生和家长专业填报的痛点。屠康宇把不同高校的热门专业、就业方向等打包做成产品推广,单月销售额最高达到10万元。这超出了他的意料。"运营一年,就被一个教育培训机构收购了。"

热情不减,再找个项目做。屠康宇瞄准了线上瑜伽。调研、拍摄、发布,视频上网后却反应平平。"第一次创业的收入全没了,还要面对团队开支的压力。"失落、自责,但更重要的是反思。跟创业导师聊,跟投资人聊,总结教训,转变思路。经过调研和筹备,他决定线上改线下,利用高校闲置体育场馆,取得了成功。

在校期间,屠康宇经历了连续3次创业,获得过第五届中国"互联网+"大学生创新创业大赛全国铜奖等多项荣誉。大学4年,他还担任天津大学团委下属的学生科技创新创业协会主席,组织多场校级大型活动赛事。"为社会创造一点价值。"这是屠康宇奉行的创业理念。

第三章 社会实践与创新创业的关系

知识目标

（1）掌握社会实践对创新创业的推动作用及其具体表现，包括市场洞察、团队协作、问题解决能力的提升等方面。

（2）理解创新创业如何反哺社会实践，促进社会进步和经济发展。

（3）认识创新创业与社会实践在塑造未来社会中的重要角色，以及二者之间的相互作用和影响。

素养目标

（1）培养学生的创新创业意识，激发其参与社会实践的积极性和主动性。

（2）提升学生的综合素质，包括创新思维、实践能力、团队协作和解决问题的能力。

（3）引导学生形成正确的创新创业观念，注重在创新创业过程中履行社会责任。

思政目标

（1）强化学生的社会责任感和使命感，使其认识到创新创业与社会实践对于国家发展和社会进步的重要意义。

（2）引导学生树立正确的世界观、人生观和价值观，培养中国特色社会主义事业的建设者和接班人。

思维导图

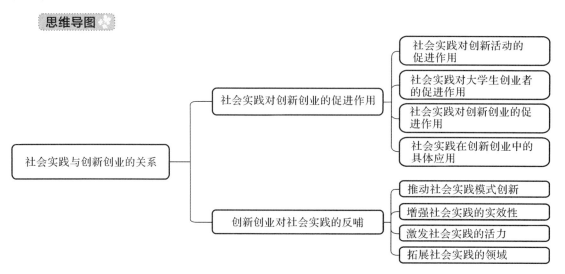

第三章 社会实践与创新创业的关系

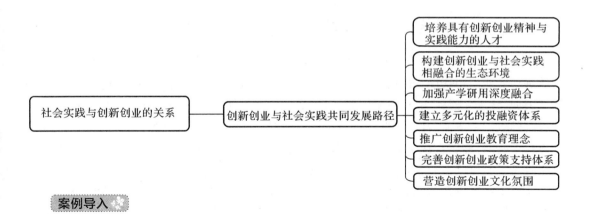

案例导入

小实习蕴藏"大机会"

张涛是一名电子工程专业的大学生,在大学期间,他积极参与各种实践活动和实习项目。在大三暑假,他进入一家初创科技公司做实习生,负责技术支持和市场调研工作。

在实习期间,张涛深入了解了科技行业的发展趋势和市场需求。他与公司团队一起参与了多个项目,包括智能硬件的开发和物联网解决方案的设计。通过这些实践,他对技术与市场的结合有了更深刻的理解。

在市场调研中,张涛发现随着智能家居市场的兴起,越来越多的家庭开始追求智能化、便捷化的生活方式,然而,市场上的智能家居产品大多价格昂贵且操作复杂,不利于普及和推广。

基于这个发现,张涛开始思考如何开发一款价格亲民、操作简便的智能家居产品。他利用自己在电子工程方面的专业知识,并结合市场需求,设计了一款智能照明控制系统。该系统可以通过手机APP远程控制家中的灯光,实现定时开关、调色温、调亮度等功能,而且成本较低,适合大众消费。

在实习结束后,张涛决定将这个创意转化为实际的创业项目。他组建了一个小团队,包括电子工程师、软件开发人员和市场营销人员,共同开发这款智能照明控制系统。经过几个月的努力,他们成功开发出了第一代产品,并通过众筹平台进行了预售。

由于产品定位准确、价格亲民且操作简单,该产品一经推出就受到了消费者的热烈欢迎。张涛的团队也获得了投资者的关注和支持,逐渐发展成为一家有影响力的智能家居公司。

社会实践与创新创业之间存在密切的关系,二者相互促进、共同发展。在推动创新创业的过程中,应充分重视社会实践的作用和价值,通过加强社会实践教育、搭建实践平台等方式,为大学生创新创业提供更多机会和资源。

第一节 社会实践对创新创业的促进作用

创新创业不仅是个人实现梦想的途径,更是推动社会进步的重要力量;而社会实践则为创新创业提供了广阔的舞台和丰富的资源。在这个快速变化的时代,深入理解和把握创新创业与社会实践之间的关系,对于培养具有创新精神和实践能力的人才,乃至推动社会持续健康发展都具有重要意义。

一、社会实践对创新活动的促进作用

(一) 社会实践是个体或团队创新的基础

创新并非空中楼阁,而是需要扎根于社会实践的深厚土壤之中,从中汲取养分,茁壮成长。因此,社会实践作为个体或团队与社会环境互动的重要桥梁,是个体或团队创新活动的基石与起点。一方面,社会实践为个体或团队提供了观察、感知世界的窗口。人们通过亲身参与社会实践,能够直接接触到社会现实,了解到社会运行的规律与机制。这种直接的感知与体验是创新思维的源泉,为个体或团队提供了丰富的素材与灵感。在这一过程中,个体或团队能够不断发现新的问题和新的需求,从而激发创新的欲望与动力。另一方面,社会实践有助于个体或团队积累知识与经验。创新不是无本之木,它需要建立在一定的知识与经验的基础之上。通过社会实践,个体或团队能够不断积累各个领域的知识与技能,形成自己的知识体系和经验储备。这些知识与经验为创新提供了必要的支撑和保障,使得创新活动能够顺利进行。此外,社会实践还能够促进个体或团队的交流与合作。一项创新活动往往需要不同领域、不同背景的人们共同协作和探索。在社会实践中,个体或团队需要与不同的人进行交流与合作,共同解决问题、实现目标。这种交流与合作的过程,不仅能够拓宽个体或团队的视野与思路,还能够激发他们的创新潜能和合作精神。这种合作精神的培养,对于推动创新具有重要意义。

(二) 社会实践为创新活动提供了实践场景和资源支持

社会实践为创新活动提供了实践场景和资源支持,为创新活动的顺利开展和持续发展提供了有力保障。创新活动往往起源于创新者对现实问题的深入思考和分析,而社会实践正是连接理论与实践的桥梁。通过参与社会实践,个体或团队能够深入了解社会的需求和痛点,把握行业发展的脉搏,从而精准定位创新方向。实践场景中的具体问题、挑战和机遇,都能成为激发创新思维的火花,为创新活动提供源源不断的动力。而且创新活动往往需要各种资源的支撑,包括技术、资金、人才等。社会实践为个体或团队提供了获取这些资源的途径和机会。通过与社会各界的交流与合作,个体或团队能够获得丰富的技术支持、资金支持和人才支持,为创新活动的顺利开展提供有力保障。除此之外,社会实践在创新活动中扮演着检验和修正的角色。创新成果并非一蹴而就,而是需要经过不断的实践和验证。社会实践为创新成果提供了真实的检验场景,能够帮助个体或团队发现创新成果中存在的问题和不足,进而进行修正和完善。这种实践反馈对于优化创新方案、提升创新质量具有重要意义。

(三) 社会实践与创新活动可以相互影响、相互促进

社会实践与创新之间绝非单向的依赖或支撑关系,而是一种相互影响、相互促进的良性循环。社会实践作为创新的源泉与土壤,为创新提供了实践场景和资源支持;同时,创新也在不断地推动社会实践的发展,为社会实践注入新的活力与动能。

在社会实践中,个体或团队面对各种实际问题与挑战,需要不断地寻求新的解决方案和思路。这种在实践过程中产生的需求与问题,正是创新的源泉。个体或团队通过深入分析、思考与实践,提出新的理论、方法或技术,以解决实践中遇到的问题。这些创新成果不仅解决了现实问题,还推动了相关领域的发展与进步。例如,面对农业生产的诸多问题,农业科研人员可以深入田间地头,通过社会实践了解农民的需求和痛点,从而研发出更加高效、环保的农业技术,推动农业生产的现代化和可持续发展。同时,创新也在不断地推动社会实践的发展。创新成果的应用与推广,能够改变社会实践的方式和效果,提高社会实践的效率和质量。以医疗健康领域为例,随着医疗技术的不断创新,新的诊疗方法、药物和器械不断涌现,为医疗实践提供了更多的选择和可能性。这些创新成果的应用,不仅提高了医疗水平,还改善了患者的就医体验,推动了医疗健康事业的进步。

此外,社会实践与创新之间的相互促进,还体现在二者之间的反馈与调整。社会实践是检验创新成果的重要场所,通过实践反馈,个体或团队能够了解创新成果的实际效果与问题,进而进行调整和优化。这种反馈机制使得创新能够不断地适应社会实践的需求,更好地发挥其作用。同时,社会实践也为创新提供了新的思路和方向,推动创新不断向前发展。

二、社会实践对大学生创业者的促进作用

(一)有助于大学生创业者深入了解市场需求

在创业的道路上,大学生常常面临着诸多挑战,其中最为关键的一环便是对市场需求的不确定。而社会实践作为大学生接触社会、感知市场的重要途径,对于其深入了解市场需求具有不可替代的重要作用。

一方面,社会实践能够让大学生创业者直观地感受到市场的脉搏。大学生通过参与市场调研、产品推广、客户访谈等各种社会实践活动,能够直接与市场接触,观察消费者的购买行为,了解消费者的真实需求。这种亲身体验相较于单纯的课堂学习和理论研究更加生动、直观,能够让大学生创业者更加深入地理解市场需求。另一方面,社会实践还有助于大学生创业者发现市场机会。在社会实践中,大学生不仅能够了解市场的现状,还能够通过观察市场的变化和趋势,发现潜在的商机。例如,通过参与社会实践活动,大学生创业者可能会发现某个领域的市场空白或者消费者痛点,进而针对这些需求开发出具有创新性的产品或服务。这种对市场机会的敏锐把握,是创业成功的关键之一。此外,社会实践还能够提升大学生创业者对市场的敏感度。大学生在社会实践时需要不断地与市场互动、调整策略,这种过程会让他们逐渐学会如何根据市场反馈来优化产品或服务。通过不断地试错和调整,大学生创业者能够逐渐积累起丰富的市场经验,提升自己的市场敏感度,从而更加精准地把握市场需求。最后,社会实践可以帮助大学生创业者形成正确的市场观念。通过亲身参与社会实践,大学生能够深刻体会到市场的复杂性和多变性,从而摒弃一些不切实际的想法和幻想。他们会逐渐认识到,创业不是一蹴而就的过程,而是需要不断地学习、实践和调整。这种正确的市场观念,将引导他们在未来的创业道路上更加稳健、务实地前行。

(二)有助于提升大学生创业者的能力和素质

大学生在创业过程中可能面临各种不确定性和风险,需要大学生创业者具备扎实的创业能力、坚定的信念、顽强的毅力以及乐观的心态,以支撑其在创业之路上勇往直前。而社会实践正是锻炼和培养大学生优秀品质和能力的有效方式。

第一,社会实践为大学生提供了一个真实而广阔的舞台,让他们能够在其中锻炼自己的

创业能力。在实践活动中,大学生需要面对各种复杂多变的情况,解决各种实际问题。这种过程不仅考验着他们的创新思维和解决问题的能力,还促使他们不断学习和掌握新的知识和技能。通过不断的实践锻炼,大学生能够逐渐培养出敏锐的市场洞察力、果断的决策能力、高效的执行力和良好的团队协作能力,这些都是创业过程中不可或缺的重要能力。

第二,社会实践也是提升大学生创业素质的有效途径。在参加社会实践的过程中,大学生需要不断与各种人打交道,学会与人沟通、建立和维护人际关系。与人交往的过程不仅可以锻炼大学生的人际交往能力,还能培养他们的耐心、细心和责任心。此外,社会实践还可以让大学生体验到创业的艰辛和不易,从而更加珍惜机会、珍惜成果。这种对创业的认知和态度,将对他们未来的创业道路产生积极影响。

第三,社会实践能够帮助大学生更好地认识自己、定位自己。在社会实践过程中,大学生可能会发现自己擅长的领域、喜欢的职业方向或潜在的优势和不足。这种自我认知将有助于他们更加明确地制订创业计划、选择创业方向,从而提高创业成功的概率。

(三)有助于大学生创业者积累人脉和资源

社会实践对于大学生创业者积累人脉和资源具有重要意义。通过参与实践活动,大学生创业者能够拓宽人脉圈子、获取创业资源、提升人脉管理和资源整合能力,为创业之路奠定坚实基础。

第一,社会实践有助于大学生创业者拓宽人脉圈子。在社会实践活动中,大学生创业者有机会与来自不同领域、不同背景的人士进行交流沟通,包括商贩、工人、教师甚至企业家,他们的经验和智慧对于创业者来说具有极高的参考价值。通过与这些人士建立联系,大学生创业者不仅能够获取宝贵的创业建议和指导,还能够建立起广泛的社交网络,为未来的创业发展打下基础。

第二,社会实践有助于大学生创业者获取创业资源。在参加社会实践时,大学生创业者能够深入了解市场趋势、行业动态以及政策环境等信息,这些信息对于制订创业计划和策略至关重要。此外,通过参与实践活动,大学生创业者还能够结识潜在的合作伙伴和投资者,为项目的推进和资金的筹集提供有力支持。

第三,社会实践还有助于大学生创业者提升人脉管理和资源整合能力。大学生创业者在社会实践中需要不断地与人交往、沟通,这种过程不仅锻炼了他们的社交能力,还让他们学会了有效地管理和维护人脉关系。同时,通过实践活动的锻炼,大学生创业者也能够逐渐掌握资源整合的技巧和方法,将各种资源有效地整合在一起,为创业项目的成功实施提供有力保障。

三、社会实践对创新创业的促进作用

(一)社会实践为创新创业提供土壤

创新创业并非凭空产生,而是扎根于社会实践的土壤之中。社会实践为人们提供了丰富的经验和知识,为创新创业提供了必要的条件和基础。只有在实践中不断摸索、尝试,才能发现新的机遇和可能。例如,许多成功的创业项目都是基于创始人在特定行业或领域的实践经验而诞生的。

(二)社会实践检验创新创业的成果

创新创业的成果需要通过社会实践来检验其可行性和价值。只有将创新理念和技术应用于实际生产和生活中,才能判断其是否符合社会需求和市场趋势。社会实践是创新创业成果的最好试金石,也是推动其不断完善和优化的重要力量。例如,一款新产品的市场接受度和用户满意度是评价创新创业成功与否的重要指标。

(三)社会实践对创新创业的推动作用

1.社会实践推动创新创业的深入发展

社会实践是一个不断积累和进步的过程,它为创新创业提供了源源不断的素材和灵感。同时,社会实践中的问题和挑战也激励着人们进行更深入的创新和探索。这种良性循环使得创新创业与社会实践相互促进、共同发展。例如,随着人工智能技术的广泛应用,越来越多的企业和研究机构开始深入探讨其在各个领域的应用前景和创新路径。

2.社会实践对创新创业的孵化作用

在创新创业的生态系统中,社会实践扮演着至关重要的角色,特别是对创新创业的孵化作用。

(1)社会实践的经验积累与知识转化功能。社会实践是个体与社会环境互动的过程,它允许个体通过亲身经历来积累和深化对特定领域或问题的理解。这种经验积累对于创新创业至关重要,因为它不仅提供了丰富的实践知识,还有助于将这些知识转化为创新的想法和解决方案。换句话说,社会实践为创新创业者构建了一个广阔的知识库,使他们能够从中汲取灵感,进而开发出具有市场竞争力的产品或服务。

此外,社会实践还促进了隐性知识的传递和学习。隐性知识是指那些难以通过语言或文字明确表达的知识,如技能、诀窍和心智模式等。这些知识在创新创业过程中具有极高的价值,因为它们往往包含着独特的创新元素和竞争优势。通过社会实践,创新创业者可以观察和模仿成功者的行为模式,从而间接地获取这些隐性知识,并将其融入自己的创新实践中。

(2)社会实践的能力培养与素质提升效应。除了提供知识和经验外,社会实践还是培养和提升创新创业能力的重要途径。在实践中,个体需要面对各种复杂的问题和挑战,这迫使他们不断锻炼自己的分析、判断和解决问题的能力。同时,社会实践还要求个体具备跨学科的知识整合能力,以便将不同领域的知识和技能有效地融合在一起,形成独特的创新优势。

此外,社会实践对于培养创新创业者的非认知能力也具有显著的影响。非认知能力是指那些与个体的情感、动机和社会交往等相关的能力,如坚韧性、自我效能感和团队协作能力等。这些能力在创新创业过程中同样发挥着重要的作用,因为它们能够帮助创新创业者更好地应对压力、克服困难,并与他人建立有效的合作关系。通过社会实践的锻炼,创新创业者可以不断提升自己的非认知能力水平,为未来的创业道路奠定坚实的基础。

(3)社会实践的网络构建与资源整合作用。社会实践不仅是个体学习和成长的过程,还是社会网络和资源构建的重要渠道。在实践中,个体有机会与来自不同背景和专业领域的人士进行互动和交流,从而建立起广泛的社会联系和合作关系。这些联系和关系对于创新创业者来说具有极高的价值,因为它们不仅提供了获取信息和资源的途径,还有助于拓展业务机会和降低创业风险。

更重要的是,社会实践还能够促进资源的有效整合和利用。在创新创业过程中,资源的获取和配置是至关重要的环节。通过在社会实践中建立起的网络关系,创新创业者可以更加便捷地获取所需的资金、技术、人才等关键资源,并将其有效地整合在一起,以支持创新项目的实施和发展。这种资源整合能力对于创新创业的成功至关重要,因为它能够确保项目在资源有限的情况下实现最优的配置和利用。

四、社会实践在创新创业中的具体应用

(一)在科技创新领域的应用

科技创新是推动社会进步的重要力量,而社会实践则为科技创新提供了广阔的舞台和机遇。通过参与社会实践,科技人员可以深入了解实际问题和需求,从而有针对性地开展科技研发工作。同时,社会实践还可以为科技创新提供实验场所和验证平台,帮助科技人员验证创新成果的实际效果和应用价值。此外,社会实践中的经验积累和共享也有助于推动科技创新的发展,为创新创业提供源源不断的技术支持。

(二)在商业模式创新中的应用

商业模式创新是创新创业的重要组成部分,而社会实践则为商业模式创新提供了丰富的素材和灵感来源。通过深入市场进行社会实践,创业者可以发现新的商业机会和盈利模式,从而创造出具有竞争力的商业模式。同时,社会实践还可以帮助创业者验证商业模式的可行性和有效性,及时调整和优化商业模式以适应市场变化。这种基于社会实践的商业模式创新不仅能够提高创业项目的成功率,还能够为整个行业带来新的发展思路和方向。

(三)在社会问题解决中的应用

社会实践对于解决社会问题具有重要意义,而创新创业则可以为解决这些问题提供新的方法和途径。例如,在环保领域,通过社会实践可以发现环境污染和资源浪费等问题,而创新创业则可以提供环保技术和产品来解决这些问题。在教育领域,社会实践可以发现教育资源不均衡和教育质量不高等问题,而创新创业则可以提供在线教育等新型教育模式来解决这些问题。这种基于社会实践的创新创业不仅能够解决社会问题,还能够为整个社会带来积极的影响。

综上所述,社会实践对创新创业的影响是多方面且深远的。它不仅有助于培养创业者的创新思维和实践能力,还能够拓展他们的人脉资源与合作机会,提供市场需求与竞争环境信息,并增强他们的社会责任感和使命感。同时,社会实践在科技创新、商业模式创新以及社会问题解决等方面都具有广泛的应用与影响。

随着社会实践活动的不断深入和拓展,社会实践对创新创业的推动作用将更加凸显。创业者应该提前积极参与社会实践活动,为创业积累更多的实践经验。同时,政府、企业和社会各界也应该加强对大学生社会实践活动的支持和引导,为创新创业提供更加良好的环境和条件。

第二节 创新创业对社会实践的反哺

一、推动社会实践模式创新

(一)引入了新方法

创新创业活动在社会实践领域扮演着至关重要的角色,它不仅是经济发展的引擎,更是推动社会实践模式创新的重要力量。创新创业活动常常伴随着新方法、新技术的引入,这些新方法在社会实践中的应用如同一股清流,为传统的工作方式带来了前所未有的变革,极大地提高了工作效率和效果。

在过去,社会实践往往受限于传统的思维模式和工作方法,这些固有的模式和方法虽然在一定程度上保证了社会实践的稳定性和可持续性,但同时也束缚了社会实践的创新和发展。然而,创新创业活动的兴起,为打破这种束缚提供了可能。创新创业者以敏锐的洞察力和独特的创造力,不断探索和实践新的方法和技术,为社会实践注入了新的活力。

新方法、新技术的引入,使得社会实践能够更加精准、高效地解决问题。例如,在公益领域,传统的募捐方式往往依赖于人力和物力的投入,效率低下且成本高昂。而通过创新创业,一些公益组织引入了互联网募捐平台,利用大数据和人工智能技术,实现了募捐的精准匹配和高效传播,极大地提高了募捐的效果和效率。

同时,创新实践模式的出现,也为社会实践开拓了新的领域和方式。传统的社会实践往往局限于特定的领域和范围,难以适应快速变化的社会需求。而创新创业者则通过跨界合作、资源整合等方式,将不同领域的实践经验和创新元素进行有机融合,创造出全新的实践模式和领域。例如,共享经济、绿色经济等新兴领域的出现,就是创新创业者通过创新实践模式,将传统的经济模式与新的社会需求相结合,开拓出的全新实践领域。

创新创业对社会实践模式的创新不仅体现在方法和技术的引入上,更重要的是它改变了人们的思维方式和实践理念。创新创业者以用户为中心、以问题为导向的思维方式,鼓励人们在实践中不断探索和尝试新的方法和路径。这种思维方式的转变,使得社会实践更加贴近实际需求,更加具有针对性和实效性。

(二)促进了跨界合作

在当今社会,创新创业已成为推动社会进步和发展的重要动力。创新创业不仅鼓励人们勇于尝试、敢于创新,更强调不同领域、不同背景的人们之间的跨界合作。这种跨界合作不仅为社会实践带来了新的视角和思路,更有助于整合各方资源,形成合力,共同推动社会实践的创新发展。

跨界合作打破了传统领域和行业的界限,使得不同背景、不同专长的人们能够汇聚在一起,共同面对社会挑战,寻找创新解决方案。在创新创业的推动下,这种跨界合作变得尤为活跃和频繁。不同领域的知识、技术和经验在跨界合作中得以交融和碰撞,激发出创意的火花,为社会实践带来了全新的视角和思路。

跨界合作有助于整合各方资源,形成合力。创新创业过程往往涉及多个领域和行业的资源和知识,通过跨界合作,可以将这些分散的资源和知识进行整合和优化,形成更加全面、专业的解决方案。这种资源整合不仅提高了创新创业的效率和质量,更使得社会实践能够更加精准、高效地应对各种复杂问题。

跨界合作还推动了社会实践的创新发展。在跨界合作中,不同领域的人们相互学习、相互启发,共同探索新的实践模式和方法。这种探索不仅拓宽了社会实践的领域和范围,更使得社会实践能够更加贴近实际需求,更加具有针对性和实效性。通过跨界合作,社会实践得以不断创新和发展,更好地服务于社会发展和人民福祉。

二、增强社会实践的实效性

(一)解决了实际问题

创新创业往往针对社会中的实际问题进行探索和解决。传统的社会实践模式有时过于理想化,难以直接应对和解决具体的社会问题。而创新创业则不同,它从一开始就紧密关注社会的痛点和难点,以实际问题为出发点,通过创新实践来寻找解决方案。这种以问题为导向的实践方式,使得创新创业能够更加精准地把握社会需求,开发出更加符合社会需求的产品和服务。例如,共享经济、在线教育等领域的创新创业,就是针对社会中存在的资源浪费、教育资源不均等问题,通过创新实践提供的有效解决方案。

通过创新创业,可以开发出更加符合社会需求的产品和服务,从而更好地满足人们的需求。创新创业不仅仅是一种理念或精神,更是一种实践行动。它鼓励人们将创新的想法和理念转化为实际的产品和服务,通过市场的检验来验证其价值和可行性。这种实践行动不仅推动了经济的发展和社会的进步,更重要的是,它使得人们的需求得到了更好的满足。无论是便捷的生活服务、高效的工作工具,还是丰富的娱乐体验,创新创业都在不断地为人们的生活带来惊喜和改变。

(二)提升了社会价值

创新创业活动通过创造新的价值点,能够提升社会实践的社会价值。创新创业不仅仅是为了追求经济利益或商业成功,更重要的是,它能够通过创新实践来创造新的社会价值。这种社会价值不仅仅体现在经济的回报上,更体现在对社会问题的解决和对人们生活质量的提高上。例如,环保技术的创新创业可以减少污染、保护生态环境;医疗健康领域的创新创业可以提供更好的医疗服务、拯救更多的生命。这些创新成果不仅为社会带来了实实在在的利益,更提升了社会实践的社会价值和意义。

创新创业在提升社会实践的社会价值方面还具有长远的影响力。它不仅能够在短期内解决特定的社会问题或满足特定的社会需求,更能够通过持续的创新实践来推动社会的进步和发展。这种长远的影响力体现在对人们生活方式、工作模式、价值观念等多个方面的深刻改变上。创新创业通过不断地打破传统、挑战权威、探索未知,为社会带来了源源不断的活力和动力。

三、激发社会实践的活力

(一)激发了创新精神

创新创业活动所倡导的创新精神,如同一股清流,激发了社会实践的无限活力,鼓励人们在实践中不断探索和尝试。创新创业活动所倡导的创新精神,是激发社会实践活力的关键。在传统的社会实践中,人们往往受限于固有的思维模式和工作方法,缺乏探索和尝试的勇气。然而,创新创业活动的兴起,为社会实践带来了一种全新的思维方式和行动模式。它鼓励人们勇于挑战传统,敢于尝试新事物,通过不断的创新和尝试来寻找更好的解决方案。这种创新精神的传播和渗透,使得社会实践变得更加活跃和多元,推动了整个社会形成更加积极、进取的实践氛围。

在这种创新精神的引领下,社会实践也能不断焕发出新的活力。人们开始更加关注社会问题的本质和根源,通过创新实践来寻找更加根本和长久的解决方案。同时,人们也不再满足于传统的做法和经验,而是勇于尝试新的方法和技术,以期在实践中取得更好的效果。这种勇于探索和尝试的精神,不仅推动了社会实践的不断进步和发展,也为社会带来了更多的惊喜和可能性。

(二)培养了实践人才

创新创业可以为社会实践活动培养大量具有创新精神和实践能力的人才。这些人才在创新创业的过程中,不断积累经验、提升能力,逐渐成长为推动社会实践发展的重要力量。他们不仅具备扎实的专业知识和技能,更拥有敏锐的洞察力和独特的创造力,能够在实践中发现问题、解决问题,并不断创新和完善实践活动。

这些实践人才的培养,对于社会实践的发展具有重要意义。他们能够将创新创业的理念和精神融入实践中,通过不断的创新和尝试来推动社会实践的进步和发展。他们敢于挑战传统、勇于尝试新事物,为社会实践带来了更多的活力和可能性。同时,他们也能够将自己的经验和知识传授给更多的人,推动整个社会实践水平的提升。

同时,创新创业所培养的实践人才也具备强烈的责任感和使命感。他们深知自己的实践行动对于社会的影响和意义,因此更加注重实践的质量和效果。他们通过自己的实践行动来推动社会的进步和发展,为社会的繁荣和稳定作出了积极的贡献。

四、拓展社会实践的领域

创新创业活动具有一种天然的探索性和创新性,它不拘泥于传统的思维模式和实践方式,而是鼓励人们勇于尝试、敢于创新。这种精神使得创新创业活动能够不断突破旧有的界限,开辟新的社会实践领域。例如,在新兴科技领域,创新创业活动推动了人工智能、大数据、云计算等技术的快速发展,为社会实践提供了全新的技术和手段。在绿色环保领域,创新创业活动则关注环境保护和可持续发展,推动了绿色能源、环保技术等领域的创新实践。

这些新领域的出现,为社会实践带来了更多的选择和可能性。在传统的社会实践领域,人们往往受限于固有的思维模式和工作方法,难以找到新的突破口和创新点。然而,新兴科技、绿色环保等新领域的出现,为人们提供了全新的视角和思路,使得社会实践能够更加多元化、创新化。例如,在新兴科技领域,人们可以利用人工智能技术进行智能决策、数据分析等实践;在绿色环保领域,人们则可以关注环保技术的研发和推广,推动社会的可持续发展。

创新创业活动所开辟的新领域,不仅为社会实践提供了更多的选择和可能性,也推动了社会实践的不断进步和发展。在新领域的实践中,人们需要不断探索和尝试,寻找更加有效的实践方式和方法。这种探索和尝试的过程,不仅锻炼了人们的实践能力和创新精神,也推动了社会实践的不断进步和发展。例如,在新兴科技领域的实践中,人们通过不断的尝试和创新,逐渐掌握了人工智能技术的核心算法和应用方法,为社会实践带来了更多的便利和效益。

同时,创新创业活动所开辟的新领域也具有重要的社会价值和意义。这些新领域往往关注社会热点和难点问题,通过创新实践来寻找解决方案。例如,在绿色环保领域的实践中,人们关注环境保护和可持续发展问题,通过研发和推广环保技术来减少污染、保护生态环境。这种实践不仅具有经济效益和商业价值,更具有重要的社会价值和意义。

第三节 创新创业与社会实践共同发展路径

一、培养具有创新创业精神与实践能力的人才

创新创业和社会实践都需要具备相应精神和实践能力的人才来推动。因此,培养具有创新创业精神和实践能力的人才是未来社会发展的重要任务之一。通过教育体系改革、实践平台建设等措施,可以激发大学生的创造力和探索精神,培养更多具备创新创业能力的人才。

二、构建创新创业与社会实践相融合的生态环境

为了促进创新创业与社会实践的深度融合和发展,需要构建一个良好的生态环境。这包括政策支持、资金投入、人才培养、市场机制等多个方面。只有建立起一个有利于创新创业和社会实践发展的生态环境,才能充分激发社会各界的积极性和创造力,共同推动未来社会的进步和发展。

创新创业与社会实践之间存在着紧密的关联和相互促进的关系。创新创业为社会实践提供源泉和动力,而社会实践则为创新创业提供土壤和检验标准。这两者相互融合、共同发展,共同推动未来社会的进步和确定社会的发展方向。因此,高校应该高度重视创新创业和社会实践的培养与发展工作,为构建一个更加美好、繁荣的未来社会贡献力量。

三、加强产学研用深度融合

在创新创业与社会实践相结合的过程中,加强产学研用的深度融合是至关重要的。高校、科研机构与企业紧密合作,共同研发新技术、新产品,推动科技成果的转化。这种合作模式不仅能够提高科研成果的实用性,还可以为创新创业提供源源不断的技术支持。同时,企业通过与高校、科研机构的合作,可以培养更多具备实践经验的人才,为企业的长远发展奠定坚实基础。

四、建立多元化的投融资体系

创新创业和社会实践都需要资金的支持,因此建立多元化的投融资体系对于推动这两

者的发展具有重要意义。政府、企业、社会资本等各方应该共同参与,形成多元化的投融资渠道。政府可以通过设立创新创业基金、提供税收优惠等措施来支持创新创业项目;企业可以通过投资、孵化等方式扶持创新创业团队;社会资本则可以通过风险投资、天使投资等形式为创新创业提供资金支持。这样一来,可以为创新创业和社会实践提供更加充裕的资金来源,推动其快速发展。

五、推广创新创业教育理念

创新创业教育理念应该贯穿于教育体系的全过程,从小培养学生的创新意识和创业精神。学校应该注重实践教学,鼓励学生参与社会实践活动,提高他们的动手能力和解决问题的能力。同时,学校还应该加强与企业的合作,为学生提供更多实习和就业机会,让他们在实践中了解创新创业的全过程。推广创新创业教育理念,可以培养更多具备创新创业精神和实践能力的人才,为未来社会的发展注入源源不断的活力。

六、完善创新创业政策支持体系

政府应该出台一系列支持创新创业的政策措施,降低创新创业的门槛和风险。例如,可以提供创业补贴、税收优惠、融资支持等政策措施,鼓励更多的人投身于创新创业事业。同时,政府还应该加强对创新创业项目的评估和监管,确保其合法性和可持续性。通过完善创新创业政策支持体系,可以为创新创业提供更好的制度保障和政策环境。

七、营造创新创业文化氛围

创新创业文化氛围的营造,对于激发人们的创新意识和创业精神至关重要。社会各界应该共同倡导尊重创新、鼓励创业的文化氛围,让更多的人敢于尝试、勇于创新。同时,媒体也应该加大对创新创业的宣传力度,让更多的人了解创新创业的重要性和意义。通过营造创新创业文化氛围,激发人们的创造力和探索精神,为未来社会的发展注入更多的活力和动力。

● 思政小课堂

调研田间地头 服务农村农民[①]

向村民普及农业政策、深入田间地头一线调研、运用所学知识回乡服务……辽宁省组织近16万名大中专学生走出校园、走进社会,深入多地学习实践,为当地的乡村振兴作出应有的贡献。

每天浏览学生制作的"我为家乡做代言"短视频,成了沈阳农业大学团委书记柴宇的工作常态。

---

① 人民日报. 调研田间地头 服务农村农民[EB/OL]. (2023-03-28)[2024-06-13]. https://jyt.ln.gov.cn/jyt/jyzx/zxlb/20230328819181614132/index.shtml.

2022年,中共辽宁省委教育工委和共青团辽宁省委组织146所大中专学校,8050支社会实践团队,近16万名大中专学生走出校园、走进社会,足迹遍及31个省份、300多个市(地区),形成校级调研报告1712份,助力乡村振兴。

聚村头　坐炕头　政策宣讲为农民

"国家继续对实际种粮农民发放一次性农资补贴,农机购置和应用还能得到补贴……"日前,在丹东凤城市刘家河镇黑门子村,辽东学院大学生宣讲团成员张鹏飞向村民普及农业政策。听完宣讲,村里的老党员袁玉范激动地说:"党的政策这么好,咱老百姓的干劲更足了。"

深入田间地头、农家庭院,现场宣讲、面对面交流。近年来,共青团辽宁省委组织高校学生利用寒暑假时间,通过自编的视频、动画片和现场宣讲等鲜活形式,把有关乡村振兴的方针、政策带入千家万户。

去年暑假,在山西省长治市安阳村,几名大学生向村民播放农业生产托管宣传片,宣传乡村振兴的相关政策,这让村民马春叶找到了努力的方向。

沈阳农业大学选择农民最需要的政策进行宣讲,组织专家学者设计出政策宣传资料,一节节大课堂的延续,一茬茬学子的传承,政策宣讲深入浅出,越来越受到基层党组织和群众的欢迎。

大学生一开始对政策也并不了解。"针对大学生对乡村振兴政策认知少、理解差异大的问题,我们组织教师、调研对象、学生家长、行业管理部门、企业等召开了大学生服务乡村振兴主题研讨会。"柴宇说,培训后,沈阳农业大学选拔出一批优秀学生,担当理论宣讲员,走村入户,年受益群众在5万人以上。

在营口市鲅鱼圈区红旗镇,已经有300多年历史的满族民俗文化大集上,辽宁农业职业技术学院农学园艺系师生组成的新禾服务队,通过送书、演讲和制作宣传板等图文并茂的形式,把中央一号文件精神、巩固脱贫攻坚成果相关政策以及《农作物病虫害防治条例》《基本农田保护条例》等农业法律法规送到广大农民群众的手中。

除了宣讲政策,有的院校还进行了技术培训。辽宁农业职业技术学院团委书记赵丽梅介绍,新禾服务队的足迹已经遍及盖州市苇塘村、大石桥市英守沟村等全省60多个农村地区,累计志愿服务时长1100小时,为农户解决技术难题500余个,年均完成农业技术培训、现场指导、电话咨询等3000余人次,间接带动就业2万余人,助农企、农户增收1000余万元。

"我们组织了2300支宣讲队伍,5万余名大学生走进广大农村。"时任共青团辽宁省委书记张鹏介绍。

走千家　访百姓　一线调研解疑难

9月中下旬是无核白鸡心葡萄成熟的季节。在沈阳市苏家屯区永乐街道互助村的大棚里,沈阳农业大学农林经济管理专业大二学生闫新华来此调研。

"今年肥料的价格如何?""试验的水溶肥效果对比怎么样?"问题逐一抛出,随之一项项记录下葡萄的品种特点、种植历史,大棚的温度、用水、用肥等参数,并形成了暑假社会实践调研报告。

2022年暑假,沈阳农业大学团委组织7000多名学生共走访了2000多个村,形成了2000多份《乡村特色产品生产技术规范》的调研报告,并上传到沈阳农业大学"实践+"平台。

调研问卷带着温度,解决方案贴近实际。去年年初,新禾服务队给营口市芦屯镇驼台铺村村民金家骥免费提供了辽峰葡萄品种,还传授了栽培技术。"年均收入超过了8.5万元,我一下子变成了村里的致富带头人。"金家骥高兴得合不拢嘴。

"抓住农作物'产前、产中、产后'的关键时机,我们为合作社和种植户提供了种苗和技术。"新禾服务队负责人陈晓军说,"我们持续进行跟踪技术指导,进一步帮助农户提升效益,并无偿向农户推广辽峰葡萄避雨栽培、大果榛子栽培及果蔬病虫害绿色防控等60余项省级科研成果,定期组织农民在红旗大集开展技术培训,手把手教授农民。"

"非大规模集中连片地区,农机怎样使用更有效?""机插秧过程中有边角遗落,人工补秧工作量大怎么办?"……今年寒假以来,沈阳农业大学工程学院教师王铁军一直在不间断地回答社会实践反馈回来的问题。

"有些问题很直白,都是来自农业一线的。"王铁军说,沈阳农业大学的博士智囊团队伍已经近300人,负责对本科生社会实践过程进行指导和答疑。

"村集体、合作社、龙头企业都是农业生产单位,应该有标准化技术规范。大学生参与整理,博士智囊团完善后形成技术规范,切实解决了农民遇到的实际问题。"柴宇说,截至目前,沈阳农业大学学生社会实践团队已经为1645个合作社建立了生产技术规范。

有劲头　有盼头　回乡服务促振兴

"大学生到我们合作社来实习,还是头一次!"沈阳市康平县兴果花生专业合作社技术负责人吴献国高兴地说。虽然与专家有过不少交流,但大学生自己"找上门来",还是让他喜出望外。

2022年暑假,沈阳农业大学大二学生孙晔每周至少到花生地里跑一趟。大片花生,秧绿叶繁,孙晔记录下田间地头喷施叶面肥的场景,采访了吴献国对花生种植的经验和技术,拍下电商直播间内花生产品的品种和包装。将这些素材汇集,剪辑成一条5分钟的小视频,青春靓丽的孙晔出镜介绍,为家乡产品做起了代言。

"很多新科技、新媒体,我们农民接触起来不容易,回乡社会实践的小孙晔,把我们的产品推到了网络上。"吴献国说,"农业农村想发展,特别需要大学生回到基层,他们就是农业、农民与院校、专业知识之间的桥梁。"

"我为家乡好产品代言。树莓,又名覆盆子,被誉为水果之王,营养价值高、适应能力强、经济效益好……"在盘锦市盘山县羊圈子镇新立村,辽东学院大三学生曹芷赫已经连续3年参加"家乡好产品"专项社会实践活动,通过录制视频、朋友圈转发、校内现场分享等方式,宣传家乡好产品。

"辽东学院'家乡好产品'社会实践团成立于2019年,每年都有来自辽宁、安徽、广西等15个省份近300名学生为家乡农产品代言,提高知名度和影响力。"辽东学院院长周景雷介绍。

随着社会实践的不断延伸和发展,近年来,越来越多的大学生选择了回乡服务。沈阳市康平县北三家子街道万盈农业技术服务公司负责人梁日鹏则是从社会实践走向自主创业，服务农村农民。如今，他的托管种植服务已经开展到了辽宁省4个县区。

"我们拥有种子处理技术、保护性耕作技术等13项技术，可以对农业生产进行金融、设备、培训、品牌等多项赋能。"梁日鹏说，"以康平县的玉米种植为例，经过托管种植服务的土地，每亩平均比农民自己种能多收200斤玉米。"

梁日鹏坦言，他的研究生毕业论文主题"保护性耕作"便是基于乡间地头的调研成果，而走上农村农业自主创业道路，也来自这些年的农村社会实践。

第二篇 实践篇

项目一 社会调查

知识目标

(1)熟悉社会调查的流程。
(2)了解调查课题选择的原则。
(3)掌握调查团队组建的方法。
(4)熟悉调查报告撰写的方法。

能力目标

(1)能根据所学到的流程,独立完成调查任务。
(2)能设计制作问卷调查。
(3)能够通过调查活动培养自己的人际交往能力,更好地适应社会环境。
(4)能培养团队合作精神和协作能力,更好地适应团队工作的要求。

思政目标

(1)理解国家政策导向和社会发展趋势,增强政治觉悟。
(2)认识思想道德理论在现实生活中的应用,提升道德判断和决策能力。
(3)了解社会热点和民生需求,培养社会责任感和使命感。

思维导图

```
                    ┌─ 基础知识的认知 ─┬─ 社会调查的伦理道德
                    │                  └─ 社会调查的流程
                    │
                    │                  ┌─ 调查课题选择的原则
          社会调查 ─┼─ 选题阶段的实施 ─┼─ 调查课题的来源
                    │                  ├─ 调查团队的组建
                    │                  └─ 确定调查课题的步骤
                    │
                    └─ 准备阶段的实施 ─┬─ 选定分析对象
                                       └─ 设计调查方案
```

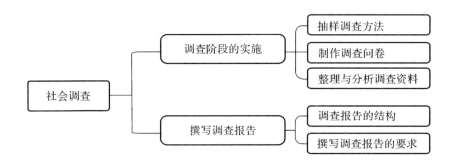

案例导入

城市公共交通社会调查新视角

在我国某大型城市,一项关于城市公共交通使用情况的社会调查即将展开。为了提升市民对社会调查的兴趣,调查团队精心策划了一系列参与活动,让市民能够亲身参与、体验,并深入了解社会调查的重要性。

调查团队与当地媒体紧密合作,通过电视、广播、报纸和社交媒体等多种渠道进行宣传。他们制作了精美的宣传海报和短视频,详细介绍了社会调查的目的、内容和参与方式。同时,调查团队还邀请了知名主持人和社会学家进行访谈,分享社会调查的意义和价值,进一步引发了市民的关注。

在线下活动方面,调查团队特别组织了一次"公共交通体验日"。活动当天,市民们被邀请免费乘坐公交车、地铁等公共交通工具,并随车配备了调查团队的志愿者,与他们一同体验出行的过程。志愿者不仅为市民们提供了详细的出行指南,还引导他们观察并记录公共交通的设施、服务、乘客流量等情况。市民们纷纷表示,通过这次体验,他们更加深入地了解了公共交通的实际情况,也意识到了社会调查对于改善公共交通服务的重要性。

此外,调查团队还举办了一场别开生面的"市民座谈会"。在座谈会上,市民们与调查团队的专家面对面交流,分享自己的公共交通使用经历。调查团队准备了丰富的案例和数据,通过图表、视频等形式展示公共交通的现状和问题。市民们积极参与讨论,提出了许多富有建设性的意见和建议。这种面对面的交流方式不仅让市民们感受到了社会调查的重要性,还增强了他们的参与感。

除了这些活动外,调查团队还设计了一款互动式的在线调查平台。市民们可以通过手机或电脑随时随地参与调查,填写问卷,上传照片或视频分享自己的故事。平台还设置了积分奖励和排行榜功能,鼓励市民们积极参与和分享。同时,调查团队还定期在平台上发布调查进展和成果,让市民们看到社会调查带来的实际效果,进一步激发了他们的参与热情。

通过这些精心策划的活动,市民对社会调查的兴趣得到了显著提升。他们不仅积极参与各项活动,还主动向身边的人宣传社会调查的意义和价值。这些宝贵的反馈和建议为调查团队提供了更加准确、全面的数据和信息,帮助他们更加深入地了解了城市公共交通的实际情况和市民的真实需求。

任务一 基础知识的认知

社会调查是一个严谨有序的过程,包括明确主题、制订计划、实施调查、分析数据和撰写报告等关键步骤。调查者在进行社会调查时需保持客观科学的态度,遵守法律法规,确保调查结果合法、道德且有价值,为深入了解社会现象、解决社会问题和推动社会进步提供支持。

一、社会调查的伦理道德

社会调查的伦理道德涉及研究者在调查过程中应遵循的一系列道德规范和原则,旨在确保调查的公正性、客观性、可信度,同时尊重和保护被调查者的权利和尊严。

(一)尊重个人权利和尊严

社会调查应遵循尊重个人权利和尊严的原则。这意味着调查者应尊重被调查者的个人意愿,不得侵犯其隐私权或人身自由权。调查者需确保被调查者在知情并同意的前提下自愿参与调查,并有权随时退出研究。同时,调查者应尊重被调查者的文化背景和社会地位,避免在调查过程中对其造成任何形式的歧视或偏见。

(二)保密原则

社会调查应遵循保密原则。调查者应对收集到的个人信息和数据进行严格保密,不得泄露给第三方或用于非研究目的。如需分享或使用这些数据,应征得被调查者的明确同意,并确保数据在传递和使用过程中的安全性。

(三)客观性和公正性

社会调查还应遵循客观性和公正性原则。调查者应保持客观的态度,避免个人主观意愿或偏见对调查结果产生影响。在数据收集和分析的过程中,应确保数据的真实性和完整性,不得篡改或歪曲数据以迎合某种预设的观点或结论。同时,调查者应确保调查结果的公正性,避免受到任何利益集团的干扰和影响。

(四)诚信原则

社会调查应注重诚信原则。调查者应如实呈现调查结果,不得夸大或隐瞒事实。在撰写研究报告或发布研究成果时,应注明数据来源和调查方法,以便他人验证和评估研究的可信度与有效性。

(五)分工与合作

在社会调查的过程中,分工与合作显得尤为重要。调查者之间应明确各自的职责与任务,形成高效的协作机制。这种相互配合与团结协作不仅有助于集思广益、相互启发,还能显著提升工作效率,确保调查成果的及时产出与丰富性。

二、社会调查的流程

(一)选题阶段

这一阶段的任务是选定调查课题并设计调查方案。这一阶段至关重要,因为它为整个调查活动确定了方向。调查之前需进行深入思考,选择具有现实意义和研究价值的主题,并设计一套合理、科学的调查方案,确保后续工作的顺利进行。

(二)准备阶段

这一阶段着重于组建高效的配合团队,确保团队成员能够紧密协作,共同推进研究进程。同时,需要明确调查的具体内容,确保调查目标的明确和聚焦。在此基础上,要选择合适的调查方式方法,以确保数据的准确性和有效性。这些细致而全面的准备工作为后续的数据收集和分析奠定了坚实的基础,使得整个研究过程更加科学、规范、高效。

(三)调查阶段

收集资料与实施调查是这一环节的核心任务,对于整个研究至关重要。调查者需严格遵循预先精心设计的调查方案,通过多样化的方法,如问卷调查、深度访谈和实地观察等,广泛而深入地收集数据资料。在这一过程中,确保数据的真实性、准确性和完整性至关重要,因此,调查者需要严谨对待每一个调查环节。通过这一系列的工作,能够获取大量丰富、真实可靠的数据资料,为后续的数据分析提供有力的支撑,确保研究结果的客观性和科学性。

(四)资料整理与研究阶段

在这一阶段,调查者肩负着对收集到的数据进行深入处理的重要任务。首先,对数据的审核工作必不可少,这包括对数据的完整性、一致性和准确性进行严格检查,确保后续分析基于高质量的数据基础。其次,对数据进行整理,包括分类、编码和清洗等步骤,以便进行后续的统计分析。

调查者需要运用各种统计方法和分析工具,对数据进行深入的挖掘。这些工具和方法不仅能够帮助调查者揭示数据背后的规律和特点,还能够发现潜在的关联和趋势。通过对数据的统计分析,调查者能够得出科学的结论,为解决问题或验证假设提供有力的证据。

调查者还需要注重数据的分析和解读。他们需要将统计结果转化为易于理解的语言,揭示数据背后的社会现象和问题。通过深入分析数据,调查者能够为社会决策提供有力的支持,为相关领域的研究和实践提供有价值的参考。

(五)分析与总结阶段

在调查研究的分析与总结阶段,调查者肩负着将所收集的数据转化为深刻见解与结论的重要任务。分析阶段的核心是对数据进行细致入微的处理。首先,调查者会对收集到的数据进行严格的审核,确保其真实性和准确性。其次,进行系统的整理工作,使数据变得有序且易于分析。他们不仅关注数据的表面信息,还致力于揭示数据背后的规律和特点,以及这些规律与特点所反映出的社会现象和问题。在这一过程中,调查者会运用各种统计手段,对数据进行分类、比较、归纳和演绎,从而得出科学、客观的结论。

随着分析的深入,调查者逐渐构建出完整的数据解读框架,并据此提出解决问题的策略或验证假设的有效性。这些结论和证据不仅为本次研究的主题提供了有力支撑,而且为相关领域的研究和实践提供了有价值的参考。

在总结阶段,调查者将分析所得的成果凝结成一份调查报告。这份报告不仅详细记录了研究的全过程,包括目的、方法、数据分析等,还重点突出了研究的结论和启示。报告的语言清晰明了,逻辑严谨,使得读者能够轻松理解调查的核心内容和价值所在。

通过这一阶段的努力,调查者不仅完成了对数据的深入分析,还通过撰写调查报告将研究成果有效地传播出去,为相关领域的研究和实践贡献了自己的智慧与力量。

【案例】

我国社会调查运动之先驱——李景汉[①]

李景汉(1895—1986),我国著名的社会学家、社会调查专家,以其卓有成效的社会实地调查与研究活动,在我国社会学界树立了一座不朽的丰碑。他的一生,充满了对社会问题的深刻洞察与无私探索,其调查成果不仅为学术界提供了宝贵的资料,还为社会改良与进步提供了有力的支撑。

1917年,李景汉怀揣着对知识的渴望和对社会的责任感,远赴美国专攻社会学及社会调查研究方法。在异国他乡,他深入钻研,汲取西方社会学的精髓,为日后回国开展社会调查工作奠定了坚实的基础。

1924年,李景汉归国时正值我国社会调查之风兴起,他毫不犹豫地投身其中,积极参与组建调查团体,倡导社会调查的重要性,并身体力行地进行实地调查研究。他的这一举动,不仅为自己赢得了"社会调查运动先驱"的美誉,还推动了我国社会调查运动的发展。

(一)李景汉的社会调查历程

回国后,李景汉开展了一系列富有成效的社会调查活动,并发表了多份具有代表性的调查报告。这些活动可大致划分为三个阶段。

在初始阶段(1924—1926年),李景汉主要运用西方社会学方法,以学术研究为目的,深入探究城市广大民众的生活状况。他深知这些民众是社会的基础,他们的生活状况直接关系到社会的稳定与发展。因此,李景汉通过一系列的调查活动,揭示了城市贫民的生活困境,为改善他们的生活提供了有力的依据。而随着调查的深入,他逐渐意识到社会问题的复杂性。

在过渡阶段(1926—1928年),李景汉的社会调查开始由学术研究向实际应用转变,同时调查重点也逐渐从城市转向乡村。他认识到,乡村作为中国社会的基石,其问题的解决对于整个社会的进步至关重要。因此,李景汉积极指导学生对乡村家庭进行调查,试图找出乡村社会问题的根源,并提出有效的解决方案。

到了成熟阶段(1928—1937年),李景汉的社会调查已经完全转变为以应用为目的,重点针对乡村社会。他在定县实验区工作期间,进行了一系列深入的农村调查,不仅揭示了农村社会的种种问题,还为改善农村生活提出了宝贵的建议。此外,李景汉还总结了自己的调查经验,撰写了《实地调查方法》一书,为社会调查在我国的发展提供了重要的理论指导。

李景汉的社会调查工作,不仅具有深厚的学术价值,还具有重要的实践意义。他的调查成果不仅为学术界提供了丰富的资料,而且为政府制定社会政策提供了有力的依据。他的调查方法和技术,不仅在当时具有开创性,而且对后世的社会调查工作产生了深远的影响。

---

① 刘宝辰,郑京辉.民国时期社会调查运动的先驱:李景汉[J].河北大学成人教育学院学报,2008(1):83-84.

作为我国社会调查运动的先驱,李景汉的贡献不仅在于他个人的成就,还在于他推动了整个社会对调查研究的认识和重视。他的精神和工作方法,将继续激励着后人不断探索、不断前进,为我国的社会学研究和社会进步贡献更多的力量。

(二)李景汉社会调查的特点

李景汉作为民国时期社会调查运动的先驱,其社会调查工作具有以下几个显著特点:

第一,他强调社会调查工作必须紧密围绕社会问题展开,将解决实际问题作为调查的出发点和落脚点。李景汉深知,社会调查并非仅仅是一项学术研究,而是肩负着揭示社会真相、推动社会进步的使命。因此,他始终将目光聚焦于社会底层民众的生活状况,深入探索他们的生存状态和实际需求。

在调查生涯中,李景汉广泛接触了多个社会群体,特别是那些常被忽视的人力车夫、手工艺者和农民等。他走进他们的生活,观察他们的工作场景,倾听他们的声音,记录他们的心声。通过大量的实地调查和深入访谈,他积累了丰富的第一手资料,为人们揭示了这些群体鲜为人知的生活面貌。

基于这些调查数据,李景汉对当时社会的各种问题进行了深入剖析,并提出了切实可行的改善建议。他关注人力车夫的劳动权益,呼吁社会关注他们的生存状况;他关注手工艺者的技艺传承,提出保护和发展传统手工艺的建议;他关注农民的土地问题,呼吁政府采取措施保障农民的土地权益。

这种注重实际、解决问题的调查方法,使得李景汉的研究具有极高的实践价值和社会意义。他的调查报告和建议不仅为政府决策提供了重要参考,还引发了社会对底层民众生活状况的广泛关注。他的工作不仅推动了社会调查运动的深入发展,而且为后来的调查者树立了榜样,激励他们继续为揭示社会真相、推动社会进步而努力。

第二,李景汉在社会调查工作中,对调查方法的科学性和严谨性给予了极高的重视。他深知,只有运用科学的方法,才能确保调查结果的准确性和可靠性。因此,在调查过程中,他充分运用统计学、社会学等科学方法,对数据进行深入分析和处理。他不仅注重数据的收集和整理,还通过数据清洗和验证,确保所获得的信息真实有效。

除此之外,李景汉还非常注重调查设计的合理性和调查工具的准确性。他深知,一个好的调查设计是确保调查顺利进行并取得准确结果的关键。因此,他在设计调查问卷和访谈提纲时,总是力求做到问题明确、逻辑清晰、易于理解。同时,他还注重调查工具的选择和使用,确保工具的准确性和可靠性,以获取更为精确的数据。

为了获取更为全面和真实的数据,李景汉还采用了多种调查方式,包括问卷调查、深度访谈和实地观察等。他亲自深入各个调查现场,与被调查者进行面对面的交流,了解他们的真实想法和需求。通过这种方式,他成功获取了大量真实可靠的数据,为后来的研究提供了宝贵的资料。

李景汉对调查方法的科学性和严谨性的追求,不仅体现在他的调查过程中,还体现在他的调查报告和研究成果中。他的调查报告逻辑清晰、数据翔实、分析深入,得到了学术界和社会各界的广泛认可。他的研究成果不仅为人们揭示了当时社会的真实面貌,还为后来的调查者提供了重要的参考和借鉴。

第三,李景汉深知,社会调查不仅仅是收集数据和分析问题,更是一个与被调查者深入交流和建立联系的过程。因此,他始终将与被调查者的沟通和交流视为调查工作的核心环节。

在每次调查之前,李景汉都会进行充分的准备,了解被调查者的背景和情况,确保自己能够以平等、尊重的态度与他们交流。在调查过程中,他注重倾听被调查者的声音,耐心听取他们的意见和建议,尽可能多地了解他们的真实想法和需求。他相信,只有与被调查者建立起信任关系,才能够获得真实可靠的数据和信息。

李景汉的这种以人为本的调查方式,使得他的研究不仅具有科学性,还充满了人文关怀。他关注被调查者的生活状态、情感需求以及社会地位,尝试从他们的角度思考问题,从而得出更为全面和深入的结论。他的调查报告不仅揭示了社会问题的真相,还体现了对被调查者的关心和尊重,赢得了广大读者的认可和尊重。

第四,李景汉在社会调查领域展现出非凡的开创性和创新性。他不满足于传统的调查模式,而是积极探索新的方法和技术,以期获得更为准确和深入的数据。其中,他开创的以县为单位的社会调查方法,无疑是他的重要贡献之一。这种方法的提出,不仅打破了以往调查的局限性,还使得调查结果更加具有代表性和全面性,为后来的追踪调查和研究提供了宝贵的经验和资源。

李景汉的调查成果不仅在国内产生了广泛的影响,其研究方法和结论更是引起了国际社会学界的关注和认可。他的调查报告不仅深入剖析了当时社会的各种问题,还提出了切实可行的解决方案,对于推动社会进步和改善民众生活具有重要意义。他的创新性调查方法,也为国际社会学界提供了新的研究视角和思路,推动了社会学研究的发展。

李景汉的开创性和创新性不仅体现在他的调查方法和成果上,还体现在他的学术精神上。他勇于尝试新的方法和理念,敢于挑战传统观念,始终保持着开放和进取的态度,这种精神对于当今的社会学调查者和实践者仍然具有重要的启示意义。

任务实训

任务实训单内容见表 2-1-1。

表 2-1-1 任务实训单

序号	实训内容	实训要求与说明	完成情况
1	选择社会调查报告	选择一篇具有学术性和代表性的社会调查报告进行分析	
2	阅读并理解报告内容	仔细阅读报告,理解其研究背景、目的、方法、数据收集与分析过程、结果和结论	
3	分析研究方法、数据收集与分析过程	分析报告的研究方法是否科学、数据收集是否全面、分析过程是否严谨	
4	评估报告结论	评估报告的结论是否具有可信度和说服力,是否与研究问题紧密相关	
5	思考报告不足并提出建议	思考报告中的不足之处,提出改进意见和建议	

续表

序号	实训内容	实训要求与说明	完成情况
6	撰写分析报告	完成一篇关于所阅读社会调查报告的分析报告,字数不少于800字	
7	提交并修改完善	提交报告给指导教师进行评阅,根据教师的反馈进行修改和完善	

指导教师签字:＿＿＿＿＿

学生签字:＿＿＿＿＿

日期:＿＿＿＿＿

任务二 选题阶段的实施

一、调查课题选择的原则

社会调查课题的选择是满足社会发展需求的重要途径。随着社会的不断发展和进步,新的社会问题、挑战和机遇不断涌现。通过选择与社会发展紧密相关的课题进行调查,可以深入了解社会现象的本质和规律,揭示社会问题的根源和影响因素,为政策制定和实践操作提供科学依据。这有助于推动社会的可持续发展,解决当前面临的各种问题,满足人民群众的需求和期望。调查课题选择的原则如图2-1-1所示。

图2-1-1 调查课题选择的原则

(一)需要性原则

在选择社会调查课题时,确保课题与人们日常生活、社会迫切需求以及理论发展的前沿保持密切关联是至关重要的。这种选择不仅有助于提升研究的实用性和影响力,还能够为社会发展提供有力的支撑和推动。

1. 与实际生活相关

所选课题应深入反映人们的实际生活,触及他们最为关心的问题。这样的课题往往能够引起广泛共鸣,激发社会各界的关注和参与。例如,针对当前社会普遍关注的健康问题、教育问题、就业问题等进行的调查,不仅能够揭示问题的本质和根源,还能够为政策制定者提供决策依据,推动相关领域的改革和进步。

2. 与社会需求相关

课题的选择应与社会的实际需求紧密相连。这意味着调查者要关注社会发展中的热点、难点和痛点问题,通过调查研究为解决实际问题提供科学依据。例如,针对城市化进程中出现的交通拥堵、环境污染等问题,通过深入调查和分析,可以提出有效的解决方案,推动城市的可持续发展。

3. 与理论发展相适应

课题的选择还应与理论发展的前沿相适应。社会科学理论是指导人们认识社会、分析社会现象的重要工具。因此在选择课题时,需要关注学科领域的最新理论动态和研究成果,确保课题能够在理论上有所创新和发展。这不仅有助于提升研究的学术价值,还能够为学科的发展注入新的活力。

课题的选择应具有深远的社会意义和价值。这意味着调查者要关注那些能够推动社会进步、促进社会发展的重大问题。通过深入研究这些问题,可以揭示其内在规律和发展趋势,为社会的长期发展提供有益的启示和建议。

(二)创新性原则

课题的创新性是衡量其研究价值和潜力的重要标准。在选择社会调查课题时,调查者追求的不是要重复已知的信息或验证现有的理论,而是要力求在研究中发现新的东西,为相关领域带来实质性的推动作用。

1. 理论层面的探索

创新性体现在理论层面的探索。这意味着课题应能够挑战现有的理论框架,提出新的观点、假设或模型。通过深入研究和分析,可以揭示社会现象背后未被充分认识的机制或规律,从而推动理论的发展和完善。这种创新不仅有助于深化人们对社会现象的理解,还能够为政策制定和实践操作提供新的理论依据和指导。

2. 实践层面的尝试

创新性也体现在实践层面的尝试。这意味着课题应能够关注社会现实中未被充分研究或解决的问题,提出新的解决方案或实践路径。通过实地调查、案例分析或实验研究等方法,可以探索新的社会实践模式,验证新的理论假设,从而为解决社会问题提供新的思路和方法。这种实践层面的创新不仅有助于提升研究的实用性,还能够推动社会的创新和进步。

3. 创新的前瞻性

创新性的课题还需要具备一定的前瞻性。它应能够关注社会发展的未来趋势,预见可能出现的新问题和新挑战,并提出相应的应对策略和建议。通过深入研究和分析,可以为社会的长期发展提供有益的启示和建议,推动社会的可持续发展。

(三)可行性原则

调查者在选择社会调查课题时,必须深入考虑其可行性,即确保自身具备进行或完成该课题所必需的主客观条件。可行性是进行课题选择时不可忽视的重要因素,它直接关系到研究的进行情况和最终成果的质量。

1. 资源配备

人力、物力、财力等资源是否充足是评估课题可行性的关键。在人力资源方面,需要考虑研究团队的人员构成、专业背景和分工合作能力,以确保团队能够胜任课题的研究任务。在物力资源方面,需要评估所需调查工具、设备以及场地等是否齐备,以满足研究需求。在财力资源方面,需要考虑研究经费的来源和分配,确保研究过程中的各项开支得到保障。只有当这些资源充足且得到有效利用时,研究才能够顺利进行并取得有价值的结果。

2. 实际价值

课题的可行性还需考虑其是否能够得出具有实际应用价值的结果。社会调查旨在揭示社会现象和问题,为政策制定和实践操作提供科学依据。因此,所选课题应该具有明确的实际应用价值,能够解决现实生活中的问题或推动相关领域的改进。在选题过程中,需要关注社会热点、难点问题,以及政策制定者和实践者关注的焦点,确保研究能够产生实际的社会效益。

3. 人员能力

选题应充分考虑到调查者的个人特点和能力。不同调查者具有不同的专业背景、研究经验和技能特长,这些都会影响课题的选择和研究的深度。因此在选题时,调查者需要结合自身的特点和能力,选择适合自己研究方向和兴趣爱好的课题。同时,还需要关注相关领域的研究现状和发展趋势,避免重复研究或选择过于陈旧的课题,确保研究具有一定的创新性和前瞻性。

(四)合适性原则

在选择社会调查课题时,确保课题与调查者的兴趣和能力相匹配是至关重要的。一个与调查者兴趣相投、能力相适的课题,能够极大地激发调查者的积极性和创造力,使他们能够全身心地投入到研究工作中。

1. 与调查者的兴趣匹配

课题与调查者兴趣相匹配是保证研究动力的重要基础。当调查者对课题产生浓厚的兴趣时,他们会更加主动地去探索、分析和解决问题,从而取得更好的研究成果。此外,兴趣还能够促使调查者不断地学习和思考,推动他们在研究中不断创新和突破。

2. 与调查者的能力匹配

课题与调查者能力相匹配是保证研究质量的关键。每个调查者都有自己的专业背景、研究经验和技能特长,选择合适的课题能够充分发挥他们的专业能力,提高研究的准确性和可靠性。如果课题超出了调查者的能力范围,不仅可能导致研究难以进行,还可能影响研究结果的准确性和可信度。

3. 调查者的研究背景和经验

课题的合适性还需考虑调查者的研究背景和经验。调查者的研究背景和经验是他们在研究中宝贵的资源,选择合适的课题能够更好地利用这些资源,提高研究效率。例如,具有丰富实践经验的调查者可以选择与实际问题紧密相连的课题,而具有深厚理论背景的调查者则可以选择更具理论创新性的课题。

【案例】

小李选择调查课题的心路历程

在一个明媚的春日,小李坐在大学图书馆的角落,对着电脑屏幕陷入沉思。他即将开始社会调查实践,但调查课题的选择却让他犹豫不决。

小李一直对社会问题充满好奇,他希望通过调查为社会贡献一份力量。于是,他开始浏览新闻网站,寻找社会热点。很快,他注意到近期网络上热议的"青少年网络成瘾问题"。小李心想,这个问题涉及广泛,调查起来肯定能够收集到大量数据,他的论文也一定能够引起社会的广泛关注。

然而,当小李开始深入了解这个课题时,他发现事情并没有那么简单。青少年网络成瘾问题虽然备受关注,但相关的研究已经非常丰富,几乎涵盖了所有可能的角度。他想要在这个课题上有所创新,几乎是不可能的。此外,这个问题涉及的因素众多,从家庭、学校到社会,都需要深入研究,这对于他一个人来说显然过于庞杂。

小李意识到,他最初选择的课题范围过大,导致自己无法驾驭。他决定重新寻找课题。这次,他选择了一个相对较小的课题——"城市独居老人的生活状态与心理需求研究"。

这个课题虽然看似小众,但小李认为它同样具有不可忽视的社会价值。独居老人是社会中一个容易被忽视的群体,他们的生活状态和心理需求很少得到关注。通过深入研究这个课题,小李希望能够为改善独居老人的生活状况提供一些参考。

小李开始进行初步的文献调查和实地考察。他查阅了相关的学术文献和政策文件,了解了独居老人的生活背景和社会支持情况。同时,他还走访了几个社区,与独居老人进行了深入的交流。

通过调查,小李发现独居老人的生活状态确实不容乐观,他们面临着孤独、缺乏社会支持等问题。同时,他们的心理需求也往往被忽视,缺乏关注和关怀。小李将这些发现整理成论文,并提出了一些改善独居老人生活状况的建议。

这次选题经历让小李深刻体会到,课题的选择既不能过于夸大,也不能过于狭小。夸大的课题往往难以驾驭,而狭小的课题则可能缺乏研究价值。只有找到一个适中、具有挑战性和创新性的课题,才能够真正发挥调查的价值。

最终,小李的论文得到了导师的认可,并成功发表在了学术期刊上。他的研究成果不仅为改善独居老人的生活状况提供了有益的参考,而且为他自己的学术生涯打下了坚实的基础。这个案例故事告诉我们,在选择调查课题时,需要认真权衡课题的范围和价值,确保自己能够驾驭并发挥出课题的最大潜力。

小李的调查课题选择之旅可谓是一波三折,但正是这样的经历让他深刻理解了课题选择的重要性。最初,他受到社会热点的吸引,选择了看似热门的"青少年网络成瘾问题"作为调查课题。然而,随着深入的了解,他发现这个课题的研究已经相当丰富,难以找到创新点,且研究范围过于庞大,难以驾驭。

这个事情告诉人们,在选择调查课题时,不能仅仅被其表面上的热门或新颖所吸引,更要深入了解其研究现状和价值。同时,也应该保持开放的心态和灵活的思维,不断调整和完善自己的研究方向和方法,以应对不断变化的社会环境和研究需求。

二、调查课题的来源

社会调查课题的来源是多元且广泛的,它可能来自社会现象的观察、政策需求的响应、学术研究的空白、个人兴趣的探索以及实际问题的发现等多个方面。

(一)社会现象的观察

在日常生活中,我们会接触到形形色色的社会现象。这些现象有的显而易见,有的则隐藏在生活的细微之处,但它们无一不反映着社会的面貌和发展趋势。例如人口老龄化、城乡差距、性别平等在职场的实现程度等。

(二)政策需求的响应

政府部门在推动社会发展、改善民生福祉的过程中,往往需要依据科学、准确的数据和信息来制定和实施政策,而这些数据和信息往往来源于深入的社会调查。

具体来说,政府部门在制定政策时,需要充分了解社会各方面的实际情况,包括经济状况、人口结构、文化背景等。通过社会调查,可以获取第一手的数据和资料,为政策制定提供可靠的依据。例如,在制定教育政策时,需要了解当前教育资源的分布状况、教育质量的评估结果以及家长和学生对教育的期望和需求。这些都可以通过社会调查来获取,从而确保政策制定的针对性和有效性。

此外,政策实施后,政府部门还需要了解政策执行的效果,以及公众对政策的满意度和反馈意见。社会调查可以通过问卷调查、访谈等方式,收集公众对政策的看法和建议,为政策调整和完善提供参考。

因此,针对政策需求进行社会调查,不仅可以为政策制定提供科学依据和参考,还可以提高政策实施的针对性和有效性,推动社会的和谐稳定发展。在进行社会调查时,应紧密结合政策需求,确保调查结果的实用性和可操作性,为政策制定和实施提供有力支持。

(三)学术研究的空白

学术研究的空白作为社会调查课题的重要来源,具有显著的意义和价值。学术研究本身就是一个持续探索、不断深化的过程,在这个过程中,总会存在一些尚未被充分研究或存在争议的问题领域。这些问题领域构成了学术研究的空白,同时也为社会调查提供了丰富的选题空间。

针对这些学术研究的空白进行社会调查,不仅能够填补知识空白,推动学术进步,还能够为实践提供有力的理论支撑。通过深入的社会调查,调查者可以更加全面地了解社会现象、揭示社会问题的本质,为学术研究提供新的视角和思路。同时,社会调查的结果也能够为政策制定和实践操作提供科学依据,推动社会的健康发展。

此外,针对学术研究的空白进行社会调查,还能够促进不同学科之间的交叉融合,推动学术研究的多元化发展。通过借鉴其他学科的理论和方法,调查者可以从新的角度和层面来审视和研究社会问题,从而得出更加全面、深入的结论。

因此,调查者应该积极关注学术研究的空白领域,从中选取具有现实意义和研究价值的社会调查课题。通过深入的社会调查和科学的分析,我们可以为学术研究的进步和社会的发展做出积极的贡献。

(四)个人兴趣的探索

个人兴趣的探索不仅是推动调查者深入探究的驱动力,还是保证研究深度和广度的关键因素。

每个人都有自己热衷的话题或领域,这些兴趣点往往源于个人的生活经历、教育背景或是对某个社会现象的独到见解。当调查者将自己的兴趣与社会调查相结合时,他们会更倾向于投入更多的时间和精力,深入挖掘该领域的方方面面。这种由内而外的驱动力,使得调查者在面对困难和挑战时,能够保持持久的热情和动力,不断推动研究向前发展。

个人兴趣的探索还有助于调查者形成独特的研究视角和观点。兴趣使然,调查者往往会对某个领域有着更为敏锐的观察力和更为深刻的洞察力。他们能够从不同的角度和层面来审视和分析社会问题,提出独到的见解和解决方案。这种独特性使得研究成果更具创新性和实用性,能够为学术界和实践界带来新的启示和思考。

将个人兴趣与社会调查相结合并不意味着可以随意选择课题。调查者仍需要充分考虑课题的现实意义和研究价值,确保研究的针对性和有效性。同时,他们还需要不断学习和更新自己的知识体系,保持与时俱进的研究态度,以便更好地应对不断变化的社会环境和研究需求。

(五)实际问题的发现

实际问题的发现为社会研究提供了直接的现实依据和解决问题的动力。在社会生活中,无论是宏观层面还是微观层面,都充斥着各种纷繁复杂的问题,这些问题往往涉及人们的切身利益和社会的发展稳定。

举例来说,环境污染问题已经成为当今社会面临的一大挑战。空气、水源、土壤等环境要素的污染不仅影响着人们的日常生活,还对生态系统造成了严重破坏。通过社会调查,可以深入探究环境污染的成因,了解污染源的分布和污染物的种类,评估污染对环境和人类健康的影响,从而为制定有效的环境保护政策提供科学依据。

食品安全问题同样不容忽视。近年来,食品安全事件频发,引发了公众对食品质量的担忧。社会调查可以揭示食品生产、加工、流通等环节中存在的安全隐患,分析问题的根源,提出有针对性的改进措施,确保食品安全,保障人民群众的身体健康。

就业压力问题也是当前社会关注的焦点之一。随着人口增长和经济结构的变化,就业压力日益凸显。通过社会调查,可以了解就业市场的供需状况,分析不同群体的就业需求和就业困难,探索促进就业的有效途径,为缓解就业压力提供政策建议和实际支持。

三、调查团队的组建

在社会实践活动的组织形式上,提倡以小组为单位,以分散活动为主。可以跨专业、跨年级组建团队。这种组织形式有助于激发每个小组成员的积极性和创造力,使他们在各自擅长的领域有更大的发展空间。同时,相较于大规模集中活动,分散活动能减少资源的集中消耗,降低对社会单位的干扰,从而确保活动的顺利进行。小组活动不仅能够提高活动的针对性和实效性,还能促进小组成员之间的交流与合作,有助于培养团队合作精神和集体荣誉感。

(1)明确调查目标和需求。这包括确定调查的主题、范围以及期望达到的目标。只有明确了目标和需求,才能有针对性地选择适合的团队成员和制订调查计划。

(2)选择具备相关知识和技能的团队成员。社会调查涉及多个领域,包括统计学、社会学、心理学等,因此团队成员应具备相应的专业背景和技能。同时,他们还应具备良好的沟通能力、团队协作精神和责任心,以确保调查活动的顺利进行。

在选拔团队成员时,可以采用面试、笔试等方式,评估他们的专业能力和综合素质。此外,还可以考虑团队成员的多样性,包括性别、专业背景等方面的差异,这有助于拓宽调查思路和提高调查结果的全面性。

组建好团队后,还需要进行明确的角色和职责划分。每个团队成员都应清楚自己的任务和目标,以便更好地协作完成调查任务。同时,建立定期的会议和沟通机制,确保团队成员之间可以共享信息、讨论问题和协商解决方案。

(3)注重团队的凝聚力和文化建设。一个团结、和谐的团队能够激发成员的积极性,提高调查活动的效率和质量。因此,在团队组建过程中,应注重培养团队精神和文化软实力,为调查活动的成功打下坚实的基础。

四、确定调查课题的步骤

确定调查课题的步骤是一个系统性、有序性的过程,涉及多个方面的考量。以下是确定调查课题的详细步骤。

(一)明确课题的领域及研究背景

首先,明确研究或调查的出发点,是因为现实生活中的某个具体问题,还是基于某种理论或政策需求。其次,了解研究背景,对相关的领域、行业或政策环境进行初步了解,确保课题具有实际意义和理论价值。

(二)文献回顾与梳理

在明确课题领域后,需要借助文献了解该课题的研究程度。可以通过图书馆、数据库、网络等渠道,收集与课题相关的文献资料。通过对收集到的文献进行仔细阅读和分析,了解当前领域的研究现状、主要观点、存在的问题和争议点。

(三)确定研究范围与问题

根据文献回顾的结果,结合研究目的,明确调查课题的具体范围和边界。将研究范围细化为具体、可操作的研究问题,确保问题具有针对性和可操作性。文献回顾的结果对研究主题的影响是显而易见的,只是其影响程度或大或小。小的方面,该结果可能会引发对研究假设的微调,使调查者能更精准地把握问题的核心;大的方面,该结果甚至可能会使调查者更换原定的课题。

(四)进一步明确课题

课题的确定离不开对主要变量的精准把握。以定量社会调查为例,调查者需要明确调查的自变量,即那些能够影响或预测其他变量的因素。同时,还需探究自变量与因变量之间的关系,即这些自变量是如何影响因变量的。此外,自变量与因变量的概念来源也至关重要,它们通常基于某一特定的理论或学科背景演化而来。调查者在确定题目时,应能够迅速明确这些问题,以确保研究的针对性和有效性。

进一步而言,调查者需要清晰地列出课题所要探讨的具体项目,并以问题的形式进行表述。这些问题应围绕研究的核心目标展开,旨在揭示变量之间的关系或解释某种社会现象。随后,研究者可以通过自问自答的方式,预测这些问题的可能答案,从而进一步明确研究的方向和重点。

(五)课题论证与确认

在确定最终调查课题前,可以邀请相关领域的专家或导师进行咨询,听取他们的意见和建议,对课题进行进一步完善。还要组织课题组成员进行讨论,集思广益,确保课题的确定是经过充分论证和讨论的。最后,根据专家咨询和小组讨论的结果,对课题进行最终确认和修改,确保课题的科学性和实用性。

任务实训

任务实训单内容见表2-1-2。

表2-1-2 任务实训单

序号	实训内容	具体要求与说明	进度安排
1	选题背景与研究目的	(1)分析当前社会热点问题或领域发展趋势。 (2)明确研究目的和意义	
2	文献回顾与理论梳理	(1)收集并阅读相关领域的文献资料。 (2)总结前人研究成果和不足之处。 (3)梳理相关理论	
3	选题确定与问题细化	(1)确定研究主题和主要变量。 (2)列出具体的研究问题。 (3)分析自变量与因变量的关系	
4	选题可行性分析	(1)评估选题的资源限制。 (2)分析选题的技术可行性。 (3)考虑选题的社会影响和实际应用价值	
5	选题报告撰写	(1)撰写选题报告,包括选题背景、研究目的、文献回顾、选题确定与问题细化、可行性分析等内容。 (2)报告应逻辑清晰、条理分明,符合学术规范	
6	实训成果提交与评价	(1)学生提交选题报告。 (2)教师根据选题报告的完整性、科学性、创新性等方面进行评价。 (3)实训成绩计入最终成绩	

实训要求:

(1)学生在实训过程中应保持积极的学习态度,主动参与讨论和交流。

(2)遇到困难或问题时,应及时向教师请教或寻求同学帮助。

(3)遵守学术规范和学术道德,不得有任何学术不端行为。

指导教师签字:_____

学生签字:_____

日期:_____

任务三　准备阶段的实施

一、选定分析对象

分析单位是社会调查中的核心研究对象,是数据收集与解读的主体。在社会调查中,生物学层面的"人"作为构成社会的基本前提,承载着所有分析单位的内涵。以"人"的概念为中心,可以构建出四类主要的分析单位:个人、群体、组织和社区。这四类分析单位均直接以现实生活中的"人"为研究对象,揭示人的各种属性、行为及其在社会中的角色。

此外,部分学者也提出,除了直接将"人"作为研究对象的分析单位外,那些由人类行为所创造、蕴含丰富文化信息的社会现象或产物,同样可以成为分析单位。这种思路将研究视野拓宽至更宏观的层面,如文化和政治等领域,从而构建起更为丰富和深入的社会调查研究课题。

(一)个体

个体,作为社会调查中的分析单位,是最为常见和基础的研究对象。国内学者风笑天曾明确指出,当个体作为分析单位被用于研究时,描述性研究侧重于描绘由这些个体所构成的总体面貌,而解释性研究则致力于揭示隐藏在这一总体中的社会动力与机制。作为分析单位的个体并非孤立地存在,而是承载着丰富的社会属性,如性别、职业、年龄、籍贯等。这些社会属性不仅定义了个体的身份和特征,而且反映了其与社会环境的互动关系。

因此,在以个体为分析单位的研究中,构建具有一定规模的样本库显得尤为重要。这些样本库中的个体,各自带着其独特的社会属性,汇聚成一种特殊的"现象"。通过对这一"现象"的描述或解释,人们能够更深入地理解个体在社会中的位置、作用以及与社会整体的关系。这样的研究方法不仅有助于揭示社会的微观层面,还为人们理解宏观社会现象提供了坚实的基础。

(二)群体

群体是由若干个体因共享的关系或共性而聚合形成的整体,比如家庭、班级、兴趣小组、工作小组等。虽然群体由个体组成,但当它作为分析单位时,调查者通常会忽略其中的个体差异,只关注群体所共有的特性。例如,在研究"某地区社区广场舞队的社会认同"时,调查者关注的是"社区广场舞队"这一群体分析单位,而非其中的每一个个体。无论这些队员之间差异多大,在此调查中,他们都以"社区广场舞队"这一社会群体的身份出现。

随着互联网的普及和发展,"群体"这一分析单位已经从现实世界延伸到了互联网。例如,商家售后服务群、网络游戏中的战队等,都是网络群体的重要表现形式。因此,在研究社会现象时,调查者需要充分考虑网络中群体的特点和影响。

(三)组织

在社会调查中,"组织"是一个较为重要的研究对象。它指的是由一群人组成的、具有特定目标和结构的团体或机构,可以是政府机关、非营利组织、企业、学校、医院等。这些组织在社会中扮演着不同的角色,对社会的运作和发展产生着深远的影响。

此外,组织作为社会调查对象还具有一些特殊的意义。首先,组织是社会结构的重要组成部分,反映了社会的分化和整合程度。其次,组织内部存在着复杂的权力关系和互动模式,这些关系和模式对于理解组织的运作和影响力至关重要。最后,组织也是社会变迁的重要推动力量,其变革和发展往往与社会的整体变迁密切相关。

与此同时,组织这一分析群体也可以是互联网环境中的一种载体,如官方自媒体账号、政府官方网站等,它们在社会调查研究中都是一种组织。

(四)社区

社区,涵盖了地理区域、居民群体以及他们之间的互动和关系等多个方面。社区可以是城市中的居民小区、乡村、街道,或者是具有特定文化、经济或社会特征的地区。

作为社会调查对象,社区的研究重点在于揭示社区的结构、功能、动态变化以及社区成员之间的相互作用和关系。通过对社区的深入调查,可以了解社区内居民的生活方式、价值观念、社会网络、资源分配以及社区与外部环境的关系等方面的情况。

社区在社会中具有多重功能。它不仅是居民生活的场所,还是社会联系和互动的纽带。社区内的居民通过共同参与社区活动、建立社区组织、解决社区问题等方式,形成了一种特定的社区文化和社区认同感。同时,社区也是社会管理和服务的基本单元,政府和社会组织通过社区来提供公共服务、实施社会政策、推动社区发展。

通过对社区的研究,可以深入了解社区内部的运行机制、社区成员的需求和期望,为社区发展和政策制定提供科学依据。同时,社区研究也有助于促进社区内部的和谐与稳定,推动社区的可持续发展。

在选择分析对象时,不同的调查对象具有不同的代表性、研究深度、数据收集难度和适用范围。根据具体的研究目的和需要,调查者可以选择合适的调查对象或结合多个对象进行综合研究。通过对比分析,调查者可以更加清晰地了解各个对象的优势和局限性,以便更好地设计和实施社会调查。调查对象的分析对比见表 2-1-3。

表 2-1-3 调查对象的分析对比表

调查对象	个体	群体	组织	社区
代表性	代表个人观点和经历	代表特定群体的共同特征	代表组织内部的运作和文化	代表一定地域范围内居民的共同利益和体验
研究深度	深入探究个人经历、态度和动机	分析群体行为、互动和影响力	揭示组织结构、决策过程和效能	探究社区发展、关系和文化传统
数据收集难度	相对容易,可直接与个体交流	中等难度,需要接触并理解群体特征	较难,涉及组织内部保密和权限问题	复杂程度取决于社区规模和合作意愿
适用范围	个人行为、态度和价值观研究	群体现象、社会运动和集体行为研究	组织管理、企业文化和机构效能研究	社区发展、社会网络和公共政策研究
案例研究示例	个人消费行为调查	学生群体学习动力研究	企业内部沟通机制分析	城市社区绿化项目效果评估
互补性	个体视角为其他对象提供微观基础	群体视角揭示社会结构和动态	组织视角连接个体与社区层面	社区视角提供宏观社会背景和框架

二、设计调查方案

(一)调查方案设计原则

1. 时效性

调查方案设计的时效性是指在制定和实施调查方案时,要充分考虑时间因素,确保调查能够在规定的时间内完成,并且调查结果能够反映当前或近期的实际情况。时效性是调查方案设计中的重要原则之一,对于保证调查结果的准确性和有效性具有重要意义。

首先,时效性的要求体现在调查方案的制定过程。在制定调查方案时,需要充分考虑调查的目的、目标群体、资源条件等因素,以及可能遇到的时间限制。例如,如果调查的是某个特定时期的社会现象或问题,就需要在调查方案中明确时间范围,确保调查能够在这个时间段内完成。同时,还需要合理安排调查的各个阶段,如准备阶段、实施阶段和数据分析阶段,确保每个阶段都能够在规定的时间内完成。

其次,时效性的要求也体现在调查数据的收集和处理过程。数据的时效性对于反映实际情况至关重要。因此,在调查过程中需要采取及时的数据收集方法,如实地调查、在线调查等,确保数据能够真实反映当前或近期的社会现象和问题。同时,在数据处理和分析阶段也需要充分考虑时间因素,避免因为数据处理时间过长而导致结果失去时效性。

最后,时效性的要求还体现在调查结果的应用上。调查结果的时效性决定了其对于解决实际问题的价值和意义。因此,在设计调查方案时,需要充分考虑调查结果的预期用途和受众,确保调查结果能够及时、准确地反映当前或近期的社会现象和问题,为相关决策和行动提供有力的支持。

2. 实用性

调查方案设计的实用性是指在制定和实施调查方案时,需要充分考虑实际应用的需求、效果以及经济成本,确保调查方案能够真正解决实际问题并产生实际效益。实用性是调查方案设计中至关重要的原则之一,对于确保调查的有效性和可操作性具有重要意义。

实用性的要求体现在调查目标的明确和具体上。在制定调查方案时,需要清晰地界定调查的目标和要解决的实际问题,确保调查内容与实际应用需求紧密相关。这有助于避免调查过于宽泛或偏离实际,从而确保调查结果的针对性和实用性。

调查方案也必须充分考虑经济成本。在资源有限的情况下,要合理分配人力、物力、财力和时间,力求用最小的成本获取最大的效益。在选择调查方法时,应结合实际情况选择成本效益较高的方法,避免不必要的浪费。

(二)调查方案的具体设计

1. 调查课题的目的和意义

在制定调查方案时,应详尽阐述进行此项调查研究的必要性。这不仅是对调查本身负责,还是为了确保研究能够在实际操作中发挥其应有的价值。在理论上,进行这项调查研究是为了深化对某一特定领域或问题的理解。通过系统地收集和分析数据,可以进一步验证或修正现有的理论模型,为学科发展贡献新的理论见解。在实践上,可以更好地认识和理解现实生活中的问题,为解决实际问题提供科学依据。

2. 调查课题的内容

调查内容部分是对研究目的进行详尽的解读和分解,将宏观的目标与任务细化为具体且可操作的调查要点。它建立在深入剖析调查背景和目的的基础之上,旨在明确阐释为实现调研终极目标所应落实的各项具体任务。同时,该部分还着重界定了研究对象的属性,以便通过细致的调查研究,能够精准解答与研究对象密切相关的各种问题。通过这种精细化的拆分和具体化,能够确保调查研究的针对性和实效性,为后续的数据收集与深入分析提供清晰、明确的方向和指引。

3. 调查课题的理论假设

探索性调查旨在深入了解某一情况,发现潜在问题,并建立不同现象之间的联系。它通常不需要事先的理论假设,因为其重点更多地在于探索和发现。描述性调查侧重于全面描述社会现象的状态和特征,为进一步分析这些现象之间的联系奠定基础,它同样不需要建立假设。

然而,解释性研究旨在回答"为什么"的问题,揭示现象背后的原因和关系。因此,它从一个理论假设开始,通过调查收集数据,分析和验证假设,以达到解释社会现象的目的。因此在进行解释性研究时,必须在研究设计中清楚地陈述和解释理论假设。

4. 调查的分析单位和抽样方案

调查的分析单位是调查者探讨社会现象的基础,它可以是个人、群体、组织、社区或社会事件等。选择恰当的分析单位对确保研究的准确性和有效性至关重要。调查者需根据研究目的和问题明确分析单位,以收集和分析相关数据。同时,要避免区群谬误,确保研究结论与分析单位的一致性。通过精确选择分析单位,调查者能更深入地揭示社会现象的内在逻辑和影响因素。

在社会调查设计中,要确保样本对总体的充分代表性。具体抽样方案必须涵盖以下关键要素:首先,需清晰界定调查对象的总体范围;其次,详细阐述所采用的抽样方法和程序,无论是单独使用某种抽样方法还是结合多种方法;最后,明确界定样本的规模,以确保调查结果的准确性和有效性。这样的设计能够更加精准地反映总体情况,为决策提供有力支持。

5. 调查的具体实施计划

在调查的实施阶段,全面而细致的工作安排至关重要。这包括明确小组人员分工,确保每位成员都明确自己的职责和任务;设定合理的工作指标量,以量化方式确保调查进度和质量;制定详细的时间进度表,合理规划每个阶段的工作周期;进行经费预算,确保调查过程中资金使用的透明性和合理性。这些具体安排应既具有可操作性,又充分考虑实际情况,以确保调查工作的顺利进行和高效完成。

6. 经费的预算及使用

在编写调查经费预算前,首先,要明确调查的目标、范围和需求,以便为资源分配和预算制定提供明确的指导。其次,预算中应全面考虑所需的人力、物力和财力资源,包括但不限于调查人员的薪酬、问卷印刷费用、数据处理和分析所需的软件和硬件设备、交通费用、餐饮费用以及可能的意外开支。在预算制定时,需考虑市场价格、成本效益和竞争性报价等因素,以确保预算的合理性和可行性。同时,要预留一定的应急费用,以应对可能出现的意外情况和风险。

【案例】

家用健身器材购买使用调查方案

(一)调查背景

家用健身器材属于轻工产品,其品类众多,广泛渗透到消费者的日常生活中。消费者在购买和使用这些产品时的决策过程、影响因素、品牌忠诚度及购买偏好等,对家用健身器材的市场定位、产品开发和营销策略具有重要影响。因此,本调查旨在深入了解家用健身器材消费者的行为特征,为相关企业提供有针对性的市场策略建议。

(二)调查的目的和意义

(1)分析家用健身器材消费者的购买决策过程及影响因素。

(2)探究消费者对家用健身器材品牌的认知、偏好及忠诚度。

(3)了解消费者对家用健身器材的使用习惯及满意度。

(三)调查的内容

(1)消费者基本信息:年龄、性别、收入水平等。

(2)购买决策:探究消费者的购买决策过程,如信息收集、品牌选择、价格考虑等。

(3)品牌认知与偏好:了解消费者对品牌的认知程度、偏好及忠诚度。

(4)使用习惯:调查消费者的产品使用频率、使用场景、使用感受等。

(5)影响因素:分析影响消费者购买的关键因素,如产品质量、价格、包装设计等。

(四)调查对象

本次调查的对象为20~50岁人群,包括但不限于年轻人、家庭主妇、职场人士等。

(五)调查方法

(1)问卷调查:设计包含消费者基本信息、购买决策、品牌认知、使用习惯等内容的问卷,通过线上平台(如社交媒体、电子邮件等)或线下方式(如商场、超市等)发放给消费者填写。

(2)深度访谈:选择具有代表性的消费者进行深度访谈,了解他们的购买动机、使用感受、品牌忠诚度等详细情况。

(3)观察法:在商场、超市等销售场所进行实地观察,记录消费者的购买行为、选择偏好等。

(六)调查实施计划

1. 调查员的选择

人员数量在20人左右,两人组成一个小组。选择的调查员应具备诚实守信、吃苦耐劳等品质,个人的交际能力和自我保护能力较强,分组时最好男女比例相当。

2. 样本选择与发放

(1)线上发放问卷。可以使用线上平台制作调查问卷。通过二维码的方式,在全市人群较为密集的场所进行抽样调查。

(2)线下抽样。

第一阶段:随机抽取5~8个商场或步行街进行问卷的发放,或者采取随机访问的方式进行抽样。

第二阶段:随机抽取10~15个社区进行抽样调查。

第三阶段:随机选择15~20名工作性质不同的人员进行抽样调查。

3. 数据收集与整理

在每天的抽样结束后,应及时收集问卷数据,对无效数据进行剔除,整理有效数据。

4. 数据分析与报告撰写

对收集到的数据进行统计分析,提取关键信息,撰写消费者行为分析报告。

(七)时间进度安排

1. 准备阶段:4周

2. 实施阶段:2周

3. 资料整理分析阶段:6周

4. 撰写总结报告阶段:3个月

(八)经费预算安排

经费预算安排见表2-1-4。

表2-1-4 经费预算安排

支出项目	预算金额/元	备 注
问卷调查费用	3 000	问卷设计、印刷、分发和回收
数据分析费用	3 000	数据录入、处理、分析和报告撰写
调查报告撰写与印刷	500	撰写报告物料支出、印刷费用
交通费用	2 000	调查期间的交通支出,如公共交通费用等
餐饮费用	1 500	调查期间的餐饮支出
其他费用	2 000	可能的意外支出、小额杂费等
总计	12 000	

任务实训

任务实训单内容详见表2-1-5。

表2-1-5 任务实训单

序号	实训内容	实训步骤与要求	进度安排
1	明确调查目的与问题	(1)分析实际问题,确定调查目的。 (2)明确调查的核心问题和需要收集的信息	
2	确定调查对象与样本	(1)根据调查目的和问题,选择合适的调查对象。 (2)设计抽样方案,确定样本规模和抽样方法	
3	选择调查方法与工具	(1)根据调查对象,选择合适的调查方法。 (2)选择或设计相应的调查工具	

续表

序号	实训内容	实训步骤与要求	进度安排
4	制订调查计划与时间安排	(1)设计详细的调查流程和时间节点。 (2)安排调查团队的任务分工和协作方式	
5	资料收集与分析	(1)收集与调查主题相关的资料。 (2)进行初步分析,确定调查的问题和信息需求	
6	预算调查经费	(1)根据调查规模和需求,编制调查经费预算。 (2)考虑各种支出项目,确保经费使用的合理	
7	编写调查方案	(1)将以上内容整理成完整的调查方案。 (2)方案应清晰,逻辑严密,便于理解和执行	

指导教师签字:＿＿＿＿＿＿

学生签字:＿＿＿＿＿＿

日期:＿＿＿＿＿＿

任务四　调查阶段的实施

一、抽样调查方法

(一)随机抽样

1. 简单随机抽样

要求严格遵循概率原则的抽样方法,每个抽样单元被抽中的概率相同,并且可以重现。简单随机抽样方法有抽签法和乱数表法。

2. 分层抽样

这种方法将总体单位按其属性特征分成若干类型或层,然后在类型或层中随机抽取样本单位。分层抽样具有减少抽样误差,便于对不同的层采用不同的抽样方法,以及对不同层进行独立分析等优点。但当需要确定的分层数较多时,操作可能比较麻烦,实施难度较大。

3. 整群抽样

整群抽样又称聚类抽样,是将总体中各单位归并成若干个互不交叉、互不重复的集合,称之为群,然后以群为抽样单位抽取样本。

4. 系统抽样

系统抽样也称为机械抽样或等距抽样。当总体中的个体数较多时,这种方法较为实用。系统抽样的优点是易于理解、简便易行,并且容易得到一个按比例分配的样本,抽样误差小于简单随机抽样。然而,当总体的观察单位按顺序有周期趋势或单调递增(或递减)趋势时,系统抽样将产生明显的偏性。

(二)非随机抽样

1. 偶遇抽样

偶遇抽样又称自然抽样,是根据调查者的想法任意抽取样本的一种方法。其抽查对象一般选择可以接近、愿意配合的人。这种方法操作简便,省时省力,但结果偏差大,可用于非正式调查。

2. 判断抽样

判断抽样又称立意抽样,是根据调查者的主观经验、判断能力或有关研究,选择对某些研究对象具有代表性的样本的方法。判断抽样比较依赖调查者的经验。经验丰富、能力强的调查者抽取的样本代表性一般较高,反之则较低。

3. 配额抽样

配额抽样又称定额抽样,在非随机抽样中最为常用,是根据一定标准对总体各个单位进行分类或分层,然后按类、层的一定比例抽取样本的方法。配额抽样简单方便并且节省支出,抽取的样本不至于偏重某一类,因此最受欢迎。

4. 滚雪球抽样

先随机选择一些被访者并对其实施访问,再请他们提供另外一些属于所研究目标总体的调查对象,根据其提供的线索,选择此后的调查对象,如此类推。滚雪球抽样适用于对调查总体不明确的情境,常用于探索性实地研究,尤其适合研究小群体关系。然而,由于滚雪球抽样所选样本可能具有较大的随意性和特殊性,其代表性相对较低。

二、制作调查问卷

【案例】

家用健身器材购买使用调查问卷

尊敬的问卷填写人:

您好!

为了深入了解家用健身器材消费者的购买行为、使用习惯及市场反馈,以便为家用健身器材制造商和营销人员提供有价值的市场研究数据,特制作本调查问卷。该问卷信息仅用于研究分析,我们承诺保密,不会对您造成任何影响,感谢您的参与和支持!

××大学××课题组

××××年××月××日

填写说明:请在对应答案后的( )内打"√",或在相应的横线处填写内容;如无特别说明,每题只选一个答案,多选题会在题目后标注。

(一)基本信息

*问题一:您目前居住在哪个城市?

北京( )　　上海( )　　广州( )　　深圳( )　　其他:_____

*问题二:您的年龄范围是?
18岁以下(   )   18~25岁(   )   26~35岁(   )
36~45岁(   )   46岁及以上(   )

*问题三:您的性别是?
男(   )   女(   )

*问题四:您的居住情况?
独居(   )   与父母居住(   )   与配偶居住(   )   其他:_____

*问题五:您的月平均收入是?
1500元以下(   )   1501~3000元(   )   3001~6000元(   )
6001~10000元(   )   10001及以上(   )

(二)购买使用情况

*问题六:您通常通过什么方式了解家用健身器材的信息?(多选)
电视广告(   )   网络搜索(   )   朋友推荐(   )
实体店体验(   )   社交媒体广告(   )

*问题七:您购买家用健身器材时最看重哪些因素?(多选)
价格(   )   品牌(   )   质量(   )   外观设计(   )
功能多样性(   )   占用空间大小(   )

*问题八:您通常多久购买一次家用健身器材?
每半年(   )   每年(   )   每两年或以上(   )
从未购买过(   )   不固定,根据需要购买(   )

*问题九:您通常选择哪种渠道购买家用健身器材?
实体店(   )   电商平台(   )   朋友或家人转让(   )
健身俱乐部或健身房推荐(   )   其他:_____

*问题十:您是否会因为促销活动而增加购买家用健身器材的频率?
是(   )   否(   )

*问题十一:您认为目前市场上的家用健身器材存在哪些问题或不足?
_____

*问题十二:您使用家用健身器材的频率是什么?
每天(   )   每周几次(   )   每月几次(   )
几乎不使用(   )   其他:_____

*问题十三:您最常使用的健身器材是什么?
_____

*问题十四:如果让您给大家推荐,您推荐哪一种健身器材?
_____

*问题十五:您认为在家使用健身器材和去健身房有什么不一样的感受?
_____

问卷调查结束,再次感谢您的参与,谢谢!

调查员＿＿＿＿＿＿＿＿

(一)调查问卷制作途径

调查问卷的制作可以通过多种途径进行,以下是一些常见的制作调查问卷的方法。

1. 使用在线问卷工具

选择合适的在线调查工具,如问卷星、腾讯问卷、SurveyMonkey、Google Forms 等。这些工具通常提供丰富的模板和自定义选项,使问卷制作更加便捷。选定问卷制作工具后,创建问卷,根据需求添加问题、选项和逻辑分支。

2. 利用软件

使用专业的问卷设计软件或办公软件(如 Microsoft Word、Excel 等)来创建问卷。这些软件提供了丰富的排版和编辑功能,可以满足复杂的问卷设计需求。将设计好的问卷导出为 PDF 或 Word 文档格式,方便打印和分发。

3. 外包给专业机构

如果对问卷设计不熟悉或没有足够的时间,可以考虑将问卷制作外包给专业的市场调研机构或咨询公司。他们具有丰富的经验和专业的技能,可以根据调查需要定制高质量的问卷。

(二)调查问卷的结构

1. 标题

问卷的标题应简洁明了,能够直接反映调查的主题或目的。一个好的标题能够吸引被调查者的注意,并使他们对问卷内容有一个初步的了解。

2. 导语(或说明)

这部分内容通常包括对调查背景、目的、意义以及填写问卷的注意事项的说明。导语的作用在于消除被调查者的疑虑,引导他们正确、积极地填写问卷,提高问卷的有效回收率和信息质量。

3. 基本信息部分

这部分通常包括被调查者的基本信息,如姓名、年龄、性别、职业、教育程度等。这些信息有助于调查者了解被调查者的基本特征,为后续的数据分析提供参考。

4. 问题部分

这是问卷的核心部分,包含了调查者想要了解的问题或信息。问题的设计应遵循一定的原则,如明确性、中立性、逻辑性等,以确保被调查者能够准确理解并回答问题。

5. 结束语

在问卷的最后,通常会有一段结束语,对被调查者的参与表示感谢,并说明问卷的后续处理方式和可能的用途。这有助于增强被调查者对调查的信任感,提高他们对问卷填写的满意度。

【小知识】
(1)问卷的问题应有一定的逻辑顺序,避免出现前后矛盾或重复的情况。
(2)问卷的内容尽可能简洁明了,避免冗长的表述和复杂的问题,以减轻被调查者的填写负担。
(3)问卷的版面设计应美观大方,字体大小适中,行间距合理,以便被调查者阅读和填写。

(三)调查问卷问题的设计

调查问卷问题的设计直接决定了调查的质量和效果。以下是一些关于调查问卷问题设计的建议。

1.问题类型选择

根据调查所需信息类型,选择适当的类型。问题类型包括封闭式问题(如选择题、量表题等)和开放式问题(如填空题、问答题等)。封闭式问题便于统计和分析,而开放式问题则有助于获取被调查者的个人观点和意见。

2.问题设计原则

(1)问题应简洁明了,避免冗长和复杂的表述,使被调查者能够快速理解并回答。
(2)问题应客观中立,避免引导性或倾向性的表述,以确保被调查者能够真实表达自己的意见和看法。
(3)问题之间应保持逻辑连贯,避免出现前后矛盾或重复的情况。
(4)对于涉及敏感话题或私人信息的问题,应谨慎设计,尊重被调查者的隐私权。

3.具体设计技巧

(1)假设性问题:设计一些假设性的情境或问题,以了解被调查者在特定情况下的反应和看法。
(2)多重选择问题:通过提供多个选项,限制被调查者的回答范围,有助于明确调查问题的答案。
(3)开放式问题设计:在适当的地方使用开放式问题,以获取被调查者的详细观点和意见。但需注意,开放式问题可能较难统计和分析,因此应适量使用。
(4)顺序与分组:合理安排问题的顺序,将同类问题放在一起,便于被调查者理解和回答。同时,可以将问题按照逻辑顺序或重要性进行分组,使问卷结构更清晰。

4.测试与修改

在正式使用问卷之前应进行预测试,以检验问卷的有效性和可靠性。根据预测试的结果,对问卷进行必要的修改和完善,确保问卷的质量和效果。

三、整理与分析调查资料

(一)定量资料的收集

通过设计问卷并向特定人群发放,收集关于某一主题或问题的定量数据。问卷可以包含选择题、量表题等多种题型,适用于大规模数据收集。问卷调查可以通过面对面、电话、网络等方式进行。定量资料的收集方法如图 2-1-2 所示。

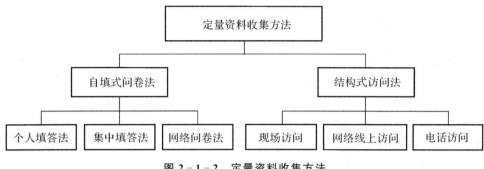

图 2-1-2 定量资料收集方法

1. 自填式问卷法

(1) 个人填答法。个人填答法是自填式问卷法常用的方法。一般将问卷印制好,由调查者逐份发送至被调查者手中,填好后收回。

(2) 集中填答法。一般先通过某种方式把被调查者集中起来,进行统一的填答与回收。

(3) 网络问卷法。网络问卷法是一种利用互联网平台进行数据收集的调查方法。调查者通过在线发送问卷给特定的对象,被调查者则在网上填写并提交问卷。

问卷的发放和收集都通过互联网完成,无须邮寄或面对面交流,大大节省了时间。同时,被调查者只需在线填写问卷,无须纸质材料,也提高了便利性。网络问卷法省去了印刷、邮寄问卷的费用,也无须支付调查人员的劳务费,从而降低了调查成本。填答好的问卷能够直接被转换成数据库文件,省去了烦琐的数据录入过程,不仅提高了效率,还减少了录入误差。被调查者可以及时反馈对问卷的看法和建议,调查者也能实时查看和分析数据,这对于及时调整调查内容和方向具有重要意义。网络问卷法可以覆盖全球范围内的目标人群,使得调查更具代表性。

由于网络问卷主要面向网民,因此无法充分反映非网民的情况和意见,这在一定程度上影响了样本的代表性。虽然网络问卷具有一定的匿名性,有助于被调查者更真实地回答问题,但也可能因为缺乏面对面的交流而导致回答不够深入或存在误解。

2. 结构式访问法

(1) 现场访问。调查问卷的现场访问方式主要指的是调查员直接找到被访者,进行面对面的提问和记录答案。这种方式能够确保被访者详细回答问卷中的问题,避免理解不清楚或疏忽导致的答案错误或遗漏。

(2) 网络线上访问。调查问卷的网络线上访问是一种便捷、高效的数据收集方式,通过互联网平台,例如微博话题、抖音发布话题等方式,将问卷问题发送至平台,并在线收集被调查者的回答。这种方式克服了传统现场访问在时间和地域上的限制,使得调查更加灵活和广泛。

(3) 电话访问。电话访问是一种常用的数据收集方法,通过电话与被调查者进行交流,以获取所需信息。电话访问搜集资料速度快、费用低;覆盖面广,可访问任何有电话的地区、单位和个人;可能访问到平时不易接触的被调查者;便于督导员及时纠正调查员的操作和发现调查方案的问题。然而,电话访问无法访问没有电话的单位和个人;访问时间不宜过长,问题不宜过于复杂;访问的成功率可能较低。

(二)调查资料的处理

1. 原始资料的整理与审核

(1)原始资料的整理。原始资料的审核是资料整理的首要环节,旨在确保所收集数据的准确性、真实性和完整性。这一步骤,调查者需对原始问卷资料进行详尽的审查与核实,旨在发现并校正错填、误填的情况。同时,对于乱填、空白及严重缺答的问卷应予以剔除,作为废卷处理。通过这一严谨过程,可以筛选出高质量的数据,为后续的数据录入和统计分析奠定坚实基础,从而确保最终研究结果的可靠性和有效性。

(2)原始资料的审核。在进行原始资料审核时,常用到集中审核,又称系统审核,就是对收集到的调查资料进行全面统一审查的过程。这种审核方式在调查者指导下进行,标准统一,质量较高。然而,其不足亦显而易见:审核时间与调查时间间隔较长,调查人员难以回忆特定问卷的情境,导致对发现的问题难以纠正和弥补。因此,需要调查人员在进行访问工作时,尽量将流程、内容细化,以便于回忆问卷情境。

2. 数据录入与处理

(1)数据录入。数据录入是将经过精心收集、严格审核和整理的原始资料转化为计算机可处理的数据形式的关键环节。在社会调查中,这一步骤至关重要,因为它直接关系到后续数据分析的精确度和研究结论的可信度。

为确保数据录入的质量和效率,通常会采用专业的数据输入软件,根据问卷或调查表的结构设计相应的输入界面。在录入过程中,必须严格保证数据的准确性、一致性和完整性,避免任何错填、漏填或重复录入的情况发生。

为了提升数据录入的质量,可以采取多项措施。首先,对调查人员进行系统的培训,确保他们熟悉问卷内容、掌握数据录入规则,并熟练操作相关软件。其次,建立严格的数据录入质量检查机制,定期对录入的数据进行抽查和核对,确保数据的准确性。此外,利用计算机程序进行自动化校验和错误提示,可以有效减少人为错误的发生。

(2)数据处理。数据录入完成后,还需进行数据清洗和整理工作。这包括识别并处理异常值、缺失值和重复值等问题,以确保数据的准确性和可用性。经过这一系列的清洗和整理,数据将更加可靠,为后续的数据分析和研究工作奠定坚实的基础。

(三)资料分析

资料分析是一个严谨而系统的过程,它运用科学的逻辑思维方法对经过一系列处理的调查资料进行深入剖析。这一过程主要涵盖定性分析、理论分析和定量分析三个方面。

定性分析致力于深入挖掘调查资料所反映的社会事物或现象的本质属性。通过描述、分类和解释等手法,它能够揭示社会现象背后的深层逻辑和内在关联,帮助调查者形成对调查对象更为细致和全面的认识。

理论分析则侧重于将调查资料与现有理论框架相结合,进行系统化、理论化的思考和总结。通过构建理论模型和框架,理论分析能够进一步揭示社会事物或现象的本质和规律,为政策制定和决策提供科学的理论依据。

定量分析,即统计分析,是运用统计学原理对调查数据进行定量的分析和推断。通过建立数学模型和运用统计工具,能够精确揭示事物内部的数量关系、变化趋势和潜在规律,为调查者提供客观、精确的量化指标和数据支持。

在进行社会调查资料分析时,调查者需根据研究目的和问题,灵活选择合适的分析方法,并综合运用定性、理论和定量等多种手段,以获取全面、准确且深入的研究结果。同时,确保分析过程的科学性和规范性至关重要,遵循科学的研究方法和程序,才能确保分析结果的可靠性和有效性。

任务实训

任务实训单内容见表 2-1-6。

表 2-1-6 任务实训单

序号	实训内容	具体步骤与要求	时间安排
1	设计调查问卷	(1)设计问卷内容,包括基本信息、问题选项等。 (2)确保问卷设计合理、逻辑清晰、易于理解	
2	抽样与调查实施	(1)确定抽样方法和样本规模。 (2)开展实地调查,收集问卷数据	
3	数据录入与整理	(1)将问卷数据录入计算机,确保数据准确无误。 (2)清洗和整理数据,处理异常值和缺失值	
4	数据分析与解释	运用适当的数据分析方法分析数据	
5	提交实训成果	将整理分析的资料进行分类,以便出具报告	

实训要求:
(1)在实训过程中,注意保护被调查者的隐私和权益,不得泄露个人信息。
(2)遵守学术诚信原则,不得抄袭他人成果或伪造数据。
(3)认真完成实训任务,确保实训质量和成果。

指导教师签字:＿＿＿＿＿＿
学生签字:＿＿＿＿＿＿
日期:＿＿＿＿＿＿

任务五 撰写调查报告

一、调查报告的结构

(一)调查报告的标题

社会调查报告的标题应该简洁、明确,能够直接反映报告的核心内容和研究主题。以下是关于拟定调查报告标题的建议。

1. **直述主题**

标题应直接点明调查的主题或焦点,让读者一目了然。例如"关于城市社区垃圾分类实施情况的社会调查报告"。

2. **精练概括**

标题要力求简短精练,避免冗长和复杂的词汇。尽量用少的字数概括出报告的核心内容。

3. **明确地域和范围**

如果调查涉及特定的地域或人群,可以在标题中明确标出,以便读者了解调查的针对性和普遍性。例如"河南省农村教育发展现状的社会调查报告"。

4. **突出研究方法和特色**

如果报告采用了独特的研究方法或具有某种特色,可以在标题中适当突出,以吸引读者的兴趣。例如"基于大数据分析的青少年网络使用行为社会调查报告"。

5. **避免使用模糊或笼统的词汇**

标题中的词汇应该具体、明确,避免使用过于模糊或笼统的词汇,以免让读者对报告内容产生误解。

(二)调查报告的引言

社会调查报告的引言部分在整篇报告中扮演着至关重要的角色。它不仅是报告的起始部分,还是引领读者进入报告主题、了解调查背景和目的的关键环节。以下是关于撰写调查报告引言的建议。

(1)引言应明确报告的主题,概括全文的主要内容。通过精练的语言,简要介绍调查的核心问题和研究目标,使读者对即将呈现的内容产生期待。

(2)引言部分应适当交代社会实践的背景。这包括调查对象所处的社会环境、历史发展、现实状况等。通过背景介绍,读者能够更好地理解调查的依托环境和研究对象,从而更深入地把握报告内容。

(3)引言还可以对实践过程中遇到的问题进行归纳和概述。通过指出问题的严重性和紧迫性,可以突出解决问题的重要性和价值,进而增强报告的针对性和实用性。

(4)在撰写引言时,应注意使用积极向上的语言。用词积极向上,可以表达实践活动的意义和成果,激发读者的情感共鸣和思考。同时,可以运用修辞手法,如夸张、排比、反问等,使引言更富有感染力和吸引力。

(5)引言部分的语句应整洁简练,使读者易于理解和接受。避免使用过于复杂或晦涩难懂的词汇和句子,保持语言的流畅性和可读性。

(三)调查报告的正文

正文部分应翔实且系统地呈现社会调查的背景和目的、调研设计和结果分析三个环节。通过深入剖析调查背景和目的,明确研究的重要性和迫切性,为整个调查工作奠定坚实的理论基础。

调研设计部分详细阐述调查过程中所采用的策略和方法,包括调查对象的选择、数据收集的方式以及数据分析的技术手段等,确保调查的科学性和有效性。

在结果分析部分,运用统计分析、图表展示等手段,对收集到的数据进行深入的解读和探讨,揭示问题的本质和规律,并提出有针对性的建议和对策。整个正文部分既体现了调查者对调查主题的深刻理解和全面把握,又展示了他们在调查过程中的严谨态度和科学方法,为读者提供了一个清晰、完整的调查成果展示。

(四)调查报告的建议与总结

社会调查报告的建议与总结部分是整个报告的收尾,旨在基于调查结果和分析,提出具有针对性的建议,并对整个调查过程进行简要的回顾和总结。以下是关于社会调查报告建议与总结部分的撰写建议。

1. *建议部分*

(1)针对问题的具体建议:根据调查结果,提出针对具体问题的解决方案或改进措施,确保建议具有可操作性和实用性,能够切实解决问题。

(2)进一步研究的方向:指出当前研究的不足之处,提出未来研究可以进一步探讨的方向,为后续研究提供思路和参考。

2. *总结部分*

(1)调查结果概括:简要回顾调查的主要发现和结论,强调调查结果的重要性和意义。

(2)调查意义与贡献:说明本次调查对社会、政策制定或学术研究等方面的贡献,强调调查的创新性和价值。

(3)研究的局限与展望:指出本次调查的局限性和不足之处,对未来研究或实践提出展望和期待。

二、撰写调查报告的要求

1. *客观真实,实事求是*

调查报告应客观、真实。在撰写过程中,必须严格遵守事实,确保引用的材料和数据均经过严格核实,真实无误。坚决反对任何形式的弄虚作假行为,不能为了得到某种特定的结果而挑选特定材料。调查者应该以事实为依据,用数据说话,确保调查报告的公正性、准确性和可信度。只有这样,才能为社会提供有价值的信息,为决策提供有力的支持。

2. *报告观点与调查资料紧密融合*

调查报告的报告观点应与调查资料紧密融合。调查报告必须立足于翔实丰富的调查资料,确保每个观点、结论都有充分的数据作为支撑。在撰写时,需巧妙运用资料来阐释观点,同时以观点来提炼资料,二者相互映衬,形成有机整体。务必避免资料与观点相脱节,以保证报告的严谨性和说服力,为决策提供坚实依据。

3. *资料使用充分,及时查漏补缺*

调查报告显著之处在于其丰富的调查资料,用于真实反映事实、深刻说明问题。在运用资料时,需以观点为纲,资料为目,相互印证;同时,应注重点面结合,灵活运用文字、数字、图表等形式,结合定量与定性资料,展现全面深入的分析。若在撰写中发现重要资料缺失,应及时进行补充调查,确保报告的完整性和准确性。如此,方能写出既具说服力又富洞见力的调查报告。

【案例】

家用健身器材购买使用的社会调查报告

(一)引言

随着现代生活节奏的加快,人们对于身体健康的关注度越来越高。家用健身器材作为一种便捷、灵活的锻炼器械,逐渐受到广大消费者的青睐。本报告旨在通过社会调查,深入了解家用健身器材的购买与使用情况,分析存在的问题,并提出相应的建议。

(二)调查方法与样本

本次调查采用问卷调查和深度访谈相结合的方法,共收集有效问卷×××份,涵盖了不同年龄、性别、职业和收入水平的受访者。同时,我们还对一些典型消费者进行了深度访谈,以获取更详细的信息。

(三)调查结果与分析

1. 购买情况

(1)购买动机:大部分受访者表示购买家用健身器材的主要动机是提高身体素质、保持健康。此外,也有部分受访者表示购买器材是为了方便在家中进行锻炼,节省去健身房的时间和费用。

(2)购买渠道:网络购物平台成为家用健身器材的主要购买渠道,占比超过××%。其次是实体店,占比约为××%。

(3)购买考虑因素:在购买家用健身器材时,受访者最关注的因素是器材的功能和价格,其次是品牌和售后服务。

2. 使用情况

(1)使用频率:大部分受访者表示购买后能够坚持使用家用健身器材,但使用频率因个体差异而异。部分受访者能够保持每周多次的使用频率,而也有部分受访者使用频率较低。

(2)使用效果:受访者普遍认为家用健身器材对锻炼身体、提高身体素质有积极效果。但也有部分受访者表示,由于使用不当或缺乏专业指导,效果并不明显。

(3)使用障碍:受访者反映的主要使用障碍包括缺乏坚持和毅力、器材功能不足、占地面积大以及缺乏专业指导等。

(四)存在的问题与建议

1. 存在的问题

(1)部分消费者在购买家用健身器材时缺乏专业知识,难以选择适合自己的产品。

(2)部分家用健身器材功能单一,不能满足消费者多样化的锻炼需求。

(3)部分消费者在使用家用健身器材时缺乏科学指导,导致锻炼效果不佳或存在安全隐患。

2.建议

(1)企业应加强对消费者的教育和引导,提供详细的购买指南和使用说明,帮助消费者选择适合自己的家用健身器材。

(2)企业应加大研发投入,推出更多功能丰富、操作简便的家用健身器材,满足消费者的多样化需求。

(3)企业应加强与专业健身教练的合作,为消费者提供科学、有效的锻炼指导,确保消费者能够安全、有效地使用家用健身器材。

(五)结论

本次社会调查显示,家用健身器材的购买与使用情况呈现出积极的趋势,但仍然存在一些问题。企业和消费者应共同努力,加强沟通与交流,推动家用健身器材市场的健康发展,为人们的健康生活贡献力量。

任务实训

任务实训单内容见表2-1-7。

表2-1-7 任务实训单

序号	实训内容	具体步骤与要求	时间安排
1	撰写调查报告	(1)编写调查报告,包括背景、目的、方法、结果和结论。 (2)确保报告结构清晰、逻辑严密、语言通顺	
2	提交实训成果	提交完整的调查报告作为实训成果	

实训要求:

认真撰写调查报告,体现自己的思考和分析能力。

指导教师签字:_____

学生签字:_____

日期:_____

项目总结与分析

在本项目的学习中,深入探索了社会调查这门课的精髓,逐渐掌握了一套从理论架构到实践操作的社会调查完整流程。这个项目涵盖了社会调查的基本概念、巧妙的调查设计、精心的问卷编制,以及严谨的数据收集与分析等多个层面,使人们对社会调查有了更为全面而深刻的认识。

通过学习,可以深刻体会到社会调查在社会科学研究中的不可或缺性,它如同一把特殊的钥匙,能够开启人们理解社会现象和问题的大门。社会调查不仅能够帮助揭示社会现象背后的深层原因和规律,还能够为政策制定者提供科学的决策依据,从而推动社会的和谐发展。

通过多次的实践操作,可以磨炼出一套行之有效的调查方法,能够在实际调查中灵活运用。同时,社会调查也可以锻炼逻辑思维能力和批判性思维能力,在分析社会现象时能够保持清醒的头脑,不被表面现象所迷惑。

本项目充分融合了理论与实践,通过学习理论知识,可以深入了解社会调查的基本原理和方法;通过实践操作,掌握实际调查的技能和流程,这种学习方式能够更好地将所学知识应用于实际情境中。社会调查不仅注重技能的提升,还强调思维能力的培养。掌握相关技能的同时,也可以学会如何冷静客观地运用这些技能分析复杂的社会现象和问题。

通过学习这个项目,大学生应深刻认识到它对于社会科学研究和政策制定的重要性。未来,应不断提升自己的调查能力和分析水平。同时,要积极运用所学知识和技能解决实际问题,为社会发展和进步贡献自己的力量。

思政小课堂

社区新篇章:社会调查引领政策革新与实施

新上任的年轻的社区居民委员会主任小李决心为社区居民解决生活上的问题。在上学的时候,他就很喜欢毛主席的"没有调查,就没有发言权"这句话,于是决定对社区居民进行一次全面的社会调查,以便更好地了解居民的需求和困扰,为他们提供更贴心的服务。

小李深知,单凭自己之前的经验和印象,很难准确把握社区的实际情况。于是,他设计了一份详细的调查问卷,涵盖了居民生活、教育、医疗、环境等多个方面,并亲自带领团队成员深入社区,逐户走访。

在走访过程中,小李和团队成员遇到了各种各样的情况。有的居民热情洋溢,向他们反映了许多问题;有的居民则比较保守,不愿意透露太多个人信息。但无论遇到什么困难,小李都坚持耐心倾听,认真记录,并尽可能为居民提供解答和帮助。

通过这次社会调查,小李收获颇丰。他发现,虽然社区整体发展水平较高,但仍然存在一些问题和短板。比如,一些老旧小区的基础设施需要更新,一些新兴小区的配套设施还不够完善;一些居民反映教育资源不足,希望社区能够提供更多学习机会;还有一些居民对社区环境提出了更高要求,希望社区能够加强环境保护和绿化建设。

基于这些调查结果,小李和他的团队制定了一系列针对性的政策和措施。他们积极争取政府和社会各界的支持,加强基础设施建设,改善社区环境;他们还积极引进教育资源,丰富社区居民的文化生活;同时,他们还加强了与居民的沟通和互动,及时解决居民的困难和问题。

这些政策和措施的出台,得到了广大居民的热烈响应和好评。居民们纷纷表示,社区的变化让他们感到非常满意和幸福。

小李也深刻认识到,社会调查是了解社会、认识世界的重要途径。只有通过深入实际、了解真相,才能做出正确的判断和决策。同时,他也体会到,与居民的沟通和互动同样重要,只有真正了解居民的需求和想法,才能为他们提供更好的服务。

这个小故事告诉人们,社会调查是制定科学决策、推动社会进步的基础。应该注重社会调查,深入了解社会现象和问题,以便更好地为人民服务、为社会贡献自己的力量。

没有调查,就没有发言权。习近平总书记强调,领导干部进行调研应有明确的目的,带着问题下去,并尽力掌握调研活动的主动权。在调研过程中,除了按照规定的路线进行外,还应有一些"自选动作",走访一些没有准备的地方,进行随机性调研,以确保准确、全面和深入地了解情况,避免"被调研"现象的发生,防止调查研究走过场。面对当前具有许多新的历史特点的伟大斗争,党员干部应继承和发扬重视调查研究的光荣传统和优良作风,心系群众,深入群众,了解群众所思所想,解决群众所急所盼。

项目二 志愿服务

知识目标

(1)了解志愿服务的概念。
(2)熟悉志愿服务组织的管理与运营模式。
(3)掌握志愿者自我管理的技巧。

能力目标

(1)通过认识志愿服务,培养服务意识。
(2)能够运用所学知识,解决实际问题,更好地熟悉社会、奉献社会。

思政目标

(1)积极弘扬奉献、友爱、互助、进步的志愿精神。
(2)坚持与祖国同行,为实现中国梦作出新的贡献。

思维导图

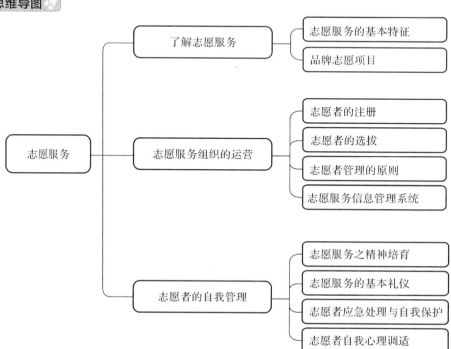

> **案例导入**

蓝白马甲的温暖守护：大学生马于婷的志愿服务之旅[①]

在阜南县郜台乡宋台村马台子片，有一位名叫马于婷的大学生志愿者，她以行动诠释了志愿服务的真谛。作为阜阳师范大学汉语言文学专业的大一新生，她在寒假期间毫不犹豫地选择回到家乡，投身于阜南县2023年大学生寒假村务实习志愿服务项目。

清晨的村部二楼文化室，总能见到马于婷忙碌的身影。她身着代表青年志愿者身份的蓝白色马甲，早早地来到这里，为即将到来的孩子们营造一个温馨、整洁的学习环境。她的细心和周到，让孩子们在这里感受到了家一般的温暖。

这些孩子大多是留守儿童，他们的父母长年在外打工，聚少离多。面对这些渴望关爱的孩子，马于婷不仅在学习上给予他们悉心的辅导，还在心灵上给予他们无微不至的关怀。她像一只勤劳的小蜜蜂，在孩子们中间穿梭，为他们答疑解惑，引导他们发现学习的乐趣。

除了常规的学习辅导外，马于婷还充分利用村部的学习资源，为孩子们推荐适合的书籍，让他们在知识的海洋中畅游。为了缓解孩子们学习的疲劳，她还会精心挑选了一些有趣的电视纪录片，为孩子们打开一扇扇通往新世界的大门。

然而，马于婷觉得仅仅这些还不够。她深知这些留守儿童内心深处最渴望的是父母的陪伴，于是，她决定开展一次特殊的活动——向爸爸妈妈说说心里话。通过她的手机，孩子们得以与远在他乡的父母进行视频通话，以这种特殊的方式实现了短暂的"团聚"。看到孩子们脸上露出的幸福笑容，马于婷深感欣慰。

马于婷的志愿服务行动不仅为这些留守儿童带来了知识和关爱，还让他们感受到了社会的温暖和关怀。她的付出和努力，生动诠释了志愿服务的重要性——传递爱心、温暖他人、促进社会和谐进步。

通过马于婷的志愿服务，可以看到志愿服务对于社会的多重意义。首先，它为需要帮助的群体提供了实实在在的支持。在马于婷的案例中，留守儿童是一个特殊的群体，他们缺乏父母的陪伴和关爱，面临着诸多成长上的挑战。而马于婷的到来，不仅为孩子们提供了学习上的辅导，还在心灵上给予了他们慰藉和鼓励，让他们感受到了社会的温暖和关怀。

其次，志愿服务也是传递爱心、促进社会和谐进步的重要途径。马于婷通过自己的行动，向社会传递了正能量和积极向上的价值观。她的付出和努力，不仅让孩子们受益，而且让更多的人看到了志愿服务的力量和价值，从而激发更多人参与到志愿服务中来，共同为社会的进步和发展贡献力量。

最后，志愿服务对于志愿者本身也是一种宝贵的经历和成长的机会。通过参与志愿服务，马于婷不仅提升了自己的社会实践能力和组织协调能力，还在帮助他人的过程中收获了内心的满足和成就感。这种经历对于她的个人成长和未来的职业发展都将产生积极的影响。

[①] 安徽青年报.假期返乡实践忙[N/OL].(2023-02-17)[2024-4-10]. http://epaper.ahyouth.com/paperdetails.php?CurrPeid=2199&CurrSid=20835&newsid=60449.

任务一　了解志愿服务

志愿服务不仅是社会文明进步的一面鲜明旗帜,还是加强精神文明建设、培育和践行社会主义核心价值观不可或缺的一环。习近平总书记在党的二十大报告中明确强调"完善志愿服务制度和工作体系",这体现了党对志愿服务工作的高度重视和深远谋划。

自党的十八大以来,习近平总书记对志愿服务工作的关心和指导一以贯之,他深刻指出:"志愿服务是社会文明进步的重要标志,是广大志愿者奉献爱心的重要渠道。"这不仅是对志愿服务的高度评价,也为大学的志愿服务工作指明了方向。高校要积极响应国家号召,为志愿服务搭建更加广阔的平台,使其在社会治理中发挥更加积极的作用。

对于大学生而言,志愿服务不仅是践行社会主义核心价值观的有效途径,还是他们融入社会、锻炼自我、加速成长的重要舞台。习近平总书记多次在回信中肯定大学生志愿者的贡献,并勉励他们继续弘扬志愿精神,为实现中国梦贡献青春力量。在给华中农业大学"本禹志愿服务队"的回信中,他的殷切期望和嘱托更是让广大青年志愿者备受鼓舞,他们将以实际行动予以回应,为祖国的繁荣富强和人民的幸福安康贡献自己的青春和智慧。

一、志愿服务的基本特征

(一)自愿性

大学生志愿服务的自愿性不仅仅是一个简单的选择问题,它深刻地反映了当代大学生对于社会责任和个人成长的积极态度。

自愿性体现了大学生独立思考和自主决策的能力。在大学这个相对自由开放的环境中,学生开始形成自己独特的人生观和价值观。他们通过自主选择志愿服务项目,不仅表达了对特定社会问题的关注,还展示了自己的判断和选择能力。

自愿性彰显了大学生内在的服务精神和道德追求。与传统的义务劳动不同,志愿服务更注重个体的内心驱动和自我实现。大学生自愿参与志愿服务,意味着他们愿意为了公共利益和社会进步贡献自己的力量,这种精神追求远超于物质回报。

自愿性有助于培养大学生的社会责任感和公民意识。通过亲身参与和实地体验,大学生能更加直观地了解到社会问题,从而激发起其内在的改善社会问题的欲望。这种经历不仅让他们在学期间获得宝贵的实践经验,而且为他们日后成为有责任、有担当的社会公民奠定了基础。

自愿性也是大学生志愿服务能够持续发展的重要保障。只有真正热爱并致力于志愿服务事业的学生,才能在服务过程中发挥出最大的潜力和创造力。他们的热情和付出,不仅会感染到更多的同学加入志愿服务队伍中来,而且会为整个社会的志愿服务事业注入源源不断的活力。

自愿性并不意味着完全的个人主义或自由主义。相反,它需要在遵守社会规范和组织原则的前提下进行。大学生在享受自主选择权的同时,也需要承担起相应的责任和义务,确保志愿服务活动的有序开展和有效实施。

(二)实践性

志愿服务,这一充满生机与活力的群众性社会实践活动,不仅为受助者带来实质性的帮助,还为大学生构建了一个全方位、多层次的实践平台。在这里,大学生能够真正动脑思考、动手实践、动身行动,从而在服务他人的同时,实现自我能力的提升和社会的共同进步。

通过志愿服务,大学生有机会深入社会各个角落,亲身接触并了解不同群体的需求和问题。这种经历不仅能激发他们的社会责任感,还能促使他们动脑思考如何更有效地解决问题、提供帮助。在思考的过程中,大学生的思维能力和创新意识得到了锻炼和提升。

动手去做,是志愿服务的又一重要环节。大学生在服务过程中,需要将理论知识与实际操作相结合,通过实践来检验和提升自己的专业技能和综合素质。无论是组织活动、沟通协调,还是提供专业服务,每一个环节都需要他们亲力亲为、精益求精。这样的经历不仅有助于他们积累宝贵的工作经验,还能培养他们的团队协作精神和解决问题的能力。

动身去干,则体现了志愿服务的行动力和实践性。大学生通过志愿服务,将自己的想法和计划付诸实践,以实际行动推动社会的进步和发展。他们的身影活跃在社区、学校、医院等各个领域,为受助者带去温暖和希望,为社会注入正能量和活力。

(三)社会性

大学生志愿服务不仅是奉献爱心、服务社会的行动,还是他们深入探索社会、全面认知社会的重要桥梁。通过积极参与志愿服务活动,大学生有机会走出校园,融入更广阔的社会环境,与不同背景的群体互动,并亲身面对和解决实际社会问题。这样的实践经历使他们能够更直观地感受社会的多元与复杂,进而形成更加全面、深刻的社会认知,为未来的社会参与和职业发展奠定坚实基础。

大学生志愿服务在推动社会问题解决和社会进步方面发挥着积极作用。由于大学生通常具备较高的知识素养和创新能力,能够为志愿服务项目提供宝贵的专业支持和富有创意的解决方案。通过投身于环保、教育等各个领域的志愿服务活动,大学生不仅贡献了自己的力量,还促进了相关社会问题的有效解决,推动了社会的持续进步与发展。

大学生志愿服务在促进人际交流与理解方面扮演着重要角色。志愿服务为大学生提供了与不同背景人士合作和交流的机会,这不仅拓展了他们的社交圈,还加深了彼此间的了解与信任。这种跨文化、跨领域的交流对于打破社会壁垒、增进社会和谐稳定具有积极意义。

大学生志愿服务是培养其社会责任感和公民意识不可或缺的途径。通过直接投身社会事务,大学生能更深刻地领悟到作为社会一分子所肩负的责任与义务。这种对社会责任的深切体悟和公民意识的塑造,对于他们未来成长为有担当、有责任心的社会栋梁至关重要。

(四)时代性

志愿服务作为时代发展的产物,其兴起与社会进步和变革紧密相连。它不断响应并满足人们日益增长的社会服务需求,成为推动社会和谐与发展的重要力量。在各个时代,志愿服务都展现出独特的特点和重点,深刻反映当时的社会环境、经济状况以及文化背景,从而成为时代精神的生动体现。

志愿服务在推动社会进步中扮演着举足轻重的角色。它密切关注社会热点议题和弱势群体的迫切需求,并通过策划和实施多样化的公益活动,为社会贡献出一份份实实在在的力量。这种无私奉献的服务精神,不仅有效地缓解了社会矛盾,增进了社会和谐,而且还在更深层次上推动了社会文明的持续进步和全面发展。

志愿服务已成为当代大学生成长的重要舞台。越来越多的大学生积极投身其中,他们不仅将自己的知识、技能与热情无私地贡献给社会,还在这一过程中实现了自我价值,积累了宝贵的人生经验,并获得了难得的成长机遇。志愿服务不仅为大学生提供了服务社会、奉献爱心的平台,还成为他们实现自身全面发展的关键途径。

志愿服务的时代性还显著体现在其创新精神和前瞻性视野上。随着科技和社会的持续进步,志愿服务也在不断探索新领域、运用新方法。例如,通过结合互联网和大数据技术,志愿服务能够提供更精准、更高效的服务。同时,它还积极关注环保、教育、健康等社会前沿议题,为推动可持续发展贡献自己的力量。这种创新和前瞻,使志愿服务始终站在时代的前沿,引领社会向更美好的方向发展。

(五)无偿性

志愿服务的无偿性,指的是志愿者在贡献自己的时间、能力和财富时,并不以追求报酬或盈利为目标。他们自愿投身于公益服务,且不图直接的物质回报,这一特性深刻反映了志愿者的无私奉献精神和对社会的深沉责任感。

无偿性并不意味着志愿服务不能有任何开支。为确保志愿服务的顺利进行,适度的交通补贴、餐饮补助等必要开支是合理的,这些开支旨在为志愿者提供基本的保障和支持,以确保他们能够专心投入服务,而非作为劳动报酬或营利手段。

尽管志愿服务具有无偿性,但其本身确实涉及一定的成本,包括志愿服务的组织、管理成本,以及志愿者在服务过程中可能产生的额外费用。因此,无偿性不应成为忽视或削弱志愿服务保障的借口。相反,社会应充分认识到志愿服务的重要性,并提供必要的保障与支持,以确保其健康、持续地发展。

二、品牌志愿项目

(一)西部计划

西部计划是由团中央、教育部、财政部、人力资源和社会保障部共同实施的一项志愿服务项目。该项目旨在招募普通高等学校的应届毕业生或在读研究生,前往西部基层地区开展为期1至3年的志愿服务,内容涵盖教育、卫生、农技等领域。此计划自2003年开始实施,遵循公开招募、自愿报名、组织选拔和集中派遣的原则,每年选拔一定数量的志愿者前往西部地区,同时得到财政部和人社部的政策与资金支持。

2023年4月,团中央、教育部等共同部署了本年度的大学生志愿服务西部计划工作,标志着该项目迎来了20周年的重要里程碑。在过去的20年里,西部计划已成功招募并派遣了46.5万余名大学生志愿者,他们深入2000多个县(市、区、旗)的基层,为当地提供了宝贵的服务。值得一提的是,2023年有近万名大学生志愿者前往新疆,这是西部计划实施20年来志愿者人数最多的一年。

(二)大型体育赛事志愿服务

大型体育赛事志愿服务是指在各类大型体育赛事中,由志愿者自愿提供无偿服务,以支持赛事的顺利进行。这些志愿者通常来自不同的背景和专业领域,他们通过接受相关的培训,为赛事提供各种必要的支持和服务。

大型体育赛事志愿服务的内容丰富多样,包括但不限于以下几个方面:

(1)赛事筹备:志愿者协助赛事组委会进行前期的筹备工作,如场地布置、物资准备、文件整理等,确保赛事的顺利进行。

(2)接待与引导:志愿者负责接待参赛选手和观众,为他们提供必要的信息指引,协助他们顺利参与比赛或观看赛事。

(3)比赛支持:志愿者在比赛过程中提供各种支持,如计时、计分、检录、秩序维护等,确保比赛的公正、公平和顺利进行。

(4)宣传与推广:志愿者通过社交媒体、宣传海报等方式宣传赛事信息,吸引更多人关注和参与赛事,提升赛事的知名度和影响力。

大型体育赛事志愿服务对于赛事的成功举办具有重要意义。首先,志愿者的无私奉献和辛勤付出为赛事提供了强大的人力支持,降低了赛事的运营成本。其次,志愿者的热情服务为参赛选手和观众提供了良好的体验,提升了赛事的口碑和形象。最后,通过参与志愿服务,志愿者也得到了锻炼和成长,提升了自身的综合素质和社会责任感。

近年来,依据"举办地团组织主导、团中央提供协调支持、各地团组织共同参与"的志愿服务工作机制,我国各级团组织和青年志愿者组织肩负起了大型活动的志愿服务主体责任。他们成功动员并组织了大规模的志愿者队伍,包括为北京奥运会服务的170万名志愿者,上海世博会的200多万名志愿者,广州亚运会的60多万名志愿者,国庆60周年盛典的95万名志愿者,深圳大运会的120万名志愿者,以及西安世园会的32万名志愿者。在这些举世瞩目的大型活动中,广大青年志愿者发挥了举足轻重的作用,同时也向全世界展示了当代中国青年的时代风貌和青春风采。

(三)共青团关爱农民工子女志愿服务行动

共青团关爱农民工子女志愿服务行动是一项深具社会责任感和人文关怀的公益活动。由共青团中央精心策划并发起,自2010年5月4日在全国范围内蓬勃展开,这项行动便成了中国青年志愿者事业的一面鲜亮旗帜,彰显着共青团对弱势群体的真挚关怀与坚定承诺。

该行动紧密围绕学业辅导、亲情陪伴、城市感受、自护教育以及爱心捐赠等多个层面,构建了一个全方位、立体化的志愿服务体系。青年志愿者化身知识的传播者、亲情的陪伴者、城市的导游、自护的教导者和爱心的使者,他们用实际行动为农民工子女筑起了一座座通往梦想和希望的桥梁。

"心手相牵,快乐成长"不仅仅是一句口号,更是行动的灵魂和宗旨。它意味着每一个青年志愿者都要与农民工子女心心相印,手牵手共同前行,帮助他们克服生活和学习中的种种困难,让他们在关爱的阳光下快乐成长。这一过程中,青年志愿者也收获了无价的精神财富,他们学会了奉献、友爱、互助和进步,这些志愿精神的内核在他们心中生根发芽,茁壮成长。

值得一提的是,共青团关爱农民工子女志愿服务行动的实施,不仅为农民工子女带去了实质性的帮助和支持,还在全社会范围内产生了深远的影响。它激发了更多的人关注和参与公益事业,形成了一股强大的社会正能量。同时,这项行动也极大地推动了青年志愿者事业的发展,提升了青年志愿者的品牌影响力和社会认可度。

总而言之,共青团关爱农民工子女志愿服务行动是一项意义深远、影响广泛的社会公益活动。它体现了共青团和广大青年志愿者对农民工子女这一特殊群体的深切关怀与不懈支持,为构建和谐社会、促进社会进步贡献了青春力量。在未来的日子里,这项行动将继续发挥其积极作用,为更多需要帮助的孩子送去温暖和希望。

(四)应急救援志愿服务

应急救援志愿服务是一项至关重要的社会服务,它在应对突发意外事件或自然灾害等紧急情况时发挥着举足轻重的作用。这种志愿服务不仅是对政府和专业救援力量的有力补充,还是展现社会团结互助精神的重要体现。

当灾难来临时,应急救援志愿者总是冲在第一线,他们不顾个人安危,全力以赴地投入到抢险救援工作中。他们有的负责搜救受困人员,有的进行医疗救治,有的则提供后勤支持和心理疏导等服务。他们的无私奉献和辛勤付出,为受灾地区带来了希望和温暖,也极大地提高了救援行动的效率和成功率。

然而,应急救援志愿服务并非易事,它需要志愿者具备一定的专业素养和技能水平。因此,参与应急救援志愿服务的志愿者通常需要接受相关的培训和教育,以提升自身的救援能力和应对复杂情况的能力。同时,他们还需要具备强大的心理素质和身体素质,以应对恶劣的救援环境和长时间高强度的工作压力。

除了专业素养和技能水平外,应急救援志愿服务还要求志愿者具备高度的社会责任感和道德观念。在救援现场,他们需要时刻保持冷静和理智,严格遵守救援规定和行为准则,确保救援行动的有序进行。同时,他们还需要关注受灾群众的心理需求,给予他们必要的心理支持和关爱。

总的来说,应急救援志愿服务是一项充满挑战的、艰辛的工作,但它也是一项充满意义和价值的事业。通过参与应急救援志愿服务,志愿者不仅可以为受灾地区提供实际的帮助和支持,还可以锻炼自身的专业素养和综合能力,更可以深刻体会到团结互助和社会责任的重要性。因此,大学生应该积极支持和参与应急救援志愿服务,为构建更加和谐、稳定、安全的社会贡献自己的力量。

(五)中国青年志愿者扶贫接力计划研究生支教团

中国青年志愿者扶贫接力计划研究生支教团是一项深具意义和影响力的志愿服务项目。该项目由团中央、教育部联合发起,旨在通过招募优秀青年志愿者,以接力支教的方式,支持中西部贫困地区的基础教育事业,推动教育公平和社会发展。

每年,全国重点高校都会积极响应号召,公开招募具备保研资格的应届本科毕业生和部分在读研究生。这些青年志愿者怀揣着对教育事业的热爱和对社会服务的承诺,自愿报名参与支教工作。经过严格的选拔和培训,他们被派遣到中西部贫困地区的中学,开展为期一年的支教志愿服务。

在支教期间，志愿者不仅承担教学任务，传授知识和技能，还积极参与学校的各项活动，与学生建立深厚的友谊。他们用自己的热情和耐心，点亮了孩子们求知的火花，激发了他们对未来的憧憬和追求。同时，志愿者也深入了解当地的社会和文化，积极参与扶贫工作，为当地的发展贡献自己的力量。

研究生支教团项目的实施，不仅为中西部贫困地区带去了先进的教育理念和教学方法，提高了当地的教育水平，还通过搭建高校与西部地区的桥梁，促进了东西部地区的交流与合作。这种志愿加接力的长效工作机制，为推动教育公平、促进社会和谐注入了源源不断的动力。

对于参与者来说，这个项目更是一次难得的成长机会。通过一年的支教经历，他们不仅锤炼了意志品质，提高了专业素养和实践能力，还收获了宝贵的人生经验和感悟。这些经历将成为他们未来人生道路上的宝贵财富，激励他们继续投身社会公益事业，为实现中华民族伟大复兴的中国梦贡献青春力量。

然而，参与这个项目也需要做出一定的努力和牺牲。支教地区的条件通常比较艰苦，需要志愿者具备良好的身体素质和心理素质。同时，他们还需要处理好学业或工作与志愿服务之间的关系，确保在支教期间能够全身心地投入到工作中去。

任务实训

任务实训单内容见表 2-2-1。

表 2-2-1 任务实训单

序号	实训内容	具体要求
1	理论学习	(1)阅读志愿服务的定义、起源和发展资料。 (2)观看志愿服务相关视频，加深理解
2	案例分析	(1)分组讨论志愿服务案例，吸取经验和教训。 (2)分享讨论结果，分组交流
3	实地考察	(1)参观志愿服务组织或活动现场。 (2)与其他志愿者和服务对象互动
4	实践操作	(1)分组策划并组织小型志愿服务活动。 (2)记录问题和解决方案
5	反思与总结	(1)撰写实训报告，包括过程、心得和建议。 (2)班级分享实训体验和收获

实训要求：

(1)积极参与，按时完成任务。

(2)注重团队协作与沟通。

(3)认真、负责，确保活动质量和安全。

指导教师签字：＿＿＿＿＿＿

学生签字：＿＿＿＿＿＿

日期：＿＿＿＿＿＿

任务二　志愿服务组织的运营

案例导入

炽热之心——奥运志愿者的励志故事

在热闹喧嚣、激情四溢的奥运会期间,无数的运动员、教练员、观众和媒体汇聚一堂,共同见证这一体育盛事。而在这背后,还有一群默默奉献的人,他们身穿志愿者服装,为奥运会的顺利进行提供着全方位的服务。他们,就是奥运志愿者。

李阳就是其中的一员。作为一名大学生,他毅然决然地加入了志愿者的行列,希望在奥运会上贡献自己的一份力量。

奥运会前夕,李阳投入了紧张的志愿者培训中。他明白,作为一名志愿者,不仅要有热情,还要有过硬的专业知识和技能。于是,他刻苦学习各种服务流程和应急处理措施,一遍又一遍地模拟各种可能出现的场景。

奥运会开幕后,李阳被分配到了田径赛场。他的主要任务是引导观众入座,并提供必要的帮助。虽然工作看似简单,但李阳却非常用心。他时刻关注着观众的需求,无论是找座位、解答疑问,还是协助处理突发情况,他总是面带微笑,耐心细致地为每一位观众服务。

有一天,一位来自国外的老年观众因为语言不通而迷路了。李阳看到后,主动上前询问并提供帮助。他利用自己学过的英语与老人沟通,得知老人想去洗手间,但不知道该往哪里走。李阳微笑着,用简单的英语和手势告诉老人洗手间的位置,并亲自带他过去。老人非常感激,连声称赞李阳的服务。

在志愿服务的日子里,李阳遇到了很多挑战和困难。有时,他需要在烈日下长时间站立;有时,他需要应对各种突发情况;有时,他需要忍受一些无理取闹的观众。但无论遇到什么情况,李阳都保持着乐观和积极的态度,用微笑和耐心去化解每一个难题。

奥运会结束后,李阳获得了"优秀志愿者"的荣誉称号。他深知,这份荣誉不仅仅是对他个人工作的肯定,更是对所有志愿者辛勤付出的认可。他感慨地说:"作为一名志愿者,我为能在奥运会上贡献自己的一份力量而感到自豪。这段经历让我更加坚定了自己的信念,那就是用实际行动去影响和改变周围的世界。"

李阳的故事,是无数奥运志愿者的缩影。他们用自己的行动诠释了奉献、友爱、互助、进步的志愿精神,为奥运会的成功举办添砖加瓦。正是有了这些志愿者的默默付出,才让奥运会更加精彩、更加难忘。

在奥运会这个举世瞩目的体育盛事中,志愿者李阳以他细致入微的服务和无私奉献的精神,展现了志愿者服务的核心价值。他不仅在培训期间刻苦学习,以确保自己具备为奥运会提供专业服务的知识和技能,而且在实际服务过程中,以高度的责任心和耐心,满足了观众的各种需求。无论面对何种困难和挑战,李阳始终保持着乐观和积极的态度,用微笑和耐心为每一位观众提供周到的服务。他的故事是无数奥运志愿者的写照,展现了志愿者服务在奥运会中的重要作用,他们以实际行动诠释了奉献、友爱、互助、进步的志愿精神,为奥运会的成功举办做出了不可或缺的贡献。

一、志愿者的注册

志愿者注册是志愿者队伍构建的重要环节,它意味着志愿者在参与服务时需通过特定组织机构进行身份确认和登记。对于大学生志愿者而言,完成注册不仅能让他们获得更多志愿服务的机会和渠道,还能有效保障他们的合法权益。此外,注册后的大学生志愿者还可以领取注册登记证和专属徽章,正式成为有档案记录的服务者。

自2006年共青团中央发布《中国注册志愿者管理办法》(简称《办法》)起,我国开始逐步推广志愿者注册制度。为了推动志愿服务更加规范、项目化,并动员社会广泛参与,共青团中央在2013年对《办法》进行了修订,明确了志愿者注册的程序、机构和编号等规定,特别鼓励大学生积极参与注册。到了2015年,志愿汇APP的推出进一步方便了青年志愿者的管理和服务。注册制度的广泛实施,不仅保障了志愿者的权利和义务,还加强了他们的社会责任感,对志愿服务的规范化发展起到了重要的推动作用。因此,志愿服务组织应深刻认识到实名注册的重要性,不断优化注册管理流程,提升注册率,从而确保志愿服务工作的有效性和规范性。

(一)志愿者注册流程

1. 访问志愿者注册网站

你需要先访问相关的志愿者注册网站。这个网站可能是全国性的志愿服务信息系统,或者是你所在学校或地区的特定志愿者服务平台,例如志愿汇、中国志愿服务网等。

2. 填写注册信息

在网站上,你会被要求填写一些个人信息,如姓名、性别、年龄、联系方式等。同时,你还需要提供一些与志愿服务相关的背景信息,比如你的技能、兴趣以及可用的服务时间等。

3. 选择服务领域

大学生可以根据自己的兴趣、专业和技能来进行选择。志愿服务领域非常广泛,包括但不限于教育辅导、环境保护、社区服务、医疗援助、文化传播等。例如,对教育有热情的学生可以选择参与支教或课外辅导项目;对环保有兴趣的学生可以加入环保组织,参与公益活动;医学生可以选择在医疗机构或社区提供基础医疗支持和健康宣教等。

同时,选择服务地点也是注册流程中的重要一环。大学生可以根据自己的实际情况和意愿来选择服务的地点。有些学生可能更倾向于在学校周边的社区提供服务,这样更便于安排时间和交通。而有些学生可能希望到更远的地方,比如偏远的乡村或贫困地区去提供志愿服务,以接触不同的文化和人群,获得更加丰富的生活体验和成长。

大学生在选择服务领域和地点时,还可以考虑与自己的职业规划相结合。通过参与与自己未来职业相关的志愿服务项目,不仅可以积累实践经验,还能建立与行业内人士的联系,为未来的职业发展打下基础。

4. 注册信息审核

志愿服务信息系统管理员,如大学生志愿者协会的工作人员或志愿服务网站的专职管理人员,其职责是严格审核已提交的志愿者注册信息。管理员需登录系统,仔细检查每一条注册信息,确保其真实性和完整性。若信息审核通过,系统将自动记录审核状态,保存志愿者的详细资料,并为其生成专用的系统登录账户。若信息存在问题而未通过审核,管理员需详细填写未通过的原因,并立即通过短信方式及时通知志愿者本人,以确保其能迅速更正信息并重新提交。

5. 审核通过并接受培训

一旦你的志愿者注册申请经过严格审核并获得通过,你将收到正式的确认通知。为确保你能够胜任志愿服务工作,相关部门可能会邀请你参加一系列精心设计的培训课程或指导活动。这些培训旨在帮助你掌握提供志愿服务所必需的基本知识和技能,从而让你在服务过程中更加自信和专业。通过这些培训,不仅可以提升你的个人能力,还能为你未来的志愿服务工作奠定坚实的基础。

6. 开展志愿服务

完成系统的专业培训后,你便具备了开展志愿服务活动所需的能力和知识。此时,你将被分配到特定的志愿服务项目中,与一群志同道合的团队成员并肩作战。在这个温馨而富有活力的团队里,你将有机会亲身实践所学技能,为那些需要帮助的群体提供实质性的支持和关怀。通过与团队成员的紧密合作,你将深刻体验到志愿服务带来的成就感和满足感,同时也为社区的发展和进步贡献出你的一份力量。

(二)完善志愿者注册网站的各项功能

1. 个人信息的维护

志愿者注册网站具有一个完善的个人信息维护模块,这一功能不仅便于志愿者随时查看和更新自己的个人资料,如姓名、联系方式、服务偏好等,还允许志愿者轻松地修改账户密码,以增强账户的安全性。此外,这一模块也提供清晰的操作指南和友好的用户界面,确保志愿者能够无障碍地进行个人信息的管理和维护。

2. 志愿项目推送

志愿服务注册平台具备高效的志愿项目推送机制。通过这个平台,志愿者可以轻松查找并预约符合自己兴趣和能力的志愿服务岗位,便捷地参与到各类活动中。同时,网站还能根据每位志愿者的兴趣、爱好和特长,智能地推送相匹配的志愿服务项目,从而确保志愿服务的需求与供给能够精准对接,有效提升志愿资源的配置效率。

3. 信息查询与统计功能

部分志愿者注册网站建立了完善的数据库系统,包括志愿者基本信息库、志愿服务统计库以及服务评价库等。这些数据库不仅能够全面记录志愿者的服务情况,还能提供查询、导出以及生成志愿服务活动证明等便捷功能。此外,系统还具备自动进行星级评定、服务时长认定与限制、志愿者信用评定等智能化管理功能,同时支持批量数据的导出和打印,从而极大提升了志愿服务管理的效率和准确性。

二、志愿者的选拔

志愿者的选拔是一个严谨而细致的过程,它遵循一系列明确的程序和严格的标准,旨在从众多申请者中甄选出最合适、最富有热情且具备相应能力的志愿者,以确保志愿者能够出色地完成特定的活动或服务任务。这一流程不仅考查申请者的基本素质,还注重志愿者在实际服务中可能展现出的综合素质和潜力。通过这样的选拔,更便于打造一支高效、专业且富有活力的志愿者团队,为各项公益活动和社会服务提供有力的支持。

1. *提交申请*

提交申请是志愿者选拔流程的重要一步。志愿者既可以选择在线平台,也可以选择线下方式递交申请。在申请过程中,志愿者需要详细填写自己的个人信息,如姓名、联系方式等,以便组织方进行后续的沟通与联系。同时,阐述自己的服务意向也是必不可少的,这有助于组织方了解志愿者希望从事的服务领域和具体任务。除此之外,志愿者还需明确标注自己的可用时间,以便组织方能够合理安排服务计划,确保每位志愿者都能在适合的时间段内参与到服务中去。通过这些信息的提供,组织方可以更全面地了解志愿者的基本情况和参与意愿,从而为后续的选拔工作奠定坚实基础。

2. *初步筛选*

在这一阶段,组织者会仔细审阅所有申请者的信息和条件,包括他们的教育背景、技能特长、服务经验以及个人兴趣等。通过综合考量这些因素,组织者会筛选出那些符合活动或服务基本要求的候选人,确保他们具备参与并胜任相关工作的基本素质和能力。这一步骤不仅有助于提高选拔的效率,还能保证最终选拔出的志愿者团队的整体素质和专业性,为后续活动的顺利进行奠定坚实基础。

3. *面试或评估*

在志愿者选拔的进程中,面试或评估环节扮演着举足轻重的角色。组织者会对初步筛选出的优秀候选人进行深入的面试或评估,旨在更全面、更细致地了解志愿者的实际能力、参与动机以及对未来服务环境的适应性。这种面试可能采取多种形式,以适应不同候选人的需求和实际情况。例如,面对面的交流,让候选人在一个真实的环境中展示自我;或者通过电话或视频通话进行远程面试,为那些无法亲临现场的候选人提供便利。无论哪种方式,面试的目的都是确保最终选拔出的志愿者不仅具备所需的技能和经验,而且有着坚定的服务信念和良好的团队协作精神。

4. *岗位技能测试*

除了常规的笔试和面试环节外,还会针对特定的志愿服务岗位增设相关技能的测试。例如,对于大型赛会的医疗服务岗位,会进行急救技能的实操测试,确保志愿者在紧急情况下能够迅速、准确地施救。对于电子信息岗位,会考查志愿者的计算机操作技能,以验证他们是否能熟练应对岗位需求。而对于外宾接待岗位,外语交流能力的测试则是必不可少的,确保志愿者能够顺畅地与外国友人沟通。

5. *背景调查*

针对某些关键的志愿服务岗位,尤其是一些涉及敏感信息、重要设施或与公众安全紧密相关的岗位,组织者需要进行更为深入的背景调查。这一步骤至关重要,因为它不仅关乎志愿者的个人信誉,还直接影响整个服务活动的可靠性和安全性。通过详尽的背景调查,能够全面了解志愿者的过往经历、教育背景、职业资格以及任何可能的法律纠纷或不良记录。这样可以确保选拔出的志愿者不仅具备专业技能,还有着无可挑剔的品行和责任心。这样的措施旨在为志愿服务活动提供最坚实的保障,确保每一位参与者的安全与活动的顺利进行。

6. 培训和准备

选定的志愿者在正式开始服务之前,通常需要参与一系列的培训课程。这些课程旨在帮助志愿者全面了解即将服务的具体内容和岗位要求,从而确保志愿者能够迅速融入角色并高效完成任务。此外,培训中还会涵盖相关的安全知识和应急处理措施,以提升志愿者在面对突发情况时的应对能力。通过这样的培训,志愿者不仅能够提升自身的专业素养,还能为即将参与的志愿服务活动做好更充分的准备。

7. 最终选拔

经过前面各个环节的严格筛选与评估,组织者会综合考虑候选志愿者的表现、技能匹配度以及岗位的具体需求,最终慎重地确定入选的志愿者名单。这一过程旨在确保每个志愿服务岗位都能由最合适、最有能力的志愿者来担任,从而保障服务活动的顺利进行和高质量完成。

8. 签订相关协议

签订志愿服务协议或承诺书,是进一步规范志愿服务活动、保障志愿服务组织、志愿者和志愿服务对象等各方权益的重要步骤。这一行为不仅有助于提升志愿者的社会责任意识,还能强化他们的契约精神。同时,通过签署协议或承诺书的方式,可以增强志愿者对自身身份的认同感,从而提升他们的使命感和荣誉感。这种仪式感不仅为志愿服务活动增添了庄重感,还有助于志愿服务的有效开展和志愿者使命意识的提升。简言之,签订志愿服务协议或承诺书是保障各方权益、提升志愿者素质、促进志愿服务事业发展的重要环节。

三、志愿者管理的原则

1. 自愿原则

志愿服务必须建立在个人自愿的基础上,这意味着任何人都不能被强制要求参与志愿服务活动。这一原则深刻体现了对个体自主权和选择权的尊重,它保障了每个人能够根据自己的兴趣、能力和意愿来决定是否参与以及如何参与志愿服务。这种自愿性原则是志愿服务活动的核心和基石,确保了志愿服务的纯粹性和可持续性,同时也为志愿者提供了一个自由、积极和富有意义的参与平台。

2. 平等原则

在志愿者队伍中,平等原则应贯穿始终。这意味着无论志愿者的级别高低、背景差异或经验丰富与否,每个人都应受到同等的对待。这种平等不仅限于人格上的尊重,还体现在日常的任务分配、培训机会以及评价标准上。换言之,每位志愿者在承担工作时都应被公平分配任务,根据其能力和兴趣来合理分配职责,而不是受到偏见或歧视。同时,他们也应享有均等的培训机会,以提升自身技能和知识水平。在评价志愿者表现时,更应采用统一、客观的标准,确保每个人的努力和贡献都能得到公正的认可。这样的平等原则,不仅有助于维护志愿者队伍的和谐与稳定,还能激发每位志愿者的积极性和创造力,共同推动志愿服务事业的发展。

3. 以人为本原则

在志愿者管理中,应充分尊重和发挥志愿者的主体地位,认识到他们不仅是服务的提供者,还是活动的参与者和创造者。同时,需要积极调动志愿者的主观能动性,鼓励他们主动参与到服务活动的策划、组织和实施中来。此外,还应大力激发志愿者的创新精神,让他们在服务过程中不断探索新思路、新方法,以提高服务的质量和效率。

为了实现志愿者的专长、服务时间和社会需求的有机结合,需要深入了解每位志愿者的专业技能和兴趣所在,以便将他们分配到最适合的岗位上。同时,也要合理安排志愿者的服务时间,确保他们能够在不影响正常工作和生活的前提下,充分投入到志愿服务中去。最后,还应密切关注社会需求的变化,及时调整服务策略和方向,以确保志愿服务能真正满足社会的需要。

4. 贯彻志愿服务理念

"奉献、友爱、互助、进步"作为志愿者的共同价值追求,体现了志愿服务的核心理念。在志愿者管理过程中,应当大力弘扬志愿精神,积极宣传并倡导具有中国特色的志愿服务理念。通过这样的引领,让广大志愿者自觉将志愿服务融入日常生活。这不仅能在服务过程中增长个人才干,还能提升思想境界,实现自我价值的升华。

5. 激励性原则

志愿服务的激励性原则主要包括内在激励和外在激励两个方面。

内在激励源于志愿者因参与志愿服务而产生的内在满足感。这包括志愿者对活动意义的自觉认识、公民的责任感、团队归属感,以及以志愿者身份为骄傲、为能够展示自我而高兴等个人需求的满足。这种内在激励是驱动志愿者持续参与服务的重要动力。

外在激励则是指志愿者因为提供志愿服务而受到表扬、嘉奖或宣传。例如,观看某些比赛的机会、专用勋章、赞助商提供的物品等,都可以作为对志愿者的外在激励。这些激励措施可以进一步增强志愿者的积极性和参与度。

与此同时,志愿服务的激励性原则还强调公开、公平、公正。任何考核评优办法、奖惩措施等都应该向志愿者公开,以确保每个人都有了解并理解这些规章机制的机会。公平是核心,组织需要建立一个普遍认可的公平环境,以增强志愿者的组织认可度和公信力。公正则体现在激励体系的构建和实施过程中,只有坚持公正的态度,才能让各项激励措施真正落到实处。

四、志愿服务信息管理系统

随着大数据时代的到来,信息技术已深刻影响了各行各业。在此背景下,志愿服务事业也需紧跟时代步伐,以数据为驱动进行决策、管理和创新。全国数亿志愿者活跃于各领域,志愿服务管理的复杂性日益凸显,因此,推进志愿服务信息化至关重要。通过互联网平台实现资源共享将线上线下紧密结合,能优化资源配置,提高活动的科学性、规范性和高效性,从而更好地应对管理挑战。

1. 中国志愿服务网

中国志愿服务网是一个全国性的志愿服务信息平台,由民政部主导建设。该系统致力于为社会公众、志愿服务组织和队伍提供一个统一的信息管理和服务平台。通过中国志愿服务网,人们可以便捷地注册成为志愿者,参与志愿服务活动,并记录和管理自己的志愿服务时间。该系统支持电脑端和移动端运行,方便用户随时随地访问和使用。志愿者可以在系统上查找感兴趣的志愿服务项目和队伍,报名参加活动,并实时记录自己的服务时长。志愿服务组织则可以利用系统发布项目信息,招募和管理志愿者,以及进行项目管理和服务时长的录入。

中国志愿服务网还提供了丰富的志愿服务资讯和动态,让用户了解最新的志愿服务信息和政策。同时,系统也简化了志愿者和志愿服务队伍的注册流程,优化了志愿服务记录与证明出具的方式和内容,进一步提升了志愿服务数据管理和安全保障能力。

中国志愿服务网是一个功能全面、操作便捷、安全可靠的志愿服务信息平台,对于推动志愿服务事业的发展具有重要意义。无论是志愿者个人还是志愿服务组织,都可以通过该系统更好地管理和参与志愿服务活动,实现资源的优化配置和高效利用。

2. 志愿汇

志愿汇是一个全国领先的志愿服务应用平台,它是在共青团中央、国家发展和改革委员会、民政部的指导下建设运营的。该平台是"志愿中国"信息系统的移动应用端,提供了志愿者注册、免费志愿者保险、查找志愿服务活动和组织、记录志愿服务时长、志愿信用分评价以及志愿者激励等功能。

志愿汇通过网站、APP、网络信息系统等互联网科技手段来助力志愿服务和公益行为。它利用人脸识别、市民卡刷卡终端等科学手段来记录志愿者的志愿服务时数,并将这些数据运用到志愿者激励、政府及社会征信体系、社会组织评估、城市服务等方方面面。

志愿者可以通过志愿汇APP进行注册,领取志愿服务保险,参加志愿服务活动,并记录自己的服务时长。同时,系统还会根据志愿者的服务表现进行信用分评价,提供相应的激励措施。这些功能共同为志愿者提供了一个便捷、高效的服务平台,推动了志愿服务事业的发展。

此外,志愿汇还提供了志愿者激励功能,志愿者可以通过积累服务时长和信用分来兑换福利或获得其他形式的奖励,这种机制进一步激发了志愿者参与服务活动的积极性和热情。

志愿汇是一个功能强大、操作便捷、激励完善的志愿服务平台,它为志愿者、志愿服务组织和政府部门之间搭建了一个有效的沟通和协作桥梁,推动了志愿服务事业的持续发展。

3. 中国青年志愿者网

中国青年志愿者网是一个专注于青年志愿服务的官方网站,致力于为青年人提供丰富的志愿服务机会和信息。这个网站汇集了各种志愿服务项目,让青年人能够根据自己的兴趣和专长选择参与的活动。通过中国青年志愿者网,青年人可以更加便捷地了解到各类志愿服务活动的最新动态,并能够轻松报名参加。

此外,该网站还提供志愿者注册、活动发布、志愿服务时长记录等功能,方便青年人管理自己的志愿服务经历。同时,中国青年志愿者网也是宣传志愿服务文化、提升社会对志愿服务的认知度和参与度的重要平台。通过这个网站,青年人不仅可以践行社会责任,还能够结交志同道合的朋友,开阔视野,积累经验。

总的来说,中国青年志愿者网为青年人参与志愿服务提供了便利和支持,是推动青年志愿服务事业发展的重要力量。无论是寻找志愿服务机会,还是了解志愿服务的相关政策和信息,中国青年志愿者网都是一个不可或缺的资源平台。

任务实训

任务实训单内容见表2-2-2。

表2-2-2 任务实训单

序号	实训内容	具体要求与步骤
1	选定志愿服务组织	通过网络搜索或推荐,找到信誉良好的志愿服务组织
2	了解申请要求	(1)访问志愿服务组织的官方网站或相关平台。 (2)仔细阅读申请加入的相关要求和条件。 (3)注意申请所需的材料和格式
3	准备申请材料	(1)根据组织要求,准备个人简历、动机信、推荐信等必要材料。 (2)确保所有材料真实、准确、完整
4	填写申请表格	(1)在志愿服务组织的官方网站上找到申请表格。 (2)认真填写个人信息、教育背景、志愿服务经验等。 (3)上传所需的申请材料
5	提交申请并确认	(1)仔细检查申请表格和上传的材料是否准确无误。 (2)提交申请,并记录提交的时间和申请编号(如果有)。 (3)确认收到组织的自动回复或确认邮件
6	等待审核结果	(1)关注志愿服务组织的官方网站或邮件通知,等待审核结果。 (2)如有需要,及时与组织联系沟通申请进度

指导教师签字:_____

学生签字:_____

日期:_____

任务三 志愿者的自我管理

案例导入

志愿者小杨的自我管理之路

一个名叫"心连心"的社区服务中心,汇聚了一群热心的志愿者,他们致力于帮助社区的老人、孩子和需要帮助的人们。在这个团队中,有一位年轻的志愿者小杨,他的自我管理能力给人留下了深刻的印象。

自从加入"心连心"以来,小杨就展现出了与众不同的自我管理能力。他深知,作为一名志愿者,不仅要有一颗愿意帮助他人的心,还要有专业、有序的工作态度。因此,他始终将自我管理作为提升志愿服务质量的关键。

在志愿服务礼仪方面,小杨总是保持着亲切、热情的态度。无论是面对社区的老人还是孩子,他都能以平和、友善的语气与他们交流。他的微笑和得体的举止,总能让人感受到温暖和关怀。有一次,社区里的一位独居老人因为生病需要照顾,小杨不仅为他送去了药品和食物,还耐心地陪伴他聊天,缓解他的孤独感。老人的家人后来感慨地说:"小杨真是个有礼貌、有爱心的好孩子,他的到来让我们感到无比温暖。"

在应急与自我保护方面,小杨也展现出了出色的能力。有一次,社区里突然发生了一场小型火灾,火势迅速蔓延。面对紧急情况,小杨迅速组织其他志愿者疏散人群,并拿起灭火器冲向火场。他冷静、果断地处理火情,最终成功将火势控制住。这次事件让社区居民对小杨的应急处理能力和自我保护意识赞不绝口。

此外,在自我心理调适方面,小杨同样表现出色。面对志愿服务中的种种困难和挑战,他总能保持积极乐观的心态。当遇到挫折时,他会及时调整自己的情绪,以更好的状态投入志愿服务中。他的这种心理调适能力不仅让自己保持了良好的工作状态,还影响了团队中的其他志愿者,让他们在面对困难时也能保持积极的心态。

小杨的故事充分体现了志愿者自我管理的重要性。通过良好的自我管理,小杨不仅能够提供高质量的志愿服务,还能够确保自身的安全和心理健康。他的故事激励着更多的志愿者注重自我管理能力的提升,以更好地服务于社会、帮助他人。

一、志愿服务之精神培育

(一)筑牢信仰之基

为了更好地深化和拓展志愿活动,志愿者必须首先全面、深刻地理解和把握志愿服务精神在当今时代的内涵和实践要求。牢固树立"四个意识",坚定"四个自信"。这不仅涉及对志愿服务精神的定义、历史沿革以及它在社会发展中的重要作用,还包括如何在新时代背景下将其付诸实践。

(二)坚定文化自信

志愿服务与文化自信之间存在着密切的联系。志愿服务不仅是一种无私奉献的行为,还是一种文化的传承和体现。通过参与志愿服务,人们可以更加深刻地理解和体验本国文化的精髓和价值观,从而增强对本国文化的认同感和自信心。

志愿服务是文化自信的重要体现。文化自信是指一个国家、一个民族对自身文化价值的充分肯定和积极践行。志愿服务所蕴含的奉献精神、互助精神等,都是中华民族传统文化中的重要组成部分。通过志愿服务,人们可以践行这些传统文化价值观,从而彰显出对本国文化的自信和骄傲。

志愿服务可以促进文化自信的提升。通过参与志愿服务,人们可以不断提升自身的道德素养和文化修养,从而更好地传承和弘扬本国文化。同时,志愿服务也可以激发人们的创新精神和创造力,推动本国文化的创新和发展,进一步增强文化自信。

二、志愿服务的基本礼仪

志愿者礼仪涵盖了多个方面的重要规范,主要包括得体的着装、整洁的仪容、标准的站姿以及专业的接待态度。这些礼仪规范共同构成了志愿者的整体形象,不仅体现了志愿者的专业素养,还展现了他们对服务对象的尊重和关注。通过严格遵守这些礼仪规范,志愿者能够以更加得体、专业的形象,为各类活动提供优质的服务,进一步提升志愿服务的品质和社会影响力。

(一)志愿者的着装

志愿者着装应该整洁、得体,避免穿着过于夸张或过于休闲的服装,以维护志愿者的专业形象。如果活动主办方提供统一的服装,志愿者应穿着统一的服装,并注意保持外观整洁,没有异味。

(二)志愿者的仪容仪表

志愿者仪容需要符合礼仪规范。男士应保持面部清洁,剃须修面,避免胡子拉碴;女士则应化淡妆,保持自然面容。无论男女,都应注意口腔清洁,避免口臭等异味;还应保持手部清洁。在站姿方面,志愿者应保持身体立直,抬头、挺胸、收腹,两腿分开,两脚平行,宽不过肩,双手自然下垂或交叉于身后。男性志愿者可以双脚分开与肩同宽,双手自然下垂或交叉于身后;女性志愿者则可以将双脚并拢或呈"V"形站立,双手交叉轻放腹前或自然下垂。在服务过程中,志愿者应保持微笑,表现出热情、亲切的态度。

(三)接待礼仪

志愿者应主动与客人打招呼,使用恰当的称呼,并引领客人到指定位置。在引领过程中,志愿者应走在客人的左斜前方,保持适中步速,并不时回头观察客人是否跟上。在指引方向时,应使用正确的手势,即手指并拢,手心朝上,指向正确方向。如果遇到有门的地方,志愿者应遵循"外开门客先入,内开门己先入"的原则。

此外,志愿者在服务过程中还应遵循尊重、真诚、包容、从俗和适度的原则。这些原则有助于志愿者更好地为客人提供优质的服务,展现出专业、热情、亲切的形象。

三、志愿者应急处理与自我保护

(一)常见的应急情况与处理

志愿者应急主要涉及志愿者在面对突发事件时应采取的措施和准备。由于志愿者经常参与各种活动,他们可能会遇到各种紧急情况,如自然灾害、公共安全事故、健康问题等。因此,了解应急准备和响应措施对于志愿者来说至关重要。

(1)灾害事故现场处置:志愿者应掌握如何在灾害或事故现场进行快速评估、判断危险源,并采取安全措施。例如,在地震、火灾或交通事故现场,志愿者需要学会如何迅速疏散人群,使用灭火器等设备进行初步处理。

(2)急救原理和技术:包括心肺复苏(CPR)、止血、包扎、固定以及搬运等基本的急救技能。这些技能在应对突发状况时至关重要,能够有效地减轻伤者的痛苦并挽救生命。

(3)紧急疏散和撤离:志愿者需要熟悉组织和执行疏散计划流程,熟悉疏散路线和标示,并掌握在紧急情况下的撤离方式和安全措施。

(4)通信与指挥:志愿者应了解如何在紧急情况下进行有效的通信和指挥,包括使用现代通信技术和简易信号进行沟通。

(5)心理援助和应对压力:志愿者应具备提供心理支持和应对压力的能力,了解紧急情况下可能出现的心理反应,并学习如何进行有效的沟通和情绪管理。

(6)团队协作与沟通技巧:强化志愿者之间的团队协作能力,学习如何在压力下保持冷静,有效地与团队成员和其他救援人员沟通。

(7)法律法规与伦理道德:志愿者应了解相关的法律法规,确保在提供服务时遵循法律规定,并了解作为志愿者的权利与义务。

(二)自我保护

志愿者在服务时可能会面临各种突发情况,因此具备应急自护能力显得尤为重要。以下是对志愿者在服务过程中进行自我保护的一些建议:

(1)保持冷静:遇到紧急情况时,首先要保持冷静和清醒的头脑。不要惊慌失措,要迅速评估形势并做出明智的决策。

(2)迅速逃离危险区域:如果面临火灾、地震等自然灾害或其他紧急情况,应迅速但有序地逃离危险区域。遵循疏散路线,避开拥挤和混乱,确保自身安全。

(3)寻求帮助:在紧急情况下,及时向相关人员或机构求助是很重要的。记住紧急电话号码,如医疗急救、警察和消防等,以便在需要时迅速联系。

(4)基本的急救技能:掌握基本的急救技能,如心肺复苏和止血包扎等。这些技能在关键时刻可以挽救生命。参加急救培训课程,学习如何在紧急情况下提供初步的医疗援助。

(5)保护个人信息:在帮助他人的同时,也要注意保护自己的个人信息和隐私。避免随意透露个人敏感信息,谨防诈骗和身份盗窃。

(6)与团队成员保持联系:如果你是团队中的一员,确保与队友保持良好的沟通。在紧急情况下,团队合作和相互支持至关重要。

(7)备用应急物品:根据你所服务的环境和可能面临的风险,准备一些必要的应急物品,如手电筒、备用电池、急救包、哨子等。这些物品在紧急情况下可能会派上用场。

(8)了解当地环境和文化:在服务之前,尽量了解当地的环境、文化和社会习惯。这将帮助你更好地适应环境,并减少因不了解当地情况而带来的风险。

作为志愿者,在服务时要时刻保持警惕,做好应急自护的准备。遵循以上建议,你将能更好地保护自己,同时有效地为他人提供帮助。

四、志愿者自我心理调适

志愿服务时的自我心理调适对于志愿者来说非常重要,它可以帮助志愿者保持良好的心理状态,提高服务效率和质量。以下是一些有效的自我心理调适方法:

(1)志愿者需要学会接纳自己的情绪,包括负面情绪。在服务过程中,可能会遇到各种挑战和困难,从而产生焦虑、压力等负面情绪。接纳这些情绪是第一步,志愿者需要明白这些情绪是正常的反应,而且适度的焦虑和压力还可以帮助提高工作效率。

(2)志愿者应该学会合理宣泄和表达自己的情绪。当感到压力过大或情绪低落时,可以找朋友、家人或同事倾诉,分享自己的感受和想法。这样不仅可以减轻心理压力,还能得到他人的理解和支持。

(3)保持良好的生活习惯也是自我心理调适的重要一环。志愿者需要保证充足的睡眠时间,合理饮食,避免过度劳累。同时,还应该适当参加体育锻炼和娱乐活动,以放松身心、缓解压力。

(4)积极的心态对于志愿服务来说也至关重要。志愿者应该相信自己的能力和价值,对志愿服务工作充满热情和信心。当遇到困难和挑战时,要积极面对并寻求解决方法,而不是消极逃避。

(5)如果志愿者感到自己无法应对压力和挑战,或者出现了严重的心理问题,如焦虑症、抑郁症等,应该及时寻求专业的心理帮助。心理医生或心理咨询师可以提供有效的心理支持和治疗建议。

任务实训

任务实训单内容见表2-2-3。

表2-2-3 任务实训单

序号	实训内容	具体要求与步骤
1	了解志愿服务项目	详细了解即将参与的志愿服务项目的背景、目的和具体任务
2	准备志愿服务所需物品	根据志愿服务项目的要求,准备必要的物品,如工具、文具、防护用品等
3	参加志愿服务前的培训	参加组织方安排的志愿服务培训,了解工作流程、安全注意事项等
4	按时到达志愿服务地点	提前规划好路线,确保准时到达志愿服务地点
5	积极参与志愿服务工作	(1)按照组织方的安排,认真完成分配给自己的任务。 (2)保持积极的工作态度,主动与团队成员协作
6	与受助对象互动	(1)以友善和尊重的态度与受助对象交流。 (2)了解他们的需求和感受,提供力所能及的帮助
7	记录志愿服务过程	(1)用文字、照片或视频等方式记录志愿服务的精彩瞬间和感受。 (2)有助于宝贵地回忆和分享经验
8	结束志愿服务后的总结与反馈	(1)在志愿服务结束后,参与团队的总结会议,分享自己的经验和感受。 (2)向组织方提供反馈意见,帮助改进未来的志愿服务项目

实训要求:

(1)全程保持热情、友善和专业的态度。

(2)遵守志愿服务组织的规章制度和工作安排。

(3)注重团队协作,与团队成员保持良好的沟通和合作。

(4)确保自身和他人的安全,遵循所有的安全规定。

指导教师签字:_____
学生签字:_____
日期:_____

项目总结与分析

通过本项目的学习,学生可以深刻体会志愿服务的意义和价值,以及作为一名志愿者所需具备的素质和能力。他们既可以对志愿服务有更全面的了解,还可以提升社会责任感和公益精神。

学生可以了解到志愿服务是一种无私奉献的行为,它旨在为社会做出贡献,帮助需要帮助的人群,并促进社会进步。同时,也能认识到志愿服务对于个人成长的积极影响,如提升沟通能力、培养团队合作精神、增强解决问题的能力等。

本项目重点强调了志愿者的素质和能力要求。作为一名优秀的志愿者,不仅需要具备良好的沟通能力和团队合作精神,还需要有耐心、责任心和积极的工作态度。此外,本项目还提到了志愿者在服务过程中可能遇到的挑战和困难,例如如何应对压力、如何处理与服务对象的冲突等,这些都可以让学生对志愿服务的实际操作有更深入的了解。

志愿服务,作为一种广受关注的社会公益活动,正随着社会的进步和科技的发展迎来更加广阔和多元的未来。科技的日新月异,特别是大数据、人工智能技术的崛起,为志愿服务注入了新的活力。利用这些先进技术,能够更精准地匹配志愿者的技能与服务需求,进而提升志愿服务的效率和质量。同时,虚拟现实(VR)和增强现实(AR)技术的引入,将为受助者带来更加沉浸式的体验和实质性的帮助。

未来,志愿服务将与社区建设更紧密地结合,志愿者将深入参与社区的日常管理,如环保、垃圾分类及文化活动组织等,这不仅有助于增强社区的凝聚力和归属感,还将推动社区的可持续发展。此外,随着全球化的不断推进,志愿服务的国际化趋势日益凸显,为志愿者提供了更多参与跨国界公益活动的机会,如国际救援和文化交流,这将增进国际的友谊和理解,同时培养志愿者的全球视野和跨文化沟通能力。

在教育领域,未来的教育将更加注重培养学生的社会责任感和公益精神,志愿服务有望成为教育体系的重要组成部分。学生通过参与志愿服务,将在实践中学习社会知识,提升技能,并培养团队合作精神和领导能力。

尽管志愿服务本质上是非营利性的,但未来我们或许会看到商业模式与志愿服务的更多结合。例如,企业可以通过赞助或合作的方式支持志愿服务项目,既履行了社会责任,又实现了品牌推广。同时,创新的商业模式,如"买一捐一"等,也将鼓励更多消费者参与到志愿服务中来。

随着志愿服务领域的不断拓展,对志愿者的专业素质和技能要求也日益提高。因此,未来志愿服务将更加注重专业化和规范化的发展,包括建立完善的志愿者培训体系、制定统一的志愿服务标准和流程等,以提升志愿服务的整体水平和影响力。可以预见,随着社会的进步和人们公益意识的提高,志愿服务将在全球范围内发挥更加重要的作用,为构建更加和谐、美好的社会贡献力量。

思政小课堂

西部志愿之旅:以青春热血绘就发展蓝图[①]

张旭然,一位文学院研究生,以深邃的思考和对未来的热切期盼,选择了一条不平凡的道路——参加大学生志愿服务西部计划。她拒绝安于现状和随波逐流,而是勇敢地迎接挑战,肩负起社会的责任与使命。

2021年9月,张旭然承载着使命与责任,踏上了新疆巴音郭楞蒙古自治州尉犁县的土地。在这片充满机遇与挑战的土地上,她开始了别样的志愿者之旅。虽然被分配到陌生的财政局工作,但她毫无畏惧,积极融入当地文化,坚定决心不断学习和进步。

在志愿服务期间,张旭然不仅勤勉工作,更热心参与各类志愿服务活动。她深入村寨,倾听民众声音,助力解决问题,与当地居民共度秋收时光,拾捡棉花、割罗布麻。这些经历让她深刻感受到生命的坚韧与顽强,同时也被罗布麻的顽强生命力所触动。

张旭然坚信:"虽然我一人的力量有限,但只要我们齐心协力,就能共同描绘出祖国西部更加美好的发展蓝图。"她的热情和决心感染着身边的人,激励着更多人为西部的建设贡献力量。

这段志愿服务经历为张旭然带来了宝贵的人生经验和深厚的友情,更让她领悟到青春的真谛。她以实际行动践行了"奉献、友爱、互助、进步"的志愿精神,为当地的发展注入了新的活力。

如今,尽管志愿服务已告一段落,但张旭然对公益事业的热爱和关注从未减退。她的故事成为激励更多人投身志愿服务的典范,用自己的行动去影响和改变世界。

张旭然的故事不仅仅是一个个体的成长经历,更是新时代青年勇于担当、无私奉献的缩影。在她的身上,我们看到了当代青年对于社会责任的深刻理解和积极践行。她用自己的实际行动诠释了"奉献、友爱、互助、进步"的志愿精神,为西部的发展和进步贡献了自己的力量,同时也影响和激励着更多的人投身志愿服务事业。

---

① 红河学院团委.扎根西部,奋力前行[EB/OL].(2022-06-10)[2024-05-16]. https://mp.weixin.qq.com/s?_biz=MzIzNzM4MTMxMQ==&mid=2247529548&idx=1&sn=4f65c2bd65fc8b47eac601d42b7b-80e6&chksm=e8cb479cdfbcce8ab0672d7e5adfe73a5d481cf0cba72ded99323c28d2d2726547e1afd980248&scene=27.

项目三 行业见习

知识目标

(1)了解生产实习的流程。
(2)了解顶岗实习的流程。
(3)掌握制定目标内容与任务确定的方法。

能力目标

(1)能根据所学到的理论知识完成实习任务。
(2)培养良好的规划意识。
(3)培养问题意识,提高将理论转化为实践的兴趣。
(4)能在实习过程中总结完善所学理论知识。
(5)培养严谨认真、求真务实的工作作风。

思政目标

(1)树立精益求精的工匠精神和爱岗敬业精神。
(2)遵守职业道德规范,诚信守约,为社会和企业做出积极贡献。

思维导图

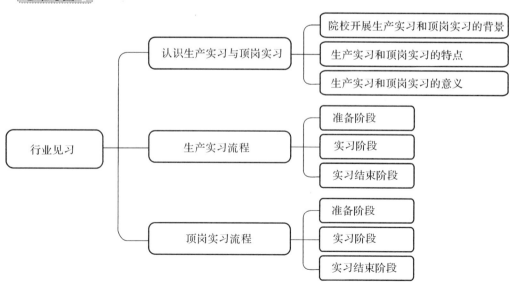

案例导入

生产实习的重要性

李明是一名机械工程专业的在校生,在大三的时候,为了更好地了解行业、提升自己的实践能力,他决定参加学校组织的生产实习。

在实习期间,李明被安排到了一家知名的机械制造企业。初到企业,他对生产线上的各种设备和工艺流程充满了好奇和期待。在导师的带领下,他开始了自己的实习生活。

在实习初期,李明主要负责观察和记录生产线的运行情况。但是他发现,许多操作都与在校学的理论知识有出入,于是他仔细观察了每一个环节,从原材料的入库、加工、组装到最终的产品检验,他都一一记录在案。通过这个过程,他对机械制造的整个流程有了更加深入的了解。

随着时间的推移,李明逐渐参与到了一些实际的生产任务中。有一次,生产线上的一台设备出现了故障,导致生产效率大大降低。李明迅速与同事们一起投入到故障排查和修复工作中。他们仔细检查了设备的各个部件,最终找到了问题的根源并成功修复了设备。这次经历让李明深刻体会到了生产实习中实践能力的重要性。

除了参与生产任务外,李明还积极参与了企业的技术创新活动。他结合所学的专业知识,提出了一些改进生产流程的建议。虽然有些建议起初并不被大家所接受,但李明坚持自己的观点,并通过实验和数据分析来证明其可行性。最终,他的建议得到了企业的认可并付诸实施,取得了显著的效果。

通过这次生产实习,李明不仅提升了自己的实践能力,还结识了许多业界的专家和同行。他们之间的交流和合作让李明更加明确了自己的职业方向和发展目标。

实习结束后,李明对自己的未来充满了信心。他深刻地认识到,生产实习不仅是一次技能的提升,还是一次心灵的成长,让他更加明确了自己的职业追求和人生价值,也让他更加珍惜这次难得的学习机会。

在未来的学习和工作中,李明将继续发扬生产实习中锻炼出的实践能力和创新精神,为实现自己的职业梦想和国家的科技进步贡献自己的力量。

这个故事充分体现了生产实习的重要性。通过实习,学生可以深入了解行业,提升实践能力,拓展人际关系,为未来的职业发展奠定坚实的基础。同时,实习也是一次心灵的洗礼和成长的契机,让学生更加明确自己的职业追求和人生价值。

任务一 认识生产实习与顶岗实习

生产实习和顶岗实习都是非常重要的实践教学环节,能够帮助学生更好地理解和应用所学知识,提高实际操作能力和职业素养,为将来的就业和发展打下坚实的基础。但是,它们在具体实施和要求上可能因学校、专业、企业等因素而有所不同,因此需要根据实际情况进行具体的安排和组织。

一、院校开展生产实习和顶岗实习的背景

随着我国经济的持续稳定发展,经济转型升级和创新能力的提升已成为社会的重要任务。这种发展趋势深刻影响了企业对人才的需求,企业不再仅仅关注学生的专业技能,而是更加注重其创新意识、团队合作能力等综合素质。为了更好地适应这种变化并培养出符合社会需要的高素质人才,院校正在加强与企业的联系,通过生产实习和顶岗实习等方式深入了解企业的人才需求。这样,院校可以更有针对性地优化教学内容和方法,培养出既具备专业技能,又拥有良好综合素质的优秀人才,从而为社会和经济的发展做出更大的贡献。

近年来,我国高等教育经历了显著的变革,逐渐从单一的理论教学向理论与实践相结合的教学模式转型。为了强化学生的实践能力,各大院校积极增设实践教学环节,其中生产实习和顶岗实习成为重要的组成部分。通过这些实习活动,学生得以将课堂所学知识融入实际工作之中,不仅锻炼了动手能力,还提升了解决实际问题的能力。这种教学模式的调整旨在为学生未来职业生涯奠定坚实基础,使大家能够更好地应对各种职业挑战。

面对当前严峻的就业环境,院校正在积极采取措施以增强学生的就业竞争力。生产实习和顶岗实习作为有效的实践教学手段,能够为学生提供宝贵的职业经验,深入了解行业现状、熟悉真实的工作环境,并掌握必要的职业技能。通过这些实习活动,不仅能够提升自我认知,明确职业方向,还能显著增强就业信心,提高求职成功率。更为重要的是,这些实习经历将为学生的长远职业发展奠定坚实基础,助力大家在激烈的职场竞争中脱颖而出,实现个人职业价值的最大化。

二、生产实习和顶岗实习的特点

生产实习通常是在学生学习期间,由学校或教师组织安排到企业或工厂进行的一种实践教学活动。这种实习的目的是使学生通过参与实际生产过程,了解企业的生产流程、设备操作、工艺技术等方面的知识,从而加深对所学理论知识的理解,提高实际操作能力。生产实习的时间通常较短,可能是一两周或一个月,而且往往是在课程学习期间进行,以便与理论教学相结合。

顶岗实习则是一种更为深入和全面的实践学习方式。它通常是在学生完成大部分或全部课程学习后,由学校安排或学生自己联系到企业或相关单位进行的一种长时间的实习活动。顶岗实习的目的是使学生能够在真实的职业环境中,全面了解和熟悉所学专业的实际工作情况,掌握相关的职业技能和素养,为将来的就业做好充分的准备。顶岗实习的时间通常较长,可能是几个月甚至半年或一年,而且往往是在学生毕业前进行,以便学生能够更好地适应职业岗位的要求。

三、生产实习和顶岗实习的意义

(一)生产实习的意义

1. 检验知识学习程度的重要手段

生产实习不仅是提升学生实践能力的重要途径,还是检验理论知识学习程度的重要手

段。通过生产实习,可以全面、客观地评估学生在专业知识与技能方面的实际水平,使学生学会如何将所学理论知识应用于实际工作中。同时,这也是一次对学生为社会主义建设服务的专业思想、遵守社会主义劳动纪律与职业道德的全方位考察。通过生产实习这一社会性的实践活动,可以对学生的思想工作进行深入的检验与引导,确保他们在掌握专业技能的同时,也具备了正确的世界观、人生观和价值观。因此,生产实习不仅是提升学生专业素养的关键环节,还是对教学质量进行全面检验与提升的重要手段。

2. 贯彻理论联系实际

让学生以实际工作者的身份直接参与生产过程,是贯彻理论联系实际原则、提升学生实践能力的有效途径。通过实习,学生不仅能够将所学的知识和技能应用于实际生产任务中,还能在生产一线学习掌握新的技术和管理知识,从而全面提升自身的专业素养。同时,实习过程也有助于学生巩固、深化和拓展理论知识,实现理论与实践的有机结合。这种以实践为导向的教学模式,对于培养学生的实际操作能力、问题解决能力以及创新创业精神都具有重要意义。

(二)顶岗实习的意义

1. 提升学生的学习能力

顶岗实习是提升学生学习能力的重要途径。通过参与实际工作,学生不仅能够拓展学习方法、开阔视野,还能深刻体会到理论与实践相结合的重要性。经历过顶岗实习的学生普遍认同其对学业生涯的积极帮助,不仅锻炼了自身素质,提高了综合能力,还对未来职业选择有了更为清晰的认识。此外,顶岗实习还有助于进一步发展学生的学习能力、组织管理能力以及沟通表达能力,为他们的全面发展奠定坚实基础。

2. 引导学生确立就业方向感

顶岗实习对学生就业意愿与方向的确立具有显著影响,为其在择业与就业过程中提前积累经验提供了宝贵机会。这一实践环节不仅强化了学生的职业认同感,还在很大程度上帮助他们明确职业方向。以教育行业为例,部分学生通过顶岗实习坚定了从教的决心,并最终如愿成为教师。更重要的是,顶岗实习经验使学生在职场表达意愿、展示能力时更加自信、充分,从而更易与招聘单位达成共识。总的来说,顶岗实习为学生的职业生涯规划和发展奠定了坚实基础。

3. 使学生提前适应职场环境与职业角色

顶岗实习对学生顺利融入职业角色、处理复杂工作事务具有显著帮助。它类似于实战演练,为学生提供宝贵的职场经验,使其能够在真实的工作环境中学习和成长。对于缺乏实践经验的学生来说,顶岗实习是一个难得的机会,可以帮助他们更早、更好地运用所学技能,在未来的职业生涯中脱颖而出,持续发挥出色表现,并提升对工作的满意度。

【案例】

顶岗实习的转折之路

刘悦是高职学校的一名学生,即将面临毕业,和许多同学一样,他对未来的就业感到迷茫和不安。尽管在校期间他学习努力,但缺乏实际工作经验让他对能否胜任工作充满了不确定。

在学校的安排下,刘悦开始了一次为期三个月的顶岗实习。他被分配到了一个知名企业,担任助理的职位。刚开始,刘悦感到手忙脚乱,不熟悉的工作环境、复杂的工作流程以及严格的上司让他倍感压力。他经常出错,甚至有时候会对自己的能力产生怀疑。

然而,正是在这段艰难的时期,刘悦意识到了实习的重要性。他开始主动学习,虚心请教前辈,努力提升自己的工作能力。他渐渐明白,学校所学的理论知识只是基础,真正的技能需要在实践中不断磨炼和提升。

随着时间的推移,刘悦的进步越来越明显。他能够独立完成任务,处理复杂的工作问题,甚至在领导不在的情况下也能妥善应对突发情况。他的努力得到了同事和领导的认可,他也逐渐找到了自己的职业定位。

顶岗实习结束后,刘悦顺利留在了这家公司,成了一名正式员工。他感谢那段艰难的实习经历,让他有机会认识到自己的不足,也让他找到了自己的价值和方向。

回想起那段顶岗实习的经历,刘悦感慨万千。正是那段经历,让他从一名毫无经验的学生,成长为一名职场精英。他深刻体会到,顶岗实习不仅仅是为了找工作,更是一个提升自己、发现自己的过程。

刘悦的故事是一个关于顶岗实习带来转折与成长的典型案例。起初,他像许多即将毕业的学生一样,对未来充满了迷茫和不安。然而,通过顶岗实习这一特殊的实践经历,他成功地实现了自我突破和成长。

任务实训

任务实训单内容见表 2-3-1。

表 2-3-1 任务实训单

序号	实训项目	实训内容	实训要求
1	概念回顾	(1)简述生产实习与顶岗实习的定义及其特点。 (2)分析生产实习与顶岗实习的异同点	对比两者的异同,清晰表述,并做出自己的理解
2	案例分析	(1)选择相关生产实习与顶岗实习的案例,分析两个案例的目的、过程和效果。 (2)比较两个案例的异同,探讨各自的优势与不足	(1)案例需与所学专业相关,分析全面深入。 (2)对比分析准确,探讨有深度
3	寻找相关资料	寻找关于生产实习与顶岗实习的资料,为下面的任务做铺垫	通过资料,初步了解实习步骤,在脑海中形成对生产实习与顶岗实习的初步认识,并做出总结

指导教师签字:＿＿＿＿＿＿

学生签字:＿＿＿＿＿＿

日期:＿＿＿＿＿＿

任务二 生产实习流程

案例导入

生产实习之旅：小张的智能设备冒险

小张是一个充满活力与好奇心的电子工程专业学生，在大二暑假的时候，学校和当地企业合作，给学生提供了一批生产实习的岗位。于是小张积极准备，在几个岗位上做了考量与准备。终于，他迎来了期待已久的生产实习，这次，他将踏入一家以智能设备研发而闻名的科技企业——智汇科技。

当小张走进智汇科技的大门，他仿佛进入一个未来世界。高科技的办公环境、忙碌而有序的工程师们，以及随处可见的智能设备，都让他兴奋不已。他的实习导师张华，一位资深工程师，热情地迎接了他，并带他参观了公司。

张华为小张安排了一个特别的实习项目——参与一款新型智能手环的研发。这款手环能够监测用户的健康状况，并提供个性化的运动建议。小张一听到这个项目，眼睛立刻亮了起来。他一直对智能穿戴设备充满兴趣，这次竟然有机会参与其中。

然而，实习生活并非一帆风顺。在电路设计的过程中，小张遇到了一个又一个难题。有时，他在实验室里一待就是好几个小时，反复调试电路，寻找问题的根源。每当他遇到困难时，张华总是会耐心地给予指导，鼓励他不断尝试。

有一次，小张在测试中发现手环的数据传输存在严重的延迟问题。他冥思苦想了好几天，尝试了各种方法，却始终无法解决问题。就在他几乎要放弃的时候，张华提醒他检查一下手环的通信协议。小张恍然大悟，经过一番努力，终于成功解决了问题。

三个月的实习生活转眼间就过去了。在这段时间里，小张不仅学会了如何设计电路、调试设备，还深刻体会到了团队合作的重要性。他参与了项目的每一个环节，从需求分析、设计开发到最后的测试验收，他都亲身参与其中。

在实习的最后一天，张华特意为小张准备了一个小惊喜——一款他亲手参与研发的智能手环。小张感动不已，他知道这不仅仅是一份礼物，更是对他实习期间努力的认可。

这次生产实习让李明收获满满。他不仅将理论知识运用到了实践中，还学会了如何面对挑战、解决问题。更重要的是，他在智汇科技这个大家庭里感受到了温暖与鼓励，这让他更加坚定了自己从事科技行业的决心。在未来的日子里，李明将继续努力学习，为实现自己的梦想而奋斗！

在这次生产实习中，李明通过参与智能手环的研发项目，不仅将所学的电子工程理论知识应用于实践，还锻炼了解决实际问题的能力。他深刻体会到了从理论到实践的转化过程，以及面对挑战时的不易。通过不断的努力与尝试，李明在电路设计、设备调试以及团队合作等方面都取得了显著的进步。

在进行生产实习实践之前，深入了解其流程是不可或缺的准备步骤。图 2-3-1 所示为生产实习流程图。

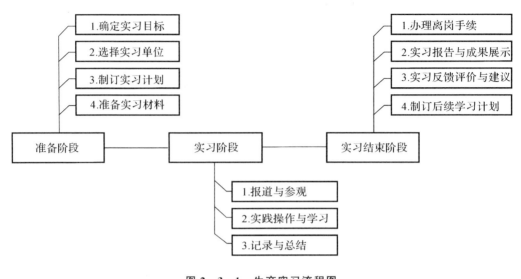

图 2-3-1 生产实习流程图

一、准备阶段

(一)明确实习目标

实习工作目标为在短时间内,完成具体工作内容,结合在企业实习任务的进展进行制定。

1. 自我定位与需求分析

在准备投入生产实习之前,对自我进行准确的定位与深入的需求分析是至关重要的一步。这不仅能帮助学生明确实习目标,还能确保他们从中获得最大的学习和发展机会。

(1)自我定位。

1)专业知识与技能评估:回顾已学的专业课程,评估自己对专业知识的掌握程度;思考自己在哪些技能方面表现突出,哪些方面还有待提升;通过与同学、老师交流,或参与技能测试,获得更客观的评估。

2)个人兴趣与职业倾向探索:深入了解自己的兴趣所在,思考自己对哪些生产领域或技术方向更感兴趣。通过职业测试、心理咨询等方式,了解自己的职业倾向和适合的工作类型。

3)明确角色定位:认识到自己作为实习生的角色,既是学习者也是实践者。保持谦虚、好学的态度,同时敢于尝试和挑战自己。

(2)需求分析。

1)实习目标设定:根据自我定位,设定具体、可衡量的实习目标,如掌握某项技能、完成特定任务等。确保目标既符合自己的发展需求,也符合实习单位的期望。

2)技能与知识需求梳理:分析实习目标所需的关键技能和知识点。列出自己已掌握和还需学习的内容,制订学习计划。

3)职业发展需求考量:思考生产实习经历对自己未来职业发展的意义。了解行业趋势和市场需求,以便在实习过程中有针对性地学习和提升。

4)心理与情感准备:认识到实习可能带来的挑战和压力,做好心理准备。培养积极应对问题的心态和寻求帮助的能力。

2. 咨询与讨论

与专业课老师或已参加过生产实习的同学进行交流,了解实习中可能遇到的挑战和机遇。根据反馈调整自己的实习期望和目标。

(二)选择适合的实习单位

1. 行业调研

对所在专业的相关行业进行调研,了解行业内主要的生产企业及其特点。根据自己的兴趣和职业发展规划,初步筛选出几个目标实习单位。

2. 信息收集与对比

收集目标实习单位的详细信息,包括企业文化、生产工艺、技术水平等。对比各实习单位的优劣,结合个人目标做出选择。

3. 联系与确认

与选定的实习单位联系,了解实习申请的具体要求和流程。按照要求提交申请材料,并等待实习单位的审核结果。

(三)制订详细的实习计划

1. 时间规划

根据学校的实习要求和个人的时间安排,确定生产实习的起止时间。考虑到实习单位的生产周期和可能的任务安排,合理规划每个阶段的实习内容。

2. 目标设定

根据实习单位的实际情况和个人的学习目标,设定具体可量化的实习目标。这些目标可以包括掌握特定技能、完成某项生产任务等。

3. 内容安排

在导师或实习单位负责人的指导下,制定详细的实习内容安排,包括理论学习、实践操作、参观交流等各个环节。

(四)实习前准备

在完成自我定位与需求分析之后,实习前的准备工作就显得尤为重要。充分的准备不仅可以帮助学生更好地融入实习环境,还能确保实习期间的学习效果和工作效率。

1. 知识与技能储备

(1)复习与巩固专业知识:针对即将实习的领域,系统复习相关的专业知识,确保自己具备扎实的理论基础。

(2)提前学习实习所需技能:通过在线课程、教程或实践操作,提前学习并掌握实习中可能用到的关键技能。

(3)了解行业前沿动态:关注实习所在行业的最新动态和趋势,以便在实习过程中能够更快地适应和融入。

2. 心态与情感调整

(1)保持积极心态:实习是一个学习和成长的过程,可能会遇到挑战和困难,但要保持积极、乐观的心态,勇于面对和解决问题。

(2)建立合理期望:对实习期间可能遇到的情况和问题有所预见,并建立合理的期望,避免期望过高或过低带来心理落差。

(3)学会情绪管理:学会在实习过程中管理自己的情绪,保持冷静和理性,避免因情绪波动而影响工作和学习。

3. 物资与后勤准备

(1)准备必要的工具和资料:根据实习的具体需求,提前准备好所需的工具、书籍、笔记本等物品。

(2)安排合适的住宿和交通:如果实习地点较远,需要提前安排好住宿和交通,确保实习期间的居住安全和通勤便利。

(3)备份重要文件和资料:将重要的电子文件和资料备份到云端或移动硬盘,以防意外丢失。

4. 沟通与团队协作准备

(1)提升沟通技巧:学习并练习有效的沟通技巧,包括倾听、表达、反馈等,以便在实习过程中与同事、导师等建立良好的沟通关系。

(2)培养团队协作精神:了解团队协作的重要性和基本原则,学会在团队中发挥自己的作用,并积极参与团队活动。

(3)建立人际关系网络:在实习前通过社交媒体、学校或行业内的活动等方式,建立一定的人际关系网络,为实习期间的交流和合作打下基础。

二、实习阶段

(一)报到与参观

1. 按时报到与初步接触

学生应按照学校与实习单位事先约定的时间,准时到达实习单位进行报到。建议提前规划好路线,以防意外情况导致迟到。

到达实习单位后,学生应前往指定地点(如前台、人事部或指定的会议室)进行登记,并出示相关的身份证明和学生证件。

2. 详细提交实习材料

除了基本的身份证明和学生证件外,学生可能还需要提交由学校开具的实习推荐信、个人简历、健康证明(如有要求)等。这些材料是实习单位了解学生背景、能力和健康状况的重要依据,因此学生应确保所有材料的真实性和完整性。

3. 全面了解实习安排与要求

实习导师或负责人会为学生详细介绍实习期间的整体计划、目标、具体任务以及相关的注意事项。学生应认真倾听并记录这些信息,确保自己对即将开始的实习生活有一个清晰的认识。此外,学生还可以利用这个机会向导师或负责人询问自己对实习的任何疑问或不明确的地方。

4. 熟悉实习环境与团队

在导师或负责人的引导下,学生可以参观实习单位的工作环境,了解各部门的位置和职能。学生还会被介绍给即将一起工作的团队成员,这是一个建立初步联系和了解的好机会。学生应主动与团队成员交流,展现自己的友好态度和学习意愿。

5. 签署相关协议与保密条款(如需要)

根据实习单位的性质和具体要求,学生可能需要签署相关的实习协议、保密协议或知识产权保护协议等。在签署这些协议之前,学生应仔细阅读协议内容,并确保自己完全理解其中的条款和义务。如有任何疑问或不确定的地方,学生应及时向导师、负责人或学校的指导老师咨询。

(二)实践操作与学习

1. 参与生产活动

学生将被分配到具体的生产部门或岗位上,与正式员工一起参与到日常的生产活动中。在导师或岗位负责人的指导下,学生将学习并操作生产设备、了解产品制造的详细流程。学生应严格遵守生产现场的安全规范,确保自身和他人的安全。

2. 逐步完成任务与项目

根据实习计划,导师会为学生分配一系列具体的任务和项目。这些任务和项目可能涉及产品研发、质量检测、生产管理、市场调研等多个方面,旨在帮助学生全面了解企业的运营和生产过程。学生需要按照要求逐步完成任务,并定期向导师汇报进度和遇到的问题。

3. 积极学习与交流

实习期间,学生应保持积极的学习态度,主动向导师和同事请教问题,不断提升自己的专业技能。学生还应积极参加实习单位组织的各类培训、讲座和技术交流活动,以拓宽知识面、了解行业前沿动态。

此外,与同事间的良好交流也是非常重要的。这不仅有助于学生更快地融入团队,还能为他们未来的职业发展搭建人脉网络。

4. 及时反馈与调整

在实习过程中,学生可能会遇到各种困难和挑战。这时,他们需要及时向导师反馈问题,并寻求帮助和支持。同时,根据学生的表现和反馈,导师也会适时调整实习计划和任务难度,以确保实习的顺利进行。

5. 培养职业素养与团队精神

除了专业技能的提升外,实习期间学生还应注重培养自己的职业素养和团队精神。这包括遵守职业道德、保持职业礼仪、提高工作效率等方面的素养。同时,学生也应学会如何在团队中发挥自己的作用,与团队成员协作配合,共同完成任务。

(三)记录与总结

1. 日常工作内容记录

(1)参与了××产品的生产线组装工作,了解了其基本构造和组装流程。

(2)协助进行了设备调试,学习了设备的基本操作和维护知识。

(3)跟随质量部门进行了产品检测,了解了产品质量控制的标准和流程。

2. 问题与解决方案记录

(1)在组装过程中遇到了××零件配合不紧密的问题,通过向资深员工请教,学习了调整技巧,成功解决了问题。

(2)在设备调试时,发现设备运转不稳定,经过检查发现是电源连接问题,及时进行了修复。

3. 学习培训记录

(1)参加了公司组织的生产安全培训,学习了生产现场的安全规范和应急处理措施。

(2)参与了技术交流会,了解了行业最新的生产技术和发展趋势。

4. 与同事交流记录

(1)与生产线的同事交流了工作经验,学习了他们高效的工作方法和团队协作的技巧。

(2)与技术部门的同事讨论了产品改进的可能性,提出了自己的见解和建议。

三、实习结束阶段

(一)办理离岗手续

1. 提前递交辞职报告

一般情况下,应提前3天(具体时间可根据实习合同或公司规定而定)向直接领导递交手签的辞职报告,表明自己的离岗意向。直接领导批准辞职报告后,会将其转交给人事部门。人事部门会进一步处理离岗申请,并可能与实习生确认离岗日期、薪资结算等相关事宜。

2. 办理工作交接

在离岗前,需要与接替自己工作的同事进行详细的工作交接。这包括介绍项目进展、待解决的问题、工作关键点等,并确保所有重要的工作资料和文件都已整理归档。

3. 领取离岗证明和其他资料

离岗手续办理完毕后,实习生可以到人事部门领取实习证明、离岗证明等必要的资料。

4. 办理宿舍和物品退还手续(如使用)

如果实习生在实习期间住在公司提供的宿舍或使用了公司的物品,需要在离岗时办理相应的退还手续。

5. 与同事和导师告别

在离职前,与同事和导师进行简短的告别,表达感谢和敬意,是一个良好的职业习惯。

(二)实习报告与成果展示

1. 系统整理实习经历

在实习结束之际,学生应首先对自己的实习经历进行系统的整理。这包括回顾实习期间参与的所有项目、任务、培训和交流活动,以及自己在这些活动中的表现和收获。通过整理,学生可以清晰地看到自己在实习期间的成长和进步,也能发现存在的不足和需要改进的地方。

2. 撰写全面深入的实习报告

撰写实习报告是总结阶段的重要任务之一。学生需要根据自己的实习经历和体会,撰写一份全面、深入、客观的实习报告。报告内容应包括实习单位的基本情况、实习期间的主要工作和成果、遇到的问题和解决方案、个人收获和体会等。

撰写报告的过程不仅是对实习经历的再次回顾和反思,而且是提升学生写作能力和逻辑思维能力的好机会。

3. 实习成果展示

如果条件允许,学生可以在学校或实习单位组织实习成果展示活动。通过 PPT 演示、实物展示、口头报告等形式,学生可以向导师、同学和实习单位的同事展示自己在实习期间的成果和收获。这不仅是对学生实习成果的一种认可和鼓励,而且是促进学生之间交流和学习的好机会。

(三)实习反馈评价与建议

在实习总结阶段,学生会收到来自导师、同事和实习单位的评价与建议。这些评价和建议是对学生实习表现的客观反馈,对于学生了解自己的优点和不足、明确改进方向具有重要意义。学生应认真听取并虚心接受这些评价与建议,将其作为今后学习和职业发展的宝贵财富。

(四)制订后续学习计划

根据实习期间的收获和体会,以及收到的评价与建议,学生应制订后续的学习计划和职业规划。这包括针对实习中发现的知识和技能短板进行补充学习、根据职业兴趣和发展方向调整课程选择和专业方向等。通过制订明确的学习计划和职业规划,学生可以更好地利用实习经验,为未来的学习和职业发展奠定坚实的基础。

任务实训

建议大家利用一个月的暑/寒假时间进行生产实习,任务实训单内容见表2-3-2。

表2-3-2 任务实训单

一、基本信息	
实习生姓名	×××
学号	××××××××
实习单位	××××××××有限公司
实习部门	××部
实习时间	××××年××月××日至××××年××月××日

二、实习任务与目标	
任务一	深入了解企业生产流程
任务二	学习设备操作、维护与管理
任务三	提升实践能力和团队协作能力
任务四	明确职业规划和发展方向

三、实训要求

1. 遵守企业规章制度和劳动纪律
2. 认真履行实训任务,做好记录和总结
3. 注重团队协作与沟通
4. 保守企业商业秘密

四、实训内容与安排		
时间	流程	内容
第1周	入职培训	(1)参加企业入职培训。 (2)参观生产车间
第1周	熟悉环境	(1)熟悉企业文化、规章制度。 (2)了解生产环境和设备布局
第2～4周	生产线实践	(1)参与生产线各环节。 (2)学习设备操作与维护。 (3)遵守安全规范
第5周	质量控制	(1)参与产品质量控制。 (2)记录分析问题,提出改进建议
第5周	产品分析	学习质量检验标准和方法

续表

一、基本信息		
第6周	总结与汇报	(1)撰写实习总结报告。 (2)进行实习汇报
五、实训评价		

评价要求:(1)导师根据实习生表现进行评价。
　　　　(2)内容包括工作态度、实践能力、团队协作能力等。
　　　　(3)评价结果作为学校对实习生实习成果的重要参考。

注:此表格为模板,具体内容可根据实际情况进行调整。

指导教师签字:_____
学生签字:_____
日期:_____

任务三　顶岗实习流程

案例导入

顶岗实习的逆袭之旅

一所名为"未来技术学院"的学校以培养应用型人才而著称。每年,学校都会安排一批学生进入企业顶岗实习,以此锻炼他们的实践能力。今年也不例外,小李就是其中一员。

小李是个内向而敏感的男生,平时在校园里总是默默无闻。他对自己的专业能力一直缺乏自信,每次实验课总是小心翼翼,生怕出错。这次顶岗实习,他被分配到了一家科技公司。

实习初期,小李感到前所未有的压力。他所在的部门节奏快,每个人都忙得不亦乐乎。每当团队开会讨论项目时,他总是那个默默坐在角落,不敢发表意见的人。他害怕自己的见解会被嘲笑,害怕成为团队的负担。

然而,这种沉默并没有给他带来安全感。相反,他越来越觉得自己像是个局外人,看着团队其他成员交流得热火朝天,他却插不上一句话。他开始怀疑,自己是否真的适合这个专业,是否真的能够在这个行业立足。

就在小李陷入迷茫的时候,一个转机出现了。有一天,团队遇到了一个棘手的技术问题,大家讨论了很久都没有找到解决方案。小李突然想起了自己之前在阅读文献时看到过类似的情况,他心中一动,鼓起勇气提出了自己的想法。

起初,他的声音还有些颤抖,但随着讲解的深入,他逐渐变得自信起来。当他说完后,整个会议室陷入了短暂的沉默。然后,团队领导拍了拍他的肩膀,赞赏地说:"小李,你的思路很有创意,我们之前怎么没想到呢?这次你立了大功!"

小李的脸上露出了久违的笑容。从那以后,他像是变了一个人似的,开始积极参与团队的讨论和项目。他不再害怕犯错,而是把每一次挑战都当作学习的机会。他的专业能力得到了飞速的提升,连之前对他颇有微词的同事也开始对他刮目相看。

实习结束的那天,公司特意为小李举办了一个小型的欢送会。团队领导在会上感慨地说:"小李,你这段时间的进步我们都看在眼里。希望你未来一切顺利,有机会我们再次合作。"

小李感动得热泪盈眶。他明白,这次顶岗实习不仅让他找到了自己的价值,还让他收获了成长和自信。他暗暗下定决心,未来无论遇到什么困难,都要勇往直前,不断挑战自我。

就这样,小李的顶岗实习之旅画上了圆满的句号。他带着满满的收获和对未来的憧憬,踏上了新的人生征程。

本案例展示了顶岗实习的重要性和其对个人成长的深远影响。小李的故事告诉我们,顶岗实习不仅仅是一次简单的实践经历,更是一个锻炼和提升自己、实现自我价值的重要机会。

顶岗实习要求学生真实地融入职场环境中,像小李一样,去面对那些前所未有的挑战和压力。这种实践中的磨砺,让他们更加明确自己的职业定位和方向,也为其未来的职业发展打下坚实的基础。

顶岗实习不仅是一次职业技能的提升,而且是一次全面的自我成长。大学生应该珍惜这样的机会,勇敢地去尝试、去挑战、去超越,让自己在实习的旅途中收获满满,图2-3-2所示为未来的人生之路奠定坚实的基础。所示为顶岗实习流程图,旨在引领大家更顺畅、更高效地走向顶岗实习的每一个环节。

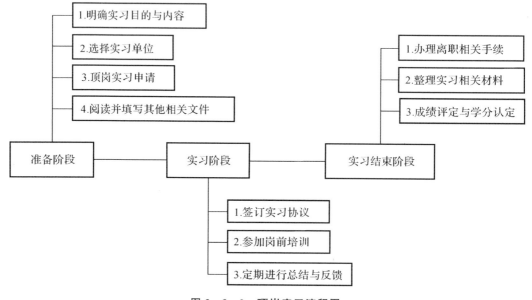

图2-3-2 顶岗实习流程图

一、准备阶段

(一)明确实习目的和内容

1. 自我认知与定位

在开始顶岗实习之前,学生应首先对自己进行深入的自我认知,了解自己的兴趣、专业优势、长期职业规划等。通过这种自我定位,学生可以更准确地选择与自己职业目标相匹配的实习岗位,从而提高实习的针对性和效果。

2. 明确实习目标

学生应明确自己希望通过实习达到哪些具体目标,如提升专业技能、了解行业运作、建立职业网络等。这些目标应既符合学生的个人发展需求,也与实习单位的业务方向和资源条件相契合。

3. 细化实习内容

根据实习目标,学生应与实习单位共同明确实习期间的具体工作内容和职责范围。这包括了解将要参与的项目、任务分配、工作时间安排等,以确保实习期间能够全面深入地参与实际工作中。

4. 预期成果设定

在明确实习内容的基础上,学生还应设定一些可量化的预期成果,如完成特定项目、达到某项技能水平、获得行业认证等。这些预期成果可以作为实习期间自我管理和评估的依据,也有助于在实习结束后进行成果展示和总结。

5. 沟通与确认

在确定实习目的和内容后,学生应与指导老师进行沟通,确保自己的实习方向有可行性。

(二)选择实习单位

1. 了解学校资源

学生应首先全面了解学校提供的实习资源,这包括但不限于合作企业名单、校企合作项目、校友网络等。通过这些资源,学生可以获得更多的实习机会和更广阔的职业发展平台。

2. 匹配个人兴趣与专业

在选择实习单位时,学生应结合自己的兴趣和专业方向进行筛选。实习岗位应与所学专业相关,这样才能更好地运用所学知识,提升专业技能。

3. 考察实习单位实力与背景

学生应对感兴趣的实习单位进行深入的了解和研究,包括其实力、行业地位、发展前景等。选择一个有实力和背景的实习单位,可以为学生提供更好的实习环境和更多的学习资源。

4. 咨询老师或职业规划师

在做出决定前,学生可以咨询学校的老师或职业规划师,获取他们的建议和意见。这些专业人士可以帮助学生更好地分析实习单位的适合度,避免盲目选择。

5. 参加招聘会或宣讲会

学校通常会组织各类招聘会或企业宣讲会,学生应积极参加这些活动。通过与企业代表的面对面交流,学生可以更直接地了解企业需求和岗位情况,为选择合适的实习单位提供有力支持。

6. 利用网络资源

除了学校的资源外,学生还可以利用互联网等网络资源寻找实习机会。可以关注行业相关的招聘网站、社交媒体群组等,获取最新的实习信息和行业动态。

7. 做出选择

在充分了解并比较各个实习单位后,学生应结合自身情况和发展目标做出明智的选择。选择的实习单位不仅要满足当前的实习需求,还应有助于未来的职业发展。

(三)顶岗实习申请

根据实际情况,详细填写并提交"顶岗实习申请表"。该申请表主要包含学生的基本信息、实习单位的具体状况、计划的实习时间及申请动因、家长的意见与签名,以及学校的评估与批准等内容。请务必确保所填信息的真实性和完整性。

(四)阅读并填写其他相关文件

为了保证顶岗实习的顺利进行并最终圆满完成,学校会提供一系列相关的指导性和规范性文件。这些文件通常包括但不限于《顶岗实习管理规定》《顶岗实习安全责任书》《顶岗实习协议书》以及《顶岗实习手册》等。在领取这些重要文件时,请学生务必仔细审阅每一项内容,并按照规定的要求认真填写相关信息。这不仅是对自己的实习过程负责,而且是对学校和企业方的尊重。通过阅读并妥善处理这些文件,学生可以更好地了解自己的权利与义务,确保实习期间的各项工作安全、有序进行。

二、实习阶段

(一)签订实习协议

1. 协议准备

在确定实习单位后,学校或实习单位通常会提供一份实习协议的草案。这份协议是双方合作的基础,因此应认真阅读并理解其中的所有条款。

2. 明确实习期限与安排

实习协议中应明确实习的具体开始和结束日期,以及实习期间的工作时间安排。这有助于实习生合理安排个人时间,并确保实习的连贯性和完整性。

3. 确定实习内容与职责

协议中应详细描述实习生的工作内容、职责范围以及预期的实习成果。这有助于实习生明确自己的任务目标,并作为工作表现的评估依据。

4. 规定双方权利义务

实习协议应明确规定实习生和实习单位各自的权利和义务,包括实习生的学习机会、工作条件、安全保障等权益,以及遵守单位规章制度、保护单位商业秘密等义务。同时,实习单位也应承担相应的责任,如提供必要的培训和指导,确保实习生的工作安全等。

5. 薪酬与福利待遇

如果实习是有偿的,协议中应明确实习生的薪酬标准、支付方式以及发放时间。此外,还应注明是否提供其他福利待遇,如住宿、交通补贴等。

6. 保密与知识产权条款

鉴于实习过程中可能接触到实习单位的商业秘密或知识产权,协议中应包含相应的保密条款和知识产权归属条款。这有助于保护实习单位的合法权益,也提醒实习生注意职业操守。

7. 解除与终止条款

实习协议中还应规定协议的解除和终止条件,包括双方协商一致解除、因实习生或实习单位原因单方面解除等情况的处理方式。这有助于在实习过程中遇到不可预见情况时,双方能够有序地结束合作关系。

8. 法律适用与争议解决

协议中应明确适用的法律条款以及争议解决机制,如协商、调解、仲裁或诉讼等方式。这为双方在实习过程中可能出现的争议提供了解决途径。

9. 协议签署与生效

在确认协议内容无误后,双方代表应签署并加盖公章(如需要),协议即正式生效。实习生应妥善保管自己的协议副本,作为实习期间的法律依据。

(二)参加岗前培训

岗前培训是实习阶段的开篇,它为学生提供了一个从学术环境平稳过渡到职业环境的机会。这个环节的重要性不容忽视,因为它能帮助学生更好地理解即将面对的工作环境和责任。

1. 了解实习单位基本情况

在岗前培训中,学生通常会接收到关于实习单位的历史、文化、组织架构、业务范围以及市场定位等方面的介绍。这些信息有助于学生快速融入新环境,理解单位的核心价值和期望。

2. 熟悉工作流程

了解日常工作的基本流程是岗前培训的关键部分,可以学到如何高效地完成各项任务,包括使用哪些工具、遵循哪些步骤以及注意哪些细节等。此外,对于特定行业或岗位特有的工作规范和安全操作,也会在这个阶段进行详细说明。

3. 明确岗位职责

在岗前培训中,会使学生明确自己在实习期间的具体职责。这包括了解所在岗位的主要工作内容、目标、关键绩效指标(KPI)以及与其他岗位的协作方式等。通过明确岗位职责,学生可以更有针对性地进行实习准备,从而更好地完成实习任务。

4. 技能提升与补充

除了基本的介绍和说明外,岗前培训还可能包括一些技能提升课程,特别是那些对实习岗位至关重要的技能。例如,如果实习岗位涉及数据分析,可能会接受一些基础的数据分析工具和方法培训。

5. 问题解答与互动环节

岗前培训的最后,通常会留有时间进行提问和互动。这是一个极好的机会,可以针对自己不清楚或不确定的地方寻求解答,同时也能从其他学生和导师的交流中汲取更多信息。

通过全面而系统的岗前培训,学生可以为即将到来的实习生活做好充分的准备,以更加自信和专业的姿态迎接挑战。

(三)定期进行总结与反馈

在实习期间,应该养成定期总结和反思实习过程的良好习惯。这种总结与反思不仅是对自己实习表现的自我评估,而且是一个发现成长、识别不足并制订针对性改进计划的宝贵机会。通常,学校会在《顶岗实习手册》中明确规定学生需要按时提交周报,通过周报的形式来记录每周的实习经历、所学到的知识技能、遇到的问题及解决方案,以及个人的感悟和心得。填写周报的过程,实际上也是学生对自己实习经历进行深度思考的过程,有助于他们更清晰地认识到自己在实习中的进步空间,从而为未来的职业发展奠定坚实的基础。

三、实习结束阶段

(一)办理离职相关手续

学生在顶岗实习结束时,办理离职手续是一个重要环节,它标志着实习的正式结束和与学校、实习单位关系的暂时告一段落。以下是学生办理离职手续的步骤。

1. 提前与实习单位沟通

在实习结束前的一段时间(通常是一到两周),学生应主动与实习单位的直接上级或人事部门进行沟通,表达自己实习即将结束的意愿,并询问离职手续的具体办理流程。

2. 整理工作交接清单

学生需要整理自己在实习期间负责的工作内容、项目进度、相关文件资料等,并列出详细的工作交接清单。这样做有助于确保实习单位在学生离职后能够顺利接手其工作,避免出现工作延误或遗漏的情况。

3. 办理工作交接

在离职前的最后一天或几天内,学生需要与接替自己工作的同事进行面对面的工作交接。交接过程中,学生应详细介绍自己的工作情况、项目进度、注意事项等,并解答接替者可能提出的问题。同时,双方需要共同确认工作交接清单上的内容,确保没有遗漏。

4. 归还公司财物

学生需要归还实习期间借用的公司财物,如电脑、手机、办公用品等。在归还时,学生应与实习单位的相关人员进行确认,确保财物完好无损。如有损坏或遗失,学生需要与实习单位协商解决。

5. 填写离职申请表并获取离职证明

学生需要向实习单位的人事部门索取离职申请表,并认真填写相关信息。填写完毕后,提交给人事部门进行审批。审批通过后,学生可以向人事部门申请开具离职证明。离职证明是证明学生已经正式结束实习、与实习单位解除劳动关系的重要文件,对于后续求职或办理其他手续可能具有重要作用。

6. 感谢与告别

在办理离职手续的过程中,学生可以向实习单位的同事和上级表达感谢之情,感谢他们在实习期间给予的指导、帮助和支持。同时,也可以与他们进行简短的告别交流,留下良好的印象。

(二)整理实习相关材料

实习报告与相关材料整理是实习结束阶段的首要任务,它不仅是对实习经历的简单记录,还是对实习期间所学知识、技能和经验的深入反思与总结。

1. 明确整理目的

回顾实习全程,确保没有遗漏任何重要经历或学习点。提炼实习期间的关键信息和经验教训,以便未来参考和应用。为实习成果展示和汇报准备素材,确保内容充实、条理清晰。

2. 系统化整理步骤

首先,收集实习期间的所有相关资料,包括工作文档、项目文件、会议记录、培训材料等。这些资料是构成实习报告和日志的基础。将收集到的资料按照时间顺序或主题进行分类归纳,例如按项目分组、按工作流程排序等。这有助于后续分析和总结时快速定位关键信息。在每个分类下,提炼出最重要的信息、关键的学习点,以及实习过程中的亮点和挑战。这些信息将构成实习报告和日志的核心内容。

其次,撰写报告与日志,根据提炼的要点开始撰写实习报告和日志。报告可以更加正式和结构化,包括实习背景、工作内容、成果展示、问题分析与解决方案、个人收获与反思等部分。而日志则可以更加灵活和个性化,记录每天的实习经历、感受和学习心得。在撰写报告与日志时,应注重质量与深度,在整理过程中,不仅要关注实习的表面经历,还要深入挖掘背后的原理、逻辑和价值。例如,对于参与的项目,不仅要描述项目的目标和成果,还要分析项目的成功因素、遇到的困难以及解决方案的有效性。对于个人成长和收获的部分,要真实反映自己的变化和进步,同时客观分析自己的不足和需要改进的地方。这有助于形成更加全面和客观的自我认知。

再次,可以利用多种表达形式。除了文字描述外,还可以利用图表、图片、数据等多种形式来丰富实习报告和日志的内容。例如,可以使用流程图来展示工作流程,使用饼图或柱状图来展示项目成果的数据分析等。这些多样化的表达形式不仅可以使报告和日志更加生动和易于理解,还可以提高信息传递的效率和准确性。

最后,应进行报告等资料的反馈与修订工作。在完成初稿后,可以邀请导师、同事或朋友进行审阅,获取他们的反馈和建议。这些外部视角可以帮助学生发现可能忽略的问题或提供新的思考角度。根据反馈进行必要的修订和完善,确保实习报告和日志的质量达到最佳状态。

(三)成绩评定与学分认定

实习成绩评定与学分认定是学生毕业时需要的资料,实习成绩评定与学分认定是对学生顶岗实习阶段的认可与总结,需要用正确的态度对待成绩评定与学分认定。

1. 积极展示实习成果

为了能够在成绩评定与学分认定中脱颖而出,学生应充分利用实习期间积累的经验和成果,积极展示自己的专业技能、团队协作能力和问题解决能力。通过精心准备的实习报告、日志和项目成果展示,向导师和学校展示自己在实习期间的收获和成长。

2. 客观面对评定结果

无论最终的评定结果如何,都要以客观、平和的心态面对。如果获得了理想的成绩和学分,应以此为动力继续努力前行。如果结果不尽如人意,也要认真反思自己在实习过程中的不足和需要改进的地方,以便在未来的学习和工作中更加完善自己。

3. 珍惜实习经历与学分认定

实习成绩与学分虽然重要,但更重要的是实习过程中积累的经验和成长。这段经历可以让学生更加明确自己的职业方向和发展目标,也为未来的求职之路奠定坚实的基础。因此,无论结果如何,都应珍惜这段宝贵的实习经历,并将其视为人生中的一笔财富。

任务实训

任务实训单内容与《顶岗实习手册》模板见表2-3-3、表2-3-4。

表2-3-3 任务实训单

基本信息	学生姓名	×××
	学号	××××××××
	所在学院	××学院
	专业	××××××××
	实习单位	××××××××公司/机构
	实习岗位	××××××××
	实习时间	××××年××月××日至××××年××月××日
	指导老师(学校)	×××
	指导老师(企业)	×××

续表

实习任务与目标	(1)深入了解并掌握所在岗位的基本职责与工作流程。 (2)实践并提升专业技能。 (3)增强团队协作能力。 (4)培养解决实际问题的能力。 (5)明确职业规划和发展方向	
实训内容与安排	第1~2周	1.熟悉环境与文化 2.岗位培训 3.初步工作实践
	第3~11周	1.承担具体任务 2.学校老师沟通 3.团队会议参与
	第12周	1.工作总结与报告 2.项目/活动收尾 3.离职前沟通
实训成果与要求	(1)填写并提交实习日志与定期汇报。 (2)提交完整的实习报告。 (3)遵守规章制度与职业道德。 (4)实训成果作为成绩评定依据	
指导教师意见(学校)	(由指导老师填写评价与建议)	
指导教师意见(企业)		

指导教师(学校)签字:＿＿＿＿　　　指导教师(企业)签字:＿＿＿＿
日期:＿＿＿＿　　　　　　　　　　日期:＿＿＿＿

表 2-3-4　顶岗实习手册(模板)

一、个人基本情况			
姓名		学号	
班级		专业	
实习单位		实习时间	
二、实习单位基本情况			
实习单位简介			
单位名称		地址	
性质		规模	
主要产品或服务			
市场地位			
实习部门介绍			
部门职责			
人员构成			
工作环境			
三、实习计划与安排			
实习目标			
实习内容与任务			
实习项目			
实习日程安排			
四、实习过程记录			
项目名称			
日期			
项目进展			

续表

四、实习过程记录	
工作日志	
心得体会	

五、实习总结与报告	
实习成果总结	
问题与反思	
实习报告	

六、指导教师评语与建议

校内指导教师评语

企业指导教师评语

续 表

七、附录与附件	
照片和视频资料	
实习单位证明材料	
其他相关文件或资料	

请根据实际情况填写每个部分的具体内容,并根据需要进行调整和补充。该表只是一个基本的表格模板,具体内容可根据学校和实习单位的要求进行定制。

项目总结与分析

行业见习实践课程是培养学生职业素养、提升实践能力的重要环节。本项目通过生产实习与顶岗实习两个阶段的有机结合,旨在帮助学生深入了解行业现状,掌握实际操作技能,培养团队协作精神和解决问题的能力。

生产实习是行业见习实践课程的第一个重要环节。在这一阶段,学生深入企业的生产线,通过观察和参与产品的生产过程,对生产流程有了直观的认识。这种实践性的学习方式不仅让学生了解了生产环节的相互联系,还培养了他们的观察力和动手能力。

此外,生产实习还注重培养学生的问题解决能力。面对机器故障、原料不足等实际问题,学生需要快速做出反应,提出有效的解决方案。这种经历不仅锻炼了学生的应变能力,还提高了他们解决实际问题的能力,为他们未来职业生涯的发展奠定了坚实的基础。

顶岗实习是行业见习实践课程的第二个重要环节。在这一阶段,学生以准员工的身份参与到企业的日常工作中,承担更多的工作责任和任务。通过顶岗实习,学生不仅能够运用所学的专业技能,还能够培养职业素养和团队合作精神。

在顶岗实习期间,学生需要与团队成员紧密合作,共同推进项目的进展。这种工作模式让学生更加深刻地体会到了团队合作的重要性,并学会了如何与他人有效沟通、如何在团队中发挥自己的优势。同时,顶岗实习还让学生对自己的职业规划有了更清晰的认识,为他们未来的职业选择提供了有力的依据。

本项目通过生产实习与顶岗实习两个环节的有机结合,达到了预期的教学目标,不仅让学生深入了解了行业现状,还培养了他们的实践能力和职业素养。同时,本项目也注重培养学生的问题解决能力和团队合作精神,为他们未来职业生涯的发展奠定了坚实的基础。

展望未来,我们将继续优化行业见习项目的教学内容和方法,以适应行业发展的需求和学生成长的需要;将加强与企业的合作,为学生提供更多的实践机会和优质的教学资源,培养他们的创新精神和实践能力,为社会的繁荣和发展做出更大的贡献。

思政小课堂

徐敏航的临港至吴淞实习之旅:挑战与成长的双重奏[①]

面对临港与吴淞之间漫长的通勤路,徐敏航每日清晨5时30分便踏上征程,历经公交、地铁的换乘,最终以步行或骑行的方式抵达实习地点,全程耗时超过两小时。这份坚持,不仅是对身体的考验,更是对职业梦想的执着追求。

在吴淞的实习岗位上,徐敏航迅速融入船舶交通管理中心(VTS)的紧张氛围中,亲身体验了值班与文字整理工作的双重挑战。VTS作为船舶航行的守护者,其重要性不言而喻。在值班室内,徐敏航目睹了值班人员如何紧盯四块屏幕,监控着辖区内的每一个角落,通过电子海图与雷达信息,确保船舶安全航行。同时,他们还利用甚高频(VHF)对讲机与船舶保持实时通信,高效协调各种海上交通需求。

三班倒的工作制度,让徐敏航深刻体会到值班人员的辛劳与敬业。他们不仅要长时间高度集中注意力,还要在忙碌时尽量减少生理需求,以维持工作的连续性和高效性。这种职业精神,无疑给徐敏航留下了深刻的印象,也激发了他对航运事业的敬畏之心。

实习期间,徐敏航将课本知识与实际操作紧密结合,体验到了学以致用的乐趣。他亲眼见证了VTS在维护水上交通秩序、保障船舶安全方面的巨大作用,深刻感受到了这份工作的价值与意义。同时,他也意识到自己在专业知识上的不足,开始更加主动地学习各类规章制度和国际海事规则,努力提升自己的专业素养。

在带教老师的悉心指导下,徐敏航不仅学会了如何与外籍船舶进行有效沟通,还掌握了《国际海上避碰规则》中的关键要点。他发现,许多实际操作都能在书本上找到理论依据,这

[①] 解放日报.大学生暑期实习究竟给他们带来了什么[N/OL].(2023-07-21)[2024-06-12]. https://www.jfdaily.com/staticsg/res/html/journal/detail.html? date = 2023 — 07 — 21&id = 356506&page=05.

让他更加珍惜在校学习的时光,也让他对未来的职业规划有了更加清晰的认识。

随着暑期实习的深入,徐敏航的心态逐渐发生了变化。他开始更加关注航运业的发展动态和就业前景,思考如何将自己的所学所长应用到实际工作中去。这段宝贵的实习经历不仅让他的专业技能得到了提升,更让他的人生观、就业观得到了深刻的洗礼和升华。

VTS值班人员的敬业精神和专业素养给徐敏航留下了深刻印象。大学生在实习期间应注重培养自己的职业素养和敬业精神,如责任心、细心、耐心等,这些品质将对他们未来的职业生涯产生深远影响。

徐敏航面对长时间的通勤,依然坚持每天准时到达实习单位,这展示了他的毅力和对工作的尊重。大学生在实习时,应认识到通勤也是实习体验的一部分,保持积极的心态和坚定的决心,不因路途遥远或辛苦而放弃。

实习经历让徐敏航对航运业有了更深入的了解,也让他对自己的职业规划有了更清晰的认识。大学生在实习期间应关注行业动态和就业前景,结合自己的兴趣和优势进行职业规划调整,为未来的就业做好充分准备。

项目四　组建创业团队

知识目标

(1)理解创业团队的基本组成要素,包括团队成员的专业技能、性格特质、价值观、创业经验等。

(2)掌握创业团队相较于个人创业的优势,如资源共享、风险分担、创新能力强、决策效率高等。

(3)了解在组建团队前需明确商业目标、团队文化和价值观的重要性。

(4)学习如何根据团队需求寻找具有互补技能、丰富经验和创业精神的成员;掌握团队从初步构想到正式成立的整个流程,包括成员筛选、面试、沟通协商等。

(5)理解团队成员在团队中各自承担的角色,如领导者、执行者、创新者、协调者等;学习如何根据团队成员的特长和团队需求进行合理的角色分配,确保团队高效运作。

(6)掌握团队管理的基本理论和方法,如目标设定、沟通机制、冲突解决等;了解激励团队成员的各种手段,包括物质激励、精神激励、职业发展机会等,以激发团队成员的积极性和创造力。

能力目标

(1)通过参与团队组建和管理,提升学生的领导力,包括决策能力、组织协调能力、激励他人等。

(2)面对创业过程中的不确定性和挑战,培养学生积极乐观的心态和强大的抗压能力。

(3)强调创业不仅是个人成功的途径,还是服务社会、创造价值的方式,培养学生的社会责任感和使命感。

思政目标

(1)深刻理解团结的内涵与意义,认识到团结是集体力量的重要源泉,培养对团队的归属感和认同感,愿意为团队的共同目标贡献自己的力量。在日常生活中,践行团结精神,与同学、朋友、家人等建立良好的关系,形成互帮互助、共同进步的良好风尚。

(2)增强集体主义精神,认识到个人利益与集体利益的一致性,愿意在必要时牺牲个人利益以维护集体利益。积极参与团队活动,主动承担任务,与团队成员协同合作,共同解决问题。

思维导图

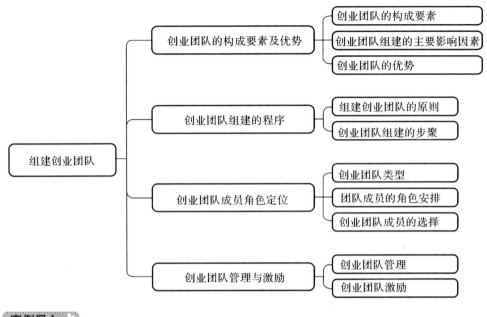

案例导入

谷歌的崛起[①]

在 21 世纪初,硅谷成了科技创新和创业的圣地,吸引着无数的年轻人前来追寻创业之梦。在这片充满活力的土地上,有一支著名的创业团队——谷歌团队。

谷歌的创始人拉里·佩奇和谢尔盖·布林都是斯坦福大学的研究生,他们的相遇是一种奇妙的缘分。1995 年的一个夏天,佩奇和布林在斯坦福校园里的计算机实验室首次相识,由于两人都对互联网技术和搜索算法方面有着共同的兴趣,因此很快二人成为忘年交。

1998 年,佩奇和布林一起创建了谷歌公司。谷歌公司最初只是一个简单的搜索引擎项目。然而,凭着对创新和技术的执着,二人用短短几年时间使谷歌公司一跃成为全球最大的搜索引擎和科技巨头。

谷歌团队以其卓越的技术实力和务实的创业精神著称。他们致力于改进搜索算法,提供更加精准和高效的搜索结果。团队共同不断推出新的产品和服务,例如谷歌地图、Gmail、YouTube 等,引领了互联网科技的发展潮流。

在谷歌团队内部,倡导的是一种开放和包容的企业文化。团队成员被鼓励发表自己的意见和创意,并且他们相信只有通过集思广益,才能取得更大的成功。这种企业文化是谷歌取得创新突破的重要因素之一。

随着时间的推移,谷歌公司的业务逐渐扩展到广告、云计算、人工智能等领域。他们不

[①] 谷歌的崛起,两个穷小子的人生逆袭[EB/OL].(2019-05-21)[2024-06-21].https://baijiahao.baidu.com/s?id=1634147347838054330&wfr=spider&for=pc.

断寻求突破,不断挑战自我,以满足用户不断变化的需求。

在硅谷流传着这样一句话:一个哈佛MBA加上一个麻省理工的博士就是获得风险投资青睐的有效保障。从中我们可以体会到一个优势互补的团队对于创业的重要性。一个优秀的团队,既要考虑成员各自不同的专业背景,以形成学科间的交叉融合;还要注意成员性格和思维上的互补,以保证团队在思考问题时的多元化和多角度。一个好的项目只代表一个好机会,但是真正将机会转变为成果的是团队的现实运营能力。一个好的创业团队在实际创业中起着至关重要的作用。

任务一　创业团队的构成要素及优势

创业团队是由两个以上具有一定利益关系、共同承担创建新企业责任的人组建形成的工作团队,是创业者在创业过程中组建的、以实现创业目标、满足共同价值追求为共同目的,甘愿共同承担创业风险和共享未来收益并紧密结合的工作团队。

一、创业团队的构成要素

创业团队构成要素是指一个成功的创业团队所必备的各种要素,这些要素共同构成了一个具有创新力的团队。通常情况下,创业团队包括了以下四个方面的要素。

(一)团队成员

一个成功的创业团队必须由各种不同背景和技能的成员组成。这些成员包括技术专家、市场营销专家、金融专家等,他们各自拥有不同的知识和技能,能够为团队提供各种不同的资源和经验。此外,团队成员之间的协作和沟通也是非常重要的。一个团队应该是一个相互支持、相互尊重、相互信任的社群。

(二)团队文化

团队文化是团队成员的价值观念、信仰和行为方式的总和。一个成功的创业团队应该有一种积极向上的文化氛围,这种文化氛围应该鼓励成员不断创新、不断学习、不断改进。此外,团队文化还应该注重团队成员之间的合作和协作,强调团队的整体性。

(三)团队目标

一个成功的创业团队,其核心在于确立一个既鼓舞人心又切实可行的共同目标。这个目标超越个人私利,旨在为客户创造价值,促进供应链共赢,同时惠及投资者、支持者及持股人,构建广泛的价值共享网络。当这个目标成为多方共识,团队便能汇聚各方力量,尤其在逆境中更显其重要性。团队成员需秉持长远眼光,平衡短期与长期利益,拒绝急功近利。初创阶段,虽面临诸多挑战,但成员应秉持艰苦奋斗精神,将个人成长与企业命运紧密相连,视企业为事业而非短期收益工具。他们追求的是最终成就与资本回报,而非即时利益。

(四)创业计划

创业计划,即制订成员在不同阶段分别要做哪些工作以及怎样做的指导计划,以便最终完成创业的最终目的。凡事预则立不预则废,只有在创业初期制订了良好的计划,才能有计划地实施企业的各项方案,从而一步步地贴近目标,实现目标。

二、创业团队组建的主要影响因素

创业团队的组建受多种因素的影响,这些因素相互作用,共同影响着创业团队的组建过程,并进一步影响着团队建成后的运行效率。

(一)创业者

创业者的能力和思想意识从根本上决定了是否要组建创业团队、团队组建的时间表以及由哪些人组成团队。创业者只有在意识到组建团队可以弥补自身能力与创业目标之间存在的差距时,才有可能考虑是否需要组建创业团队,以及对什么时候需要引进什么样的人员才能和自己形成互补做出准确判断。

(二)商机

不同类型的商机需要的创业团队的类型不同。创业者应根据创业者与商机之间的匹配程度,决定是否要组建团队以及何时、如何组建团队。

(三)团队目标与价值观

统一的目标、共同的价值观是组建创业团队的前提,团队成员如果不认可团队目标,就不可能全心全意为此目标的实现而与其他团队成员相互合作、共同奋斗。而不同的价值观将直接导致团队成员在创业过程中脱离团队,进而削弱创业团队作用的发挥。没有一致的目标和共同的价值观,创业团队即使组建起来,也无法有效发挥协同作用。

(四)团队成员的互信

团队成员能力的总和决定了创业团队整体能力和发展潜力。创业团队成员才能互补是组建创业团队的必要条件,而团队成员间的互信是形成团队的基础。互信的缺乏,将直接导致团队成员协作出现障碍。

(五)外部环境

创业团队的生存和发展直接受到了制度性环境、基础设施服务、经济环境、社会环境、市场环境、资源环境等多种外部要素的影响。这些外部环境要素从宏观上间接地影响着对创业团队组建类型的需求。

三、创业团队的优势

与个体创业相比较,团队创业具有多方面的优势,对创业成功起着举足轻重的作用,主要表现在以下几方面。

(一)知己知彼,利于合作

一支优秀的创业团队的所有成员都应该相互非常熟悉、知根知底。一般来说,各团队里成员都是志趣相投的人,他们彼此信任,相互认可,团队成员之间有理念上的一致性和知识结构上的相近性。创业团队中的带头人作为核心人物,是团队成员在合作共事的过程中发自内心认可的,具有远见、威望、魄力和决断力的人。这样在团队管理上就会自发地形成凝聚力,使团队的合作更加高效愉悦。

(二)取长补短,各显灵通

优秀的创业团队应该是成员各有所长、相互补充、相得益彰。创业团队成员的互补不仅体现在知识、技能、性格、经验方面,还体现在资源、人脉、信息等方面。"三个臭皮匠,顶个诸葛亮。"正如新东方集团创始人俞敏洪所说:"一个人可以走得很快,但是一群人才能走得更远!"创业团队可以使企业获得更多的资金、技术、经验、信息,创业资源会更加丰富,团队成员之间的互补可使企业更具创新力和竞争力,团队的作用在很大程度上关系到创业绩效。

(三)群体决策,避免冲动

群体决策比个人决策的决策信息更丰富、决策维度更广阔,相对决策质量较高。另外,团队成员都参与并且意见被尊重,决策的认可度会较高,也避免了个人冲动,降低了决策风险。

【案例】

俞敏洪创业团队[①]

俞敏洪,1980年考入北京大学西语系,毕业后留校担任北京大学外语系教师,1991年9月,俞敏洪从北京大学辞职,开始自己的创业生涯。

1993年,俞敏洪创办了新东方培训学校。创业伊始,俞敏洪单枪匹马,仅有一个不足10平方米的漏风的办公室;冰天雪地中,自己拎着糨糊桶到大街上张贴广告,招揽学员。

1994年,俞敏洪已经投入20多万元,新东方已经有几千名学员,在北京也已经是一个响亮的牌子,他看到了一个巨大的教育市场。对教师职业的热爱和新东方的发展壮大,让他决定他不仅要做一个教师,一个校长,还要做一个教育家。

在新东方创办之前,北京已经有三四所同类学校,参加新东方培训的学员多是以出国留学为目的。所以,俞敏洪需要找到更多的合作伙伴,帮他控制住英语培训各个环节的质量。1994年,在北京做培训的杜子华接到了俞敏洪的电话,几天后,两个同样钟爱教育并有着共同梦想的"教育家"会面了。这次会面改变了杜子华单打独斗实现教育梦想的生活,他决定在新东方实现自己的追求和梦想。1995年,俞敏洪来到加拿大温哥华,找到曾在北大共事的朋友徐小平。随后,俞敏洪又来到美国,找到当时已经进入贝尔实验室工作的同学王强。就这样,从1994年到2000年,杜子华、徐小平、王强、胡敏、包凡一、何庆权、钱永强、江博、周成刚等人陆续加入了新东方。

作为教育行业,师资构成了新东方的核心竞争力,但是如何让这支高精尖的队伍,最大限度地发挥作用,俞敏洪合理架构自己的团队,寻找和抓住英语培训市场上别人不能提供或者忽略的服务,使新东方的业务体系得以不断完善。徐小平、王强、包凡一、钱永强等人分别在出国咨询、基础英语、出版、网络等领域各尽所能,为新东方搭起了一条顺畅的产品链。俞敏洪的成功之处是为新东方组建了一支年轻而又充满激情和智慧的团队。俞敏洪的温厚,

---

① 大学生创业网.新东方创始人俞敏洪的创业故事[EB/OL].(2022-11-08)[2024-06-05]. https://www.yjbys.com/chuangye/gushi/anli/541105.html.

王强的爽直,徐小平的激情,杜子华的洒脱,包凡一的稳重,五个人的鲜明个性让新东方总是处在一种不甘平庸的氛围当中。

俞敏洪成功的一个关键因素就是他本人所具备的包容性,帮助他带领着一帮比他厉害的"牛人",不仅将新东方从小做大,还完成了让局外人都为之捏了一把汗的股权改制。新东方的一系列成就无一不在说明团队组建的重要性。

任务二 创业团队组建的程序

一、组建创业团队的原则

配置合理的创业团队能有效解决人力和资金等方面的问题,对于创业成效有着非常重要的影响。创业者在组建创业团队时必须遵循目标一致、明确合理,知识技能互补,成员精简高效,团队动态开放,责任权利统一和结构相对稳定六项原则。

(一)目标一致、明确合理

拥有共同的目标是团队区别于群体的重要特征,目标明确才能使团队成员清楚地认识到共同的奋斗方向是什么,目标合理才能使团队成员感受到为之奋斗的可行性,从而真正达到激励团队成员的目的。大学生创业初期很容易遇到困难和遭遇失败,因此目标一致、明确合理就显得尤为重要。

(二)知识技能互补

创业团队成员合作的目的在于弥补创业目标与自身能力间的差距,团队成员彼此只有在知识、技能、经验等方面实现互补,才有可能通过相互协作发挥出"1+1>2"的协同效应。

(三)成员精简高效

为减少创业期的组织运作成本,最大限度地分享成果,创业团队成员的构成应在保证企业高效运作的前提下尽量精简。同时,创业者要把握统一指挥与分工协作的关系,防止出现多头领导、责任不清的现象;要在明确分工的基础上适当控制管理幅度,防止出现大包大揽的现象。

(四)团队动态开放

创业过程是一个充满不确定性的过程,团队中可能因为能力、观念等多种原因有人离开,同时也有人要求加入。因此,在组建创业团队时,创业者应注意保持团队的动态性和开放性,使能力、观念等真正匹配的人员能被吸纳到创业团队中来。

(五)责任权利统一

在创业团队中,各成员都应拥有与其角色相对应的权利,并应承担由自己的行为所造成的后果。另外,在行使权利并履行责任后,团队成员应该得到与其责任和权利对等的利益。把握好责任权利统一原则,有利于团队长期、健康、稳定地发展。

(六)结构相对稳定

创业团队在组建时虽然要依据内外环境变化适当进行结构调整,但在调整时应考虑保持团队的稳定性,避免频繁变更团队成员导致团队成员无所适从,使团队出现人心不稳、业绩下降等问题。结构相对稳定可以保证团队思维的连续性,有利于团队在前期成果的基础上不断开发出更多的新成果。

二、创业团队组建的步骤

(一)识别创业机会,明确创业目标

识别创业机会是组建创业者团队的起点,创业机会的市场层面特征拥有优势,就需要更多的市场开拓方面的人才;如果创业机会的产品层面拥有更多的优势,就需要更多的技术人才。创业团队的总目标就是要通过完成创业阶段的技术、市场、规划、组织、管理等各项工作,使企业从无到有、从起步到成熟。总目标确定之后,为推动团队最终实现创业目标,再将总目标加以分解,设定成若干可行的、阶段性的子目标。

(二)制订创业计划

在确定了一个个阶段性子目标及总目标之后,就要开始研究如何实现这些目标,这就需要制订周密的创业计划。创业计划是在对创业目标进行具体分解的基础上,以团队为整体来考虑的计划,创业计划确定了在不同的创业阶段需要完成的阶段性任务,通过逐步实现这些阶段性目标来最终实现创业目标。

(三)寻找创业伙伴

招募合适的团队成员也是创业团队组建最关键的一步。关于创业团队成员的招募,主要应考虑两个方面:一是互补性,即考虑其能否与其他成员在能力或技术上形成互补。这种互补性既有助于强化团队成员间彼此的合作,又能保证整个团队的核心战斗力,更好地发挥团队的作用。一般而言,一个创业团队至少需要管理、技术和营销3个方面的人才,只有这3个方面的人才形成良好的沟通协作关系后,创业团队才可能实现稳定高效的运转。二是考虑适度规模,适度的团队规模是保证团队高效运转的重要条件。团队成员太少无法实现团队的功能和优势;而过多又可能会产生交流障碍,团队很可能会分裂成许多较小的团体,进而大大削弱团队的凝聚力。一般来说,创业团队的规模控制在2~12人为佳。

(四)职权划分

为了保证团队成员执行创业计划、顺利开展各项工作,必须预先在团队内部进行职权划分。创业团队的职权划分就是根据执行创业计划的需要,具体确定每个团队成员所要担负的职责以及相应的权限。团队成员间职权的划分必须明确,既要避免职权的重叠和交叉,也要避免无人承担造成工作上的疏漏。此外,由于处于创业过程中面临的创业环境较为复杂,会不断出现新的问题,团队成员可能会不断更换,因此创业团队成员的职权也应根据需要不断地进行调整。

(五)构建创业团队制度体系

创业团队制度体系体现了创业团队对成员的控制和激励能力,主要包括团队的各种约束制度和各种激励制度。一方面,创业团队通过各种约束制度(主要包括纪律条例、组织条例、财务条例、保密条例等)指导成员,以免其做出不利于团队发展的行为,实现对成员行为

的有效约束,保证团队的稳定秩序。另一方面,创业团队要实现高效运作需要有效的激励机制(主要包括利益分配方案、奖惩制度、考核标准、激励措施等),使团队成员能够看到随着创业目标的实现,自身利益将会得到怎样的改变,从而达到充分调动成员的积极性、最大限度发挥团队成员作用的目的。创业团队要实现有效的激励首先就必须把成员的收益模式界定清楚,尤其是关于股权、奖惩等与团队成员利益密切相关的事宜。

需要注意的是,创业团队的制度体系应以规范化的书面形式确定下来,以免造成混乱。

(六)团队的调整融合

完美组合的创业团队并非创业一开始就能建立起来,很多时候团队是在企业创立一段时间之后随着企业的发展逐步形成的。随着团队的运作,团队组建时在人员匹配、制度设计、职权划分等方面的不合理之处会逐渐暴露出来,这时就需要对团队进行调整融合。由于问题的暴露需要一个过程,因此团队调整融合也应是一个动态持续的过程,如图 2-4-1 所示。在完成了前面的工作步骤之后,团队的调整融合工作会专门针对运行中出现的问题不断地对前面的步骤进行调整,直至满足实践需要为止。在进行团队调整融合的过程中,最重要的是要保证团队成员间经常进行有效的沟通与协调,强化团队精神,提升团队士气。

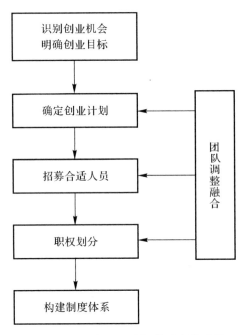

图 2-4-1 创业团队调整融合的过程

一个理想的团队就应该有"唐僧团队"[①]的 4 种角色:德者、能者、智者、劳者。德者领导团队,能者攻克难关,智者出谋划策,劳者执行有力。

(1)德者居上。唐僧具备三大领导素质:①目标明确,善定愿景。②手握紧箍,以权制

---

① 一个理想团队的 4 种员工:德者、能者、智者、劳者[EB/OL].(2024-02-19)[2024-06-04]. https://baijiahao.baidu.com/s?id=1791319513534446650.

人。没有权威,也就无法成为领导。③以情感人,以德化人。领导一定要学会进行情感投资,要多与下属交流、沟通,关心团队成员的衣食住行,营造一种类似家庭的氛围。

(2)能者居前。孙悟空可称得上是老板最喜欢的职业经理人,他有个性、有想法、执行力很强,也很敬业、重感情,懂得知恩图报,是个非常优秀的人才。

(3)智者在侧。现代社会,员工的压力都很大,如何做一个快乐的人,就要用到猪八戒的人生哲学了。当然,猪八戒的人生哲学只是人们在遇到挫折时候的一种自我解脱,不能成为主流价值观。

(4)劳者居下。沙和尚是个很好的管家,他经常站在孙悟空的一面说服唐僧;但当孙悟空有了不敬的言语,他又马上跳出来斥责孙悟空,护卫唐僧,可谓忠心耿耿,企业一定要给予这样的人恰当的位置。沙和尚忠心耿耿,他是唐僧最信任的人,是老板的心腹,属于那种有忠诚度但能力欠缺的人才,老板喜欢用,但如果重用、大用,就会出问题。

总的来说,唐僧团队之所以能取得辉煌成绩,关键在于这个团队的成员能够优势互补,目标统一,每个人都能发挥自己的作用,为实现最终目标而努力。

任务三 创业团队成员角色定位

一、创业团队类型

创业团队是为进行创业而形成的集体,它使各成员联合起来,在行为上形成彼此影响的交互作用,在心理上意识到其他成员的存在及彼此相互归属的感受和工作精神。依据创业团队的组成者之间的相互关系,可以将创业团队划分为以下三种类型。

(一)星状创业团队

星状创业团队是目前最为常见的创业团队,也称为核心主导型创业团队,一般指团队中有一个核心人物作为团队的领导者,该领导者基于自身创业理念和需要组建团队,其他成员在团队中充当支持者的角色。例如,太阳微系统公司创业当初就是由维诺德·科尔斯勒确立了多用途开放工作站的概念,接着他找了两位软件和硬件方面的专家,以及一位具有实际制造经验和人际交往技巧的成员,组成了创业团队。

(二)网状创业团队

网状创业团队也称群体型创业团队,一般来说,网状创业团队的成员在创业之前就有密切的联系,成员在交往过程中基于共同理念,对某些想法有共同的认知,并就创业行为达成共识,从而开始进行创业。由于没有明确的核心人物,创业团队的每位成员扮演的基本上都是协作者或伙伴的角色,各成员地位相对平等。

(三)虚拟星状创业团队

虚拟星状创业团队是由网状创业团队演化而来的,是前两种类型的中间形态。在团队中有一名核心主导成员,但是该核心成员的主导地位是由团队全体成员协商确立的,因此该核心成员虽然拥有比普通团队成员更多的话语权,但其更接近于整个团队的代言人,而非真正的核心主导成员,且其行为必须充分考虑其他团队成员的意见。

上述三种类型创业团队的比较见表 2-4-1。

表 2-4-1 种类型创业团队的比较

类型	优点	缺点
星状创业团队	(1)决策程序简单,效率高。 (2)团队结构紧密	(1)容易造成权力过于集中,决策风险加大。 (2)成员与核心主导成员发生冲突时,通常会选择离开
网状创业团队	(1)成员地位平等,有利于沟通交流。 (2)面对冲突容易达成共识,成员不会轻易离开	(1)团队结构较松散,容易形成多头领导局面。 (2)决策效率相对较低。 (3)成员一旦离开,容易导致团队涣散
虚拟星状创业团队	(1)不过于集权,又不过于分权。 (2)核心成员具有一定威信,能够主持局面	(1)核心成员主导力不足,对整个团队的控制力不足。 (2)决策效率较低

【案例】

浙江某高校大四学生李某为杭州某网络科技有限公司创始人兼总经理。刚走进大学,李某在社团招募中屡屡被拒,他认识到与人交际的重要性。为了突破这一点,他加入了学生会公关部。

经过一年的磨炼之后,李某已经可以独自一人到校外拉赞助,可以与陌生人很好地沟通,他创立了公共关系协会并担任会长。每当学校举行重大活动,协会都会联系一些餐厅、奶茶店、考试机构等合作。

经过几次失败的创业后,李某与从事过互联网工作的肖某联合创办了网络科技有限公司,注册资金 3 万元,李某出资 1.8 万元,是最大股东。

公司的第一个客户是在四季青服装批发市场中找到的。刚进市场时,李某总被赶出来,他意识到必须先和商家热络起来。他把自己当作客户,进店先聊款式,问销售情况,再谈电商理念,让对方认为自己是个行家,才能接着谈。就这样,在市场里磨了几天,李某签下了第一单。这个客户,以前线下年销售额 35 万元,通过运作,新增线上销售年营业额达到了 115 万元。公司也挣到了 10 万元。

现在,公司股东从原来的 2 人增加到 4 人,正式员工已有 8 人,还有十多名兼职实习生,帮助服饰、箱包、小商品等领域的数十家客户实现了销售额大幅突破,如其中一家服装公司年销售额从 2011 年的 600 万元到 2012 年的 1100 万元。

李某不仅希望创造全新的网上商业模式,还希望提供更多的就业岗位。他认为,自己取得的成绩离不开整个团队,创业团队贵在精,每个成员都身兼数职,优劣互补,缺一不可。因此,创业选好伙伴很重要!

二、团队成员的角色安排

英国剑桥大学贝尔宾博士提出的贝尔宾角色模型认为,一个结构合理的团队应该由创新者、实干者、凝聚者、信息者、协调者、推进者、监督者、完美者、技术专家 9 个角色组成见表

2-4-2。在寻找合作伙伴之前,首先需要制定合作目的与目标;其次,根据目标规划好合作伙伴的职责,有目的地去寻找团队成员,让团队成员承担不同的角色。团队成员的构成要遵循人员互补原则和分工明确原则进行合理定位,团队成员之间互相弥补不足、权责分明才能提高生产力、鼓舞士气、激励创新。

表 2-4-2 9种团队角色的描述

角色	作用	特征
创新者	团队的智囊,观点的提出者	观念新潮,思路开阔,想象力丰富;不拘小节,特立独行;易冲动,甚至不切实际
实干者	将思想和语言转化为行动,美好愿景转化为现实	计划性、纪律性强,有自控力,相信天道酬勤,坚持不懈,责任心强
凝聚者	意志坚定的领袖,润滑各种关系	温文尔雅,善解人意,总是能够关心、理解、同情和支持别人;处事灵活,能将自己同化到群体中去,信守"和为贵"
信息者	提供决策支持的信息和资源	对外界敏感好奇,他们是天生的交流家,性格外向,待人热情,喜欢交友
协调者	关心团队成员的需要,协调各方利益和关系	很有个人魅力,成熟、自信,有信赖感;办事客观、处事冷静,善于发现每个人的优势并在实现目标的过程中妥善运用
推进者	促进决策实施,确保团队跟上工作进度	目的性强,办事效率高,有高度的工作热情和成就感,喜欢挑战别人,更喜欢争辩,往往以自我为中心,缺乏相互理解
监督者	监督决策实施的过程	判断能力强,冷静、聪明、言行谨慎,公平客观,不易激动
完美者	迅速发现问题并解决问题	注重细节,力求完美,追求卓越;主动、自发地完成工作,且对工作和下属要求较高
技术专家	为团队提供技术支持	某个领域的权威,热爱自己的职业并为自己的特长而自豪;他们的工作就是要维护一种标准,而不能降低这个标准

三、创业团队成员的选择

"宁要一流的人才和二流的项目,也不要一流的项目和二流的人才""人心齐,泰山移",团队的力量越来越被创业者所看重。然而,怎样才能选择合适的人才?什么样的人才才能组成一个优秀的团队呢?主要从以下几方面进行选择。

(一)加入目的

李嘉诚曾经说过:"创业合作必须有三大前提:一是双方必须有可以合作的利益;二是必须有可以合作的意愿;三是双方必须有共享共荣的打算。"创业团队要想共享共荣,就不能以赚钱为最终目标,一定要有某种程度的理想主义情怀,如将产品做到极致的追求、改变世界的追求等。对于一个创业团队来讲,如果每个成员仅把自己做的事情作为一种养家糊口、解决财务问题的工具,那么团队稍有风吹草动就会坍塌。有金钱之外的追求,并不是说不考虑财务利益,创业本身就是一种艰辛付出、耗费精力的事情,理应对大家有所回报。总之,团队成员要有除了金钱之外共同的价值追求,要有一荣共荣、一损俱损的决心,要有对工作长期保持满腔热血的激情。

(二)彼此了解

《孙子兵法》云:"知己知彼,百战不殆。"创业团队所有成员应尽量互相熟悉,知根知底。对于大部分创业团队而言,大都以熟人组成,如 Google 和 Meta 的创始人是同学,比尔·盖茨和童年玩伴保罗·艾伦创建微软公司等。来自同学、朋友、亲戚、同事等熟人圈内的创业团队成员,他们能清醒地认识到自身的优劣势,同时对其他成员的长处和短处也一清二楚,这样能避免团队成员之间因不熟悉而造成的矛盾、纠纷,从而强化团队的向心力和凝聚力。当然,在熟人圈里无法找到合适的合作伙伴时,也可以通过媒体广告、亲友介绍、招商洽谈、互联网等多种形式寻找最为合适的人选,这个过程中彼此的了解也必不可少。无论是本已熟悉的人选,还是新发掘的成员,在创业之初,就要明确团队成员最基本的责、权、利,尤其是股权、利益分配,包括增资、扩股、融资、撤资、人事安排及解散等。这样在企业发展壮大后,才不会出现因利益、股权等分配不均而产生矛盾,导致创业团体的解体。

(三)人生价值观念

价值观念和道德观念等其他个人综合素质也是选择团队成员的重要标准。美国作家亨利·詹姆斯曾经说过,"改变一个人的人生观,往往像改变一个人的鼻子那么困难——他们都处在核心地位,即一个处在脸的中央,一个处在性格的中央"。凡是在性格、习惯、为人处世、个人能力上有欠缺的人要妥善选择,有不良嗜好的人要坚决杜绝,个人道德素质较低的也不能合作。

【案例】

乔布斯——跟我一起改变世界[①]

乔布斯和沃兹尼亚克相识于1970年,二人凭着对电子和计算机技术的共同热爱,决定一起创业,于1976年共同成立了苹果公司。随后,苹果公司陆续推出了著名的 AppleⅠ电脑和 AppleⅡ电脑,取得了巨大的成功。

然而,随着苹果公司的发展,乔布斯和沃兹尼亚克之间的分歧逐渐显现。乔布斯是一个非常注重产品设计和市场营销的人,他希望苹果公司的产品能够以独特的设计和出色的用户体验脱颖而出。而沃兹尼亚克则更关注技术本身,他希望苹果的产品能够保持技术的领先地位。

到1980年初,乔布斯和沃兹尼亚克的意见分歧越来越大,导致苹果公司内部出现了一种不和谐的氛围。最终在1983年,乔布斯主导了一次公司内部的领导层变动,让沃兹尼亚克失去了对苹果的技术主导权。沃兹尼亚克感到非常失望和不满,于是在1985年离开了苹果公司。

---

① 豆瓣读书.乔布斯——"你是想卖一辈子糖水,还是想跟我一起改变世界?"[EB/OL].(2022-01-17)[2024-06-01].https://book.douban.com/review/14148210/.

这个分道扬镳的故事显示了价值观在创业团队中的重要性。乔布斯和沃兹尼亚克都是非常优秀的人才,他们的合作在初期取得了巨大的成功。然而,由于价值观不同,他们最终在公司的发展方向和决策上产生了分歧,导致了合伙创业的终结。

任务四 创业团队管理与激励

一、创业团队管理

一个成功的创业者需要知道如何管理团队,并具备领导团队运作的能力。一般而言,需要从以下几个方面进行创业团队管理。

(一)合理搭配团队成员

创业者在组建创业团队时,应该基于当前资源与能力的不足来加以考虑,寻找需要的合作伙伴。一般来说,好的创业团队成员间的性格、能力通常都能形成良好的互补关系,而这种互补关系能最大限度地调动个人的能动性,帮助团队成员完成合作。创业团队并不是一蹴而就的,它是随着企业的发展而逐渐完善和形成的。在这个过程中,创业成员可能会因为理念不合、做事手法不同或其他原因离开,但又会有新的成员不断加入,逐渐更新团队中的成员,以形成最适合企业发展的创业团队。

(二)培养互相信任的氛围

建立并维护互相信任的团队氛围,是团队成员互相协作的基础。如果团队成员之间互相猜疑,会导致企业内部分裂和企业瓦解。简单地说,就是要增加团队成员之间的信任,增强团队成员的凝聚力。创业者在选择合作伙伴时要着重考虑成员的人品和能力,还要考虑对方是否诚信、行为和动机是否带有很强的私心,并且还要求团队成员要有集团荣誉感,成员之间彼此以诚相待、和平相处。

(三)利益分配公平有弹性

创业之初的股权分配与创业过程中的贡献往往并不一致,因此会发生贡献与报酬不一致的现象。此时创业者就要好好协调两者之间的比例,制定一套公平的利益分配机制,以弥补这种不公平的现象,避免团队成员之间因利益的问题而产生隔阂。例如,新企业可以保留一部分盈余或股权,用来奖励以后有显著贡献的创业成员。

(四)良好的约束机制

创业团队创建的过程是一个随时变化的过程,因此创业者应该对团队成员的工作进行明确分工,并根据其分工,制定相应的奖惩条例。

(五)有效的沟通机制

及时有效的交流和沟通可以消除创业过程中出现的一些矛盾和问题,特别是当出现员工对公司信心不足、员工发生口角、员工之间彼此猜疑等情况时,创业者不仅要加强自己与员工之间的交流与沟通,还要加强员工与员工之间的交流与沟通。创业者可以通过一些会议或互动游戏来增强自己与员工、员工与员工之间的交流。

二、创业团队激励

(一)创业团队成员分析

在创业的不同阶段,创业团队有不同的目标和要求,同时团队成员激励的内容也不同。因此,需要采取有针对性的激励措施,才能取得更好的效果。通常,可从以下 3 个方面进行分析。

1. 年龄段分析

目前创业团队年龄层次主要分为 4 个:"70 后""80 后""90 后"和"00 后"。他们对于创业的需求各有不同,其中"90 后"和"00 后"主要是指大学生创业者。这是一群刚步入社会的年轻人,他们青春年少,个性张扬活泼;他们思维敏捷,创意无限;他们天真任性,多以个人喜好来做决策判断。对他们的激励可从尊重需求、社交需求以及安全需求的角度去解决。

2. 成员角度分析

任何一个团队都会有层级管理,哪怕是小米团队倡导的"扁平化管理",也因团队中角色不一样而层级不一样,进而产生的需求也会不一样,他们采用的管理激励方式也不一样,如图 2-4-2 所示。

图 2-4-2 创业团队不同类型人员需求

创业团队的合伙人更多是看重通过事业成功而带来的满足感,给他们的激励可以从自我价值需求及尊重需求方面考虑;中间管理层则希望通过项目增加个人收益、有更多的人脉关系以及得到他人的认可,为实现自我价值打下基础,给他们的激励更多是满足他们安全、社交及尊重的需要;而基层执行者则是为生计、个人成长、谋求长期稳定的工作,给他们的激励应从尊重、生理及安全需要上着手。

3. 性格特征分析

一个好的创业团队,其成员特长及性格若互补,创业成功的概率就会比较大。例如,电影《中国合伙人》中创办新梦想英语培训学校的三位合伙人,他们的特长及性格就是互补的。成东青是"平和型+完美型"的组合性格,所以他一直希望自己成长、不断学习;孟晓俊是"力量型+完美型"的组合性格,所以他才是新梦想的真正推动者,他不仅做事目标明确,而且有计划,思路很清晰;王阳是单一活跃型性格,做事感性,讲课富有深情,他在成东青和孟晓俊发生矛盾的时候起到了调和作用。3 种不同性格的人组合在一起,是一种优势互补的领导团队。从性格特征来看,完美型性格的人,激励方式可以从尊重、个人实现需求上着手;平和型性格的人,激励方式可以从安全、社交需求着手;活跃型性格的人,激励方式可以从社交、生理需求上着手;力量型性格的人,激励方式可以从尊重及个人价值实现。

(二)激励手段的具体操作方式

激励是作为实现目标而设计的一种驱使内在动力的手段,把握准确的激励时机、激励频率、激励形式、激励程度及激励方向是实现目标的关键因素。

1. 激励时机

选择合适的激励时机至关重要。激励应当在员工取得成就、面临挑战或需要额外动力时及时给予。过早的激励可能导致员工失去追求更高目标的动力,而过晚的激励则可能让员工感到被忽视或不被认可。因此,管理者需要敏锐地观察员工的状态和成果,及时给予正面反馈和奖励。

2. 激励频率

激励的频率也应根据具体情况进行调整。对于需要持续努力才能达成的目标,频繁的激励可以保持员工的热情和动力;而对于一些长期项目或任务,适当的间隔激励则能激发员工的期待感和持续努力的动力。管理者需要根据任务性质、员工特性以及组织文化等因素来确定合适的激励频率。

3. 激励形式

一般常用的激励形式分为两种,一种是短期激励,包括口头表扬、成果认可、颁发荣誉、安排参与外界活动等;另一种是中长期激励,包括分红权、员工持股计划、事业合伙人、退休金计划等,如图2-4-3所示。

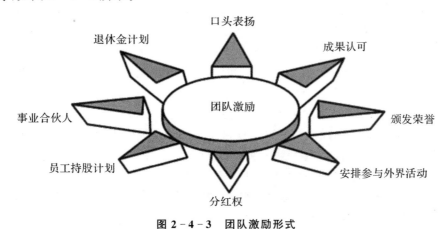

图 2-4-3 团队激励形式

(1)短期激励。短期激励一般是指在创业团队成员展示成果时采用的即时性激励方式,其激励时效不超过6个月。

1)口头表扬。口头表扬多用于团队成员完成某项行为后,针对某个动作、某种方式或有别于以前的进步所做的激励方式。表扬要聚焦于某一具体内容,不要给成员泛泛的表扬,这样达不到激励的效果。

2)成果认可。成果认可多用于团队成员在完成某项工作任务后,对其成果表示认可的一种激励方式。如果项目的实施时间较长,也可以在项目实施阶段有部分成果时就进行奖励,这样才可以在项目实施过程中不断刺激成员保持旺盛的斗志。奖励形式可多样化,如聚餐、娱乐活动、外出游玩或是一定数量的奖金。

3)颁发荣誉。颁发荣誉多用于对团队成员在某个时间段内的工作成果及表现上的认可,这是一种公众性、有记录保存的激励方式。

4)安排参与外界活动。安排参与外界活动多用于工作期间,奖励给团队成员外出培训、行业交流、精英活动等机会。

(2)中长期激励。中长期激励一般指项目创始人为使团队成员能够稳定地在创业团队长期工作并着眼于项目未来效益,以实现企业的长期发展目标而采用的激励方式,激励效果长达3年以上。

1)分红权。分红权是指某特定团队成员可以参与一定数量的企业利益分配,实施对象一般是团队核心骨干成员。分红只在企业盈利的前提下实行,企业不盈利也无须拥有分红权的成员去承担亏损部分。

2)员工持股计划。员工持股计划是指员工可以通过购买、赠送等方式,持有公司一定数额的股票,分享企业经营成果。但持股人没有经营决策权。

3)事业合伙人。事业合伙人是指通过多种评估方式,企业创始人将企业注册股权分配给团队成员,并参与企业经营决策,共同为创业项目发展投入全部精力。该股权分配需要到工商部门进行登记修改。

4)退休金计划。退休金计划多用于鼓励团队成员跟随企业长期发展而设计的方式。该项激励适用于中大型企业,创业团队不建议采用。

创业起步之初,项目资金更多地应用于产品打造、市场推广上,这个时期适合使用短期激励方式。但也有特殊案例,马云和他的合伙人在项目起步之初,就已经采用了事业合伙人的激励方式,由蔡崇信设计了股权分配机制。但只有基于创业项目未来有足够大、涉及领域还没有行业巨擘,并且商业模式已经得到业内专家肯定的前提下,用中长期激励才会产生效果。

对短期激励形式的运用,可根据项目实施进程来安排。口头表扬及成果认可一般是即时性的,发现亮点即可采用;颁发荣誉可按项目实现度阶段性使用,半年或一年评选一次;阶段性项目奖励频率也可以控制在一个月或一个季度一次;安排参与外界活动则需要外部资源配合才能使用,频率也要控制在一个月或一个季度一次。对于中长期激励形式的运用,可按企业发展阶段来推进实施,在创业项目运营到可以看到盈利状况时,可推行分红激励模式,待项目逐步壮大,有持续增长可能时,推行员工持股计划,这样内部股票才有价值,才能达到激励的效果。当企业可裂变成多个子项目运营时,推行事业合伙人激励模式效果可达最佳。

【小知识】

分阶段、分人群设计不同的激励机制

一个推广业务的区域代理公司,在创业伊始,创始人就和创业团队约定:企业是大家的,一起努力就会有广阔的前景。

创业第 1 年,团队成员只有基本工资与绩效工资,日常工作多采用公开表扬及给予团队荣誉等手段来推动。

创业第 2 年,公司预测到企业年度可实现盈利,针对不同员工进行激励。具体形式为:每月、每季度都有销售员工业绩前 3 名的排名,除了给予原有的荣誉外,还有 200~1000 元的等额购物券;对于优秀的后勤员工,每季度有 200 元等额购物券;每季度的优秀员工可在兄弟企业内部进行交流学习,并提供短程旅游项目;每年周年庆活动中,有企业价值观文化匹配者评选以及针对高层管理者的企业功勋手模印制活动,获奖者有长途旅游安排,高层管理者有国外旅游机会;最后还有一项针对高层管理者设计的分红奖励,利润达标后,会有 10% 的利润分红。

创业第 3 年,公司发展了 4 家分公司,在开办分公司之初,就制订了利润 10% 的持股计划,并且推行了"接班人成长计划",提供更多的晋升空间给有潜力的员工。

创业第 5 年,集团公司成立,根据公司的发展战略,企业开放了部分股权给事业部负责人。目前这家企业年经营额已超过 10 亿元。

该企业之所以能快速发展,主要是因为创业团队在创始之初就基于激励理论,分阶段、分人群设计了不同的激励方式。第一年在整体资金不是很充足的条件下,在保障员工最基础利益的同时,更多采用的是非物质激励的方法——表扬及给予荣誉。随着企业经营效益转好,对基层业务人员、后勤服务人员以及中高管理人员均采用了定制化的激励措施,从个人收益、个人成长及个人价值体现上都有相应的具体激励内容,因而调动了员工工作的积极性,最终实现了企业在发展之初拟定的战略目标。

4. 激励程度

激励的程度应与员工的贡献和成果相匹配。过低的激励可能无法激发员工的积极性,而过高的激励则可能引发不公平感或降低激励的边际效用。管理者需要根据实际情况制定合理的激励标准,确保激励的公正性和有效性。

5. 激励方向

激励的方向应与组织目标和个人发展目标相一致。通过明确的目标设定和沟通,使员工了解自己的工作如何与组织目标相关联,从而激发他们的内在动力。同时,管理者还需要关注员工的个人发展需求,通过提供培训、晋升等机会来激励他们不断学习和成长。

任务实训

组建并管理一个虚拟创业团队。

1. 任务背景

假设你是一位有志于科技创新的创业者,计划成立一家专注于"智能健康穿戴设备"研发与销售的高科技企业。为实现这一愿景,你需要组建一个高效、互补且充满激情的创业团队。本实训项目旨在通过模拟真实场景,让学生体验从团队组建到管理激励的全过程。

2. 任务目标

(1)明确创业团队的构成要素与优势:分析并阐述智能健康穿戴设备项目所需的核心团

队成员类型及其优势。

(2) 遵循原则与步骤组建团队：按照合理的原则与步骤，模拟组建你的创业团队。

(3) 进行团队成员角色定位：根据团队类型，为每位成员分配合适的角色，并说明选择理由。

(4) 实施团队管理与激励：设计并实施有效的团队管理策略与激励机制，以确保团队高效运作并持续激发成员潜力。

3. 任务内容

任务内容概要见表 2-4-3。

表 2-4-3 任务内容概要

创业团队的构成要素及优势分析	构成要素	列出并解释智能健康穿戴设备项目所需的团队成员类型，如技术研发（硬件、软件）、市场营销、产品设计、财务管理、供应链管理等
	优势阐述	分析这些团队成员如何共同构成团队优势，如技术创新能力、市场敏感度、成本控制能力等
创业团队组建	原则	阐述组建团队时应遵循的原则，如互补性原则、信任原则、共同愿景原则等
	步骤	明确智能健康穿戴设备项目的愿景、市场定位及短期与长期目标
		根据团队成员需求制订招募计划，通过社交媒体、专业招聘网站、人脉推荐等方式寻找合适人选，并进行初步筛选
		组织面试，通过行为面试、技能测试等方式评估候选人的能力与适应性
		根据面试结果确定最终团队成员，并正式组建团队
创业团队成员角色定位	团队类型	分析并确定你的团队属于哪种类型（如功能型、项目型、矩阵型等），并说明理由
	角色安排	为每位团队成员分配明确且互补的角色，如技术总监、市场经理、产品经理、财务总监等，并阐述每个角色的职责与期望成果
	成员选择	基于个人背景、专业技能、性格特点等因素，说明为何选择这些成员加入团队
创业团队管理与激励	团队管理	设计并实施有效的沟通机制，确保信息畅通无阻
		设定清晰的目标与KPIs，定期进行绩效评估与反馈
		建立团队文化，强化团队凝聚力与归属感
	团队激励	设计多元化的激励机制，包括物质激励（如奖金、股权激励）与精神激励（如表彰、晋升机会）
		实施个性化激励方案，针对不同成员的需求与动机进行激励
		定期组织团队建设活动，增强团队凝聚力与协作能力

4.任务要求

提交一份详细的《虚拟创业团队组建与管理方案》,包括团队成员名单、角色分配、管理策略、激励机制等内容,并附上团队愿景、目标及预期成果说明。同时,准备一份口头报告,在模拟的创业路演或团队评审会上进行展示与答辩。

项目总结与分析

本项目围绕"组建创业团队"展开,深入探讨了创业团队的构成要素、组建过程、成员角色定位及管理激励等关键环节。

任务一介绍了创业团队由具备不同技能、经验和背景的个体组成,这些要素共同构成了团队的核心竞争力。同时,市场环境、团队目标、资源获取等因素对团队组建产生重要影响。

任务二详细阐述了组建创业团队的一般程序,包括坚持互补性、共同愿景、沟通顺畅等原则,以及从明确需求、招募成员、筛选评估到团队磨合的具体步骤。这一过程强调了团队建设的系统性和科学性。

任务三聚焦于成员角色定位,通过分析不同类型的创业团队,明确成员角色对于提升团队效率和协作至关重要。合理的角色安排和精心的成员选择,能够确保团队在创业道路上稳步前行。

任务四探讨了创业团队的管理与激励策略。有效的管理能够保障团队目标的顺利实现,而合理的激励机制则能激发团队成员的积极性和创造力。通过综合运用多种管理手段和激励措施,可以构建一个高效、和谐、富有活力的创业团队。

本项目为大学生创业团队的组建提供了全面深入的介绍、分析和指导。从理论到实践,从团队构成到管理策略,本项目不仅为大学生创业者提供了实用的建议,还为他们在创业旅程中遇到的挑战提供了解决方案。通过本项目的学习,大学生将能够更好地理解创业团队的核心要素,掌握组建和管理高效团队的技巧,从而在创业的道路上走得更远、更稳。

思政小课堂

激发协同智慧,凝聚团队力量[①]

太空出舱六小时,创造多个"第一次"。神舟十四号航天员乘组圆满完成首次出舱活动全部既定任务,持续引发网友讨论。从打开问天实验舱气闸舱出舱舱门的瞬间,到从太空看地球的画面,再到航天员与小机械臂协同工作的场景,重温一个个出舱细节,依然令人振奋。

天地一体,乘组一心。出舱活动取得圆满成功,既源于舱内外的密切配合,也离不开天地间的周密协同。为了克服新人新舱带来的新挑战,乘组任务分工明确,航天员密切协同;

---

① 人民日报. 激发协同智慧,凝聚团队力量(今日谈)[N/OL]. (2022-09-05)[2024-06-04]. https://www.163.com/dy/article/EBK049FU0511LEU8.html.

为了更好提供支持,出舱活动专业支持小组在出舱活动期间集中协同工作;为了更好支持航天员完成空间站设备安装、检修等出舱任务,安全绳研制团队通过大量试验验证,最终研制出长度更长且可伸缩的安全绳。正因为有乘组的共同担当,有地面人员的支持保障,有工程全线科研人员的辛勤付出,出舱任务画上了圆满句号。

一个人的努力是加法,一个团队的努力是乘法。从"神舟"问天,到"嫦娥"奔月,从"天问"落火,到"羲和"探日,我国航天事业的每一次成功和进步,都离不开航天团队协同配合形成的强大合力。立足本职岗位,激发协同智慧,凝聚团队力量——这也是本次出舱活动圆满成功带给我们的启示。

项目五　编写创业计划书

知识目标

(1) 理解创业计划书的重要性：学生能够认识到创业计划书在创业过程中的关键作用，包括吸引投资者、明确企业愿景与目标、规划市场策略与运营计划等。

(2) 掌握创业计划书的基本结构：学生能够清晰了解创业计划书应包括的各部分内容，如执行摘要、公司介绍、市场分析、产品或服务、营销策略、运营计划、组织结构与管理团队、财务预测等。

(3) 学会市场分析与调研方法：学生能够运用 SWOT 分析、PESTEL 分析、五力模型等工具进行市场环境分析，以及通过问卷调查、访谈、竞品分析等方法收集市场信息。

(4) 了解财务规划与预测：学生能够掌握基本的财务报表编制（如利润表、资产负债表、现金流量表）和财务预测方法，理解财务指标在评估项目可行性中的作用。

(5) 掌握创业计划书撰写技巧：学生能够学习并运用逻辑清晰、语言精练、数据翔实的写作技巧，使创业计划书更具说服力和吸引力。

能力目标

全面提升创业认知、市场分析、策略规划、书面表达、创新思维、公众演讲、沟通技巧、应变能力、团队合作、总结反思、批判性思维以及社会责任感等多方面的能力。

思政目标

(1) 拥有强烈的爱国情怀和民族自尊，深刻领悟我国实施五年规划的战略意义。

(2) 具备精益求精的工匠精神，以匠心铸精品，注重实践中的细节打磨，将每一分努力都转化为实际的成果，展现实践精神。

思维导图

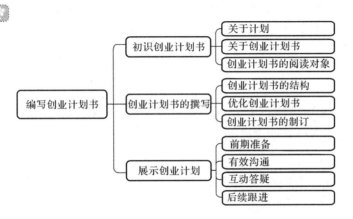

案例导入

Tipix：优秀的创业计划书引领成功之路①

"Tipix-人人都是艺术家"是一款独特的照片艺术化应用,它的出现让人们重新认识了图像处理与艺术创作之间的融合可能。这款应用由来自浙江大学的张乐凯、秦信伟和张家祯三位同学联合研发,自2013年首次上线以来,已经吸引了近300万用户,成为一款备受欢迎的艺术创作工具。

"Tipix-人人都是艺术家"的创业计划书荣获了多个重要奖项,这些奖项不仅是对其创业理念和商业模式的认可,而且彰显了其在创业领域的卓越表现和创新实力。

其中,最具代表性的奖项包括"中国大学生创新创业大赛金奖"和"全国大学生创业计划竞赛优胜奖"。这些奖项的评选标准严格,竞争激烈,Tipix能够脱颖而出,充分证明了其创业计划书的创新性和可行性得到了专业评委的高度认可。这些奖项的获得不仅为Tipix带来了荣誉和知名度,更重要的是为其后续的创业之路提供了有力的支持和动力。它们证明了Tipix的市场潜力和商业价值,吸引了更多的投资者和合作伙伴的关注与支持。同时,这些奖项也激励了Tipix团队继续不断创新和进取,为实现"人人都是艺术家"的美好愿景而不懈努力。

创业计划书是创业团队成功创业的关键要素。它不仅能协助团队厘清思路,明确目标,避免创业过程中的盲目行为,还能确保各项工作有条不紊、循序渐进地推进。创业计划书详尽地分析和描述了创办新企业所需的各种因素,使团队成员对创业前景有更加清晰的认识,并确保个人目标与团队总体目标保持一致。同时,它也是创业者向投资人展示项目价值及可行性的重要工具,是叩响投资人大门的"敲门砖"。

此外,创业计划书还提供了创业项目的详细路线图、实现步骤及时间进度安排,成为项目实施和评估的重要依据。因此,一份优秀的创业计划书可以为创业之路铺设坚实的基石。

任务一　初识创业计划书

凡事预则立,不预则废。在创业初期,创业者面临诸多待办事项,若未能及时明确工作重心,事务会逐渐堆积,最终可能导致无法应对。因此,为提高工作效率并顺利完成各项工作,创业者必须制订一个合理的计划。

一、关于计划

计划,是为了更加精准地达成既定的目标,而对整个实施过程进行详尽的分步骤安排,明确每个环节的具体实施措施或内容。

---

① 浙大大学培训中心网站.苹果CEO库克点赞浙江大学学生团队![EB/OL].(2016-10-14)[2024-04-10]. http://peixun.zju.edu.cn/zdnews_1684_301.html.

"计划、组织、协调、控制"构成了管理的核心职能,其中"计划"作为首要职能,其重要性不言而喻。无论是宏观的国家治理,还是微观的个人学习生活,任何一项工作的启动,都应以制订计划为先导,随后才是组织、协调和控制等后续环节的展开。

对于企业而言,计划具有至关重要的作用,具体体现在以下四个方面:

(1)计划是企业发展的指南针,它明确了企业未来的发展方向和目标,使企业管理者在激烈的市场竞争中能够保持清晰的头脑和坚定的步伐。

(2)计划是企业资源调配的依据,它帮助企业合理分配人力、物力、财力等资源,确保各项工作有序开展,从而提高企业的运营效率和市场竞争力。

(3)计划有助于企业风险防控,通过预先分析和评估可能面临的风险和挑战,企业能够提前制定应对措施,降低风险发生的概率和影响程度,保障企业的稳健发展。

(4)计划还能够激发员工的积极性和创造力,明确的工作目标和任务分配能够激发员工的责任感和使命感,促使他们更加积极地投入到工作中,为企业的发展贡献自己的力量。

【案例】

十年规划引领 接力迈向中国式现代化[①]

北京大兴国际机场位于天安门以南46公里处,宛如"金凤凰"展翅高飞;在贵州的深山之中,目前世界上最大的单口径射电望远镜"中国天眼"静静守望星空;而在伶仃洋之上,港珠澳大桥横卧碧波,被誉为"新世界七大奇迹"之一。这些重大工程在中国的大地上如画卷般展开,将一张张宏伟蓝图变为现实。

自党的十八大以来,以习近平同志为核心的党中央团结带领全国各族人民,以顽强的拼搏精神和开拓创新的勇气,推动党和国家事业发生了历史性变革,改革开放和中国式现代化建设取得了新的历史性成就,全面建成小康社会,历史性地解决了绝对贫困问题,使我国的经济实力、科技实力和综合国力跃上新的台阶。这些辉煌成就的取得,离不开一个又一个五年的伟大奋斗历程。从第一个五年计划到第十四个五年规划,我国始终将建设成为社会主义现代化国家作为一以贯之的主题。每一个五年规划的制定、实施和完成,都在接力推动中国式现代化道路稳步向前。

制定中长期规划来指导经济社会的发展,一直是我们党治国理政的一种重要方式。五年规划不仅明确了国家的战略意图和政府的工作重点,还引导了市场主体的行为,它是未来五年我国经济社会发展的宏伟蓝图,也是全国各族人民共同遵循的行动纲领。

二、关于创业计划书

创业计划书,是一份详尽阐述创业项目的关键文件,它清晰勾勒出创业者的目标愿景,为创业之路提供明确的路线图与实现步骤。通过精心规划时间进度安排,创业计划书不仅

[①] 改革网.十年规划引领 接力迈向中国式现代化[EB/OL].(2022-09-26)[2024-04-10]. http://www.cfgw.net.cn/xb/content/2022-09/26/content_25022224.html.

帮助创业者有序地推进项目,还能吸引潜在投资者和合作伙伴的注意,为创业成功奠定坚实基础。简而言之,创业计划书是创业者实现梦想的蓝图与指南。

编制创业计划书对创业者而言,具有多重意义。它不仅有助于创业者系统地梳理出创业项目所提供的产品(服务)及其预期收益,以及目前已经获得的资源支持,而且为创业团队和相关投资人提供了深入信息分析和交流的基础。通过创业计划书,团队成员和投资者能够明确了解项目的各个方面,从而有效地指导并监测创业活动的进展。这种信息的透明度和共享性,极大地提高了创业的效率,确保项目能够按照既定的目标和步骤稳步推进。

三、创业计划书的阅读对象

创业计划书是一份详尽的项目规划,其核心功能在于吸引投资。以往,创业计划书主要侧重于吸引提供资金的"投资人"。然而,随着资本市场渐趋冷静,众多初创项目在初期难以获得直接的资金支持,因此,吸引其他形式的"投资",如资源、技术或市场合作等,变得越发关键。

根据所要吸引的不同类型的"投资人",创业计划书大致有以下 3 类:

(1)吸引提供资金的"投资人"。投资人在评估创业计划书时,会综合考虑公司的基本情况、商业模式、市场前景、财务状况以及执行能力和风险控制等方面。只有这些方面都表现出色,才有可能吸引投资人的关注和资金支持。

(2)在创业团队内部达成共识以及吸引潜在合伙人。对于创业团队内部达成共识以及吸引潜在合伙人来说,创业计划中需要重点关注企业的目标和愿景、角色和责任分配、战略规划和执行计划、商业模式的可行性和盈利潜力、团队的专业能力和经验、市场前景和增长潜力以及合作机制和利益分配等方面。这些因素能够增强团队内部的凝聚力,提高项目的吸引力,为创业成功奠定坚实的基础。

(3)吸引合作伙伴。合作伙伴在评估创业计划书时,会综合考虑项目概述与商业模式、市场前景与增长潜力、团队能力与背景、合作条款与利益分配以及风险评估与应对措施等方面。这些因素能够帮助他们全面了解项目情况,评估合作价值,并做出明智的决策。

综上所述,一个好的创业计划书应包含企业基本情况、商业模式、市场前景、财务状况、执行能力、风险控制、团队能力、合作机制等多个方面的详细分析和描述,以展现项目的全面性和可行性,从而吸引各方面的支持和合作。

【思考讨论】

制作一个好的创业计划书需要注意什么?

制作一个好的创业计划书需要注意内容的全面性、逻辑性和条理性,数据的准确性和可信性,以及语言表达的简洁明了和针对受众的定制化。通过认真考虑这些方面,可以制作出一份具有吸引力和说服力的创业计划书,为创业成功奠定坚实的基础。

任务二　创业计划书的撰写

一、创业计划书的结构

创业计划书的常见架构首先以简明扼要的摘要作为开端,随后逐渐展开详尽的阐述。在此结构下,开头部分的摘要与业务描述均旨在提供业务的概览。而计划书的核心则深入剖析业务的核心要素及关键问题,包括参与者、方式、内容以及地点等。至于结尾部分的附件,则收录了最详尽的资料,如财务数据、管理层履历等。一份典型的创业计划书通常包含封面、目录、摘要、业务描述、行业背景、市场分析、竞争分析、营销计划、运营计划、财务计划、公司基本情况等,以此全面展现创业项目的全貌与潜力。

当然,不是所有的创业计划书都严格遵守这样的模式。有些计划书可能会将其中一些内容合并,或添加新内容,或删除其他部分,但是读者需要了解的与特定业务相关的重要信息不可缺少。

(一)封面和目录

1. 封面

封面作为创业计划书的首张名片,其作用与报纸的醒目标题相似,均是提供一瞥即知的快速信息。它如同指引灯,帮助读者在繁杂的资料中迅速做出判断:是匆匆掠过,还是驻足细阅。因此,一个精心设计的封面,对于吸引读者的注意力和兴趣至关重要。为确保给读者留下一个良好的第一印象,封面应满足如下几点:

(1)外观应保持简约而不失大气,体现出高度的专业性。

(2)应明确标注业务或项目的具体名称,以便读者一目了然。

(3)在显眼位置提供创业者的姓名及有效的联系信息,便于潜在投资者或合作伙伴与创业者取得联系。

(4)适当地展示公司的徽标或独特标志,以此凸显企业的品牌特色和识别度。

2. 目录

创业计划书的目录作为紧随封面之后的又一重要部分,为读者提供了另一种形式的摘要性信息。通过目录,读者能够迅速概览计划书的全貌,对即将介绍的各个主题一目了然。一个完整的目录不仅展示了创业者的思维逻辑和条理性,还体现了计划书的全面性和系统性。

同时,目录的编排也关乎计划书的易读性。一个清晰易懂的目录能够帮助读者轻松定位所需内容,快速找到需要阅读的部分,极大地提升了阅读体验。因此,在撰写创业计划书时,应精心编排目录,确保它既能够全面展示计划书的各个主题,又能够方便读者的阅读和理解,如图 2-5-1[①] 所示。

---

① 本项目图片示例来自浙江大学张乐凯、秦信伟和张家祯三位同学联合研发的"Tipix-人人都是艺术家"照片艺术化应用的创业计划书。

目录

```
1 执行概要...................................................................6
  1.1 项目简介...............................................................6
  1.2 产品介绍..............................................................14
      1.2.1 产品概述.......................................................14
      1.2.2 产品功能.......................................................15
      1.2.3 产品优势.......................................................16
      1.2.4 发展规划.......................................................17
      1.2.5 商业模式.......................................................20
  1.3 市场分析..............................................................24
      1.3.1 市场前景分析..................................................24
      1.3.2 市场规模.......................................................25
      1.3.3 竞争分析.......................................................27
  1.4 营销策略..............................................................30
      1.4.1 产品策略.......................................................30
      1.4.2 价格策略.......................................................30
      1.4.3 渠道策略.......................................................30
      1.4.4 体验式营销....................................................32
  1.5 财务分析..............................................................32
      1.5.1 筹资计划与股本结构..........................................32
      1.5.2 收入预测.......................................................33
      1.5.3 投资收益分析..................................................34

2 产品介绍...................................................................36
  2.1 产品概述..............................................................36
  2.2 产品定位与理念......................................................36
  2.3 产品目标市场与用户.................................................37
  2.4 产品功能..............................................................39
      2.4.1 极富个性的照片艺术化创作功能.............................40
      2.4.2 社交分享功能..................................................44
  2.5 产品优势..............................................................44
  2.6 发展规划..............................................................48
      2.6.1 产品层面.......................................................48
      2.6.2 用户层面.......................................................50
  2.7 商业模式..............................................................51

3 市场分析...................................................................59
  3.1 市场前景分析.........................................................59
      3.1.1 移动互联网行业前景..........................................59
      3.1.2 结合游戏的互联网+艺术教育前景............................61
      3.1.3 智能手机变现前景.............................................62
      3.1.4 在线广告变现前景.............................................65
      3.1.5 电子商务变现前景.............................................67
```

2

图 2-5-1 "Tipix-人人都是艺术家"项目创业计划书目录页

(二)摘要

读者在阅读创业计划书时,摘要部分往往扮演着举足轻重的角色。事实上,读者有可能仅通过阅读摘要部分,就对整个计划产生初步印象,并据此快速做出决策。因此,摘要的撰写必须满足读者的期望,确保能够准确、全面地传达计划的核心要点。作为对创业计划书要点的简短陈述,摘要应简洁而有力地介绍项目的背景、目标、市场定位、竞争优势等关键信息。同时,摘要还应突出项目的创新性和可行性,以吸引读者的兴趣并激发其进一步了解计划的欲望。通过精心撰写摘要,创业者能够为自己的创业计划赢得更多的关注和支持。摘要应尽可能简明,但以下内容不可忽视:

(1)行业与市场概况。明确界定该创业机会所处的行业范畴,并详细阐述其市场发展的潜力与趋势。

(2)独特的商业契机。阐明产品或服务所能解决的顾客核心问题,揭示其在市场上的独特价值和竞争优势。

(3)成功的核心战略。阐述公司的产品或服务如何区别于竞争对手,以及如何通过创新的营销策略、高效的分销系统或战略合作伙伴关系,率先将产品或服务推向市场。

(4)财务前景预测。深入分析业务的预期风险与回报,为投资者提供清晰可见的财务潜力评估。

(5)管理团队介绍。展示负责实现业务目标的核心团队,强调其专业能力和经验,以增强投资者对项目的信心。

(6)资源需求与资金筹措。明确向读者表明所需资源或资金的具体需求,以便投资者了解投资方向及回报预期。

(三)业务描述

业务描述是对企业历史发展、核心特性及目标的精练概括,旨在以简短而充实的内容,清晰地传达企业的远大目标及其成功的基石。可以从新业务的独特性以及支持产品或服务的优越业务环境两个维度进行介绍,融入相关的背景信息,深入剖析创业理念所激发的激情与活力,同时阐明创业者为实现业务成功所做的坚定承诺及其所具备的专业能力。

业务描述不仅有助于读者全面了解业务的概貌,还能激发其对企业未来潜力的期待与信心。

1. 业务描述的目标

业务描述的目标有以下几点:

(1)创业者需明确阐述对商业理念的深刻洞察与理解。

(2)创业者应分享对风险项目的热衷与信心。

(3)通过详细描绘此风险项目的真实状况与前景,创业者应满足读者的期待与好奇心。

2. 业务描述的写作

业务描述可以从以下几方面切入:

(1)理念或业务的发展阶段:目前正处于规划的初期、刚起步的初创期,还是已准备迈向扩张的成熟阶段?

(2)业务将覆盖哪些目标市场?

(3)业务性质归属:是属于制造业、零售业还是服务业的范畴?
(4)核心业务是提供什么样的产品或服务?
(5)当前的财务状况是怎样的?
(6)将由哪位人士或团队来负责业务的日常管理与运营?
(7)业务将采取何种组织形式来运营(例如合伙企业、有限责任公司、联营企业等)?
(8)业务的经营地点位于何处?

3. **产品或服务描述**

当产品或服务具备极高的独特性或技术性时,为确保读者能够深入理解其特性和功能,应当设立一个独立且专门的章节来进行详尽阐述。这一章节的设立,旨在聚焦并突出产品或服务的独特之处,从而向读者充分展示其与众不同的价值和优势。

这样的安排能够确保读者对产品或服务有更为清晰、深刻的认识,进而增强他们对项目的兴趣和信心。

(四)行业背景

行业背景作为关键的信息来源,为读者揭示了行业的整体状况、规模大小、发展趋势以及主要特征。通过深入了解行业背景,读者能够更好地把握行业脉搏,理解产品或服务与行业的契合程度。这些信息对于评估商业机会、制定市场策略以及预测未来发展趋势具有重要意义。因此,在编写创业计划书时,充分展现行业背景是至关重要的一环,其能够为读者提供一个清晰、全面的行业画像,为决策提供有力支持。

行业背景的写作必须回答的重点问题包括以下几方面:

1. **关于该行业的产品或服务**

描述该行业所提供的产品或服务的具体范畴是什么?该行业是属于宽泛的电子行业,还是专注于电视机制造业?又或者,是涵盖广泛的食品行业,还是专门致力于谷类加工业?

2. **行业的规模与现状**

(1)该行业的产能如何?单位销售额和整体盈利能力是怎样的?
(2)行业内的企业在地理分布上是较为分散,还是更倾向于集中在原料产地附近,或是为便于分销而靠近最终用户?

3. **行业的未来趋势**

(1)预计该行业的增长率是多少?
(2)目前有哪些新兴的增长模式正在浮现?
(3)哪些因素可能会推动未来的增长?
(4)该行业是否呈现出高度的分散性,拥有众多的小型竞争企业?
(5)该行业是否已被一些主要的竞争对手所主导和控制?

4. **行业的技术与稳定性**

(1)该行业是否紧跟技术前沿,不断推陈出新?
(2)它是一个提供传统且稳定产品或服务的行业?
(3)进入这个行业需要面临哪些壁垒?

(4)进入该行业需要具备哪些关键的资源、知识或技能？
(5)是否需要大量的资金投入或尖端的技术知识作为支撑？

(五)市场分析

1. 描述市场规模与发展速度

市场规模与发展速度是企业进军市场或细分领域时必须深思熟虑的两个核心问题。首先需要审视的是,市场是否仍蕴含着未发掘的潜力与空间？是否存在进一步拓展市场的可能性？此外,对于产品或服务的需求,其增长趋势又将如何？以网上购物为例,其强大的吸引力促使了电子商务的迅猛发展,而成功把握互联网销售机遇的企业,更是收获了丰厚的回报。因此,深入剖析市场规模与发展速度,对于企业的市场定位与战略制定至关重要。

2. 目标市场的定位

创业者需要明确目标顾客群体究竟是谁？顾客主要分布在哪些区域？顾客又具备哪些显著特征？为了更全面地了解市场,创业者需要从多个维度进行考察。

(1)从地理位置出发,可以将市场划分为全国范围、城市、郊区或社区等不同层级。
(2)通过人口统计学的分析,可以深入探究目标顾客的年龄、性别、收入水平、职业背景、受教育程度以及宗教信仰等因素。
(3)行为因素同样不可忽视,比如顾客对不同产品类型的偏好和反应等。通过综合考虑这些维度,能够更准确地定位目标市场,为后续的营销策略制定提供有力支持。

3. 揭示顾客购买产品或服务的深层动因

产品或服务是如何针对性地解决顾客的问题的？又如何有效减轻顾客的烦恼？举例来说,创业者是否推出了一款设计更为人性化的枕头,专为缓解背痛而设计；或者创业者是否提供了一种高效的互联网横幅广告过滤方法,旨在减少顾客上网时的干扰与烦恼。

必须强调顾客购买产品的真正原因。顾客将从产品或服务中获得哪些实质性的好处？顾客如何能够清晰地分辨出产品与竞争对手的不同之处？以购买图书为例,顾客为何选择在本地书店购书,而非通过线上书店？这是因为本地书店提供的不仅仅是书籍,还有与书友的交流、实体翻阅的体验以及及时的服务,这些都是线上书店难以替代的独特价值。

因此,创业者需要深入挖掘并强调这些独特的价值点,从而吸引并留住顾客。

(六)竞争分析

竞争对手可以是那些在同一行业内提供相似产品或服务的公司,如同摩托车制造行业中的其他摩托车生产厂商。此外,竞争也可能来自那些虽属于不同行业,却能解决相同消费者问题的企业。例如,当消费者寻求低成本的轿车替代方案时,摩托车和公共交通服务都成了具有竞争性的选择。因此,在编写创业计划书时,清晰识别直接竞争对手或潜在竞争对手至关重要,因为这些竞争者可能对项目的成功构成威胁。深入了解竞争对手情况有助于降低业务失败的风险,为创业项目的顺利推进提供有力保障。以下是创业计划书读者可能会提出的问题。

(1)在识别竞争对手时,需要考虑哪些公司能够解决与本公司相同的问题。创业者需要确定主要的竞争对手,并深入了解他们的产品或服务,以及这些产品或服务的优势和劣势。

同时,还需要了解每个竞争对手在市场中的份额占比,以及他们采用的营销策略。最重要的是,需要分析他们成功的关键要素,以便更好地制定自己的竞争策略。

(2)产品或服务与竞争对手之间存在的区别。创业者需要思考如何以新颖、实用且独特的方式满足顾客的需求,从而在市场中脱颖而出。这需要深入了解顾客的需求和痛点,并寻找能够解决这些问题的创新方法。

(3)竞争对手对风险项目构成的威胁不容忽视。需要评估他们的产品是否拥有高度的品牌认知度,以及他们是否会积极阻碍新竞争者进入市场。此外,还需要考虑他们是否会认识到本公司产品或服务的独特之处,并尝试将其应用到自己的产品或服务中。这些因素都将影响公司在市场中的竞争地位和成功机会。因此,创业者需要密切关注竞争对手的动态,及时调整自己的策略,确保风险项目能够成功应对竞争挑战。

(七)营销计划

如何将产品与市场实现有机融合,并有效激发顾客的购买意愿?通常而言,最为行之有效的策略是精心策划并付诸实践的营销计划。这一计划旨在详尽阐述创业者如何打算推广并销售产品或服务,同时,也需明确如何调动顾客的购买积极性。这一计划的实施能够更好地将产品与市场紧密结合,实现销售增长,并满足顾客的需求与期待。

在编制创业计划书时,营销计划的制订与融入至关重要。这一工作具有双重深远意义。

第一,一个逻辑清晰、条理分明的营销计划,无疑是创业计划书中不可或缺的一环。在制订这一计划的过程中,创业者得以对创业创意进行前期的验证,深入调查各种可行的方案,并精心策划出能够助力公司走向成功的有效战略。

第二,一个构思巧妙且条理清晰的营销计划,无疑会大大增强创业计划书读者的信心,让投资人对创业者的能力与专业素养产生信任。因此,创业者应当充分重视营销计划的制订与融入,以确保创业计划书的完整性和说服力。

营销计划制订流程如下:

(1)营销组合的概括描述,其作用如同摘要对于创业计划书的重要性,旨在帮助读者快速把握整个营销计划的核心内容。通过先行的概述,读者能够对正文部分所涵盖的营销策略、目标受众、资源分配等关键信息有一个初步的了解,从而更加高效地阅读和理解整个营销计划。这样的概括描述不仅提升了营销计划的可读性,而且增强了其与读者的沟通效果。

(2)明确目标市场或市场细分领域,即便在创业计划书的先前部分已有涉及,此处仍需进行简要重述。因为部分读者可能直接跳过前面的内容而直接关注此部分,简短的回顾有助于确保信息的连贯性。通过这一简短的回顾,读者能更清晰地了解公司的目标顾客群体。只有深入理解了目标市场或市场细分领域,读者才能对后续的营销计划做出更为理性和准确的评估。因此,在详细阐述销售产品或服务的计划之前,明确目标顾客是至关重要的第一步。

(3)对行业竞争状况的简要描述,有助于读者快速理解营销计划的战略背景。在此部分,应明确指出主要的竞争对手,并概述他们的营销战略。这些信息不仅能为读者提供行业对比的参考,更能凸显公司营销计划的独特性和优势所在。通过对比,读者将能更加清晰地评估计划书,并理解公司在市场竞争中所处的位置及所采取的策略。

(4)描述本行业成功的关键因素,有助于读者理解特定目标市场的需求和期望。快速响应是顾客普遍期望的吗？技术进步在产品或生产过程中扮演着怎样的角色？顾客是否更看重价格因素？创业者必须清晰地揭示这些因素对于目标市场的重要性，从而确保营销计划能够精准地满足市场需求，实现商业成功。

(5) 明确营销组合时可运用 4P 理论，即产品(Product)、价格(Price)、渠道(Place)和促销(Promotion)。此部分将详尽描述针对产品或服务的营销实施策略，并揭示其背后选择这些营销战略的逻辑依据。读者最为关心的，是创业者如何根据目标市场的需求和竞争对手的替代产品来制定各项营销决策。通过深入剖析这些决策背后的考量，旨在确保营销计划能够精准地满足市场需求，有效应对竞争挑战。

(6) 为营销战略的实施设定一个明确的时间表至关重要。通过采用诸如"第一个月"等相对时间表述方式，而非具体的日期，能够为读者提供一个清晰的整体时间框架，建立起对预期结果的合理预期。无论是通过语言描述还是图形展示，一个明确的时间表都将使读者对营销计划有更深入、更具体的了解，从而增强投资者对计划实施效果的信心。

(7) 尽管当前的焦点集中在新产品或服务的启动上，但读者同样对未来的发展蓝图充满好奇。项目启动后，创业者应重点关注哪些问题？对于业务的未来扩张与发展，创业者有着明确的规划，是否会扩大市场地域范围或拓展目标顾客的年龄层？是否会在产品线中增添新的成员？通过展示模拟财务计划中描绘的 3 至 5 年的业务设想，期望能够激发读者对风险项目未来前景的无限热情。

(八) 运营计划

运营计划是业务日常活动流程及其支持策略的精练概述。在这一部分，创业者致力于向读者提供足够的信息，以展现自己对业务日常实施过程的深入理解与周全规划。然而，为避免技术性过强或内容过于冗长，运营计划力求保持简洁明了，确保读者能够轻松阅读并理解。运营计划的核心目的是凸显公司将重点关注那些对业务成功至关重要的关键运营因素，从而确保业务的顺利运行和持续发展。

运营是业务的核心运转过程，它涉及将概念或原料转化为最终销售给顾客的产品或服务。运营计划的制订应与生产流程保持同步，具有动态性。这一计划应始终是公司行动的关键指导，不应被束之高阁，而是应根据公司实际运营情况经常进行补充、修改和更新。只有不断地完善和调整运营计划，确保其与公司实际运营活动紧密相连，这样才能确保业务的顺利进行和持续发展。

在创业计划书的运营部分，需向读者阐明影响公司如何为利益相关者创造价值的关键成功因素。其中，盈亏平衡点尤为关键，它指的是销售额与运营成本相等的临界点。此点决定了公司必须销售的产品数量，以确保生产成本得到覆盖；一旦销售额超过这一平衡点，每售出一单位产品都将为公司带来利润。因此，盈亏平衡点象征着业务开始实现盈利的起点，是公司盈利能力的重要指标。

(九) 财务计划

创业计划书的不同读者在开始阅读财务计划时，会因其背景、经验和关注点不同而持有不同的观点：

(1) 投资委员会成员在评估计划书时，主要关注该风险项目是否能够达到公司设定的最低预期收益率。这一预期收益率是公司对所有项目设定的最低盈利标准,他们希望确保所选项目能够达到或超过这一标准,以保障公司的投资回报。

(2)该项目投资人的核心关注点在于这项业务的投资回报率究竟能达到怎样的水平。他们希望通过了解投资回报率的具体数据,来评估这项业务的盈利潜力和自身的投资效益,从而做出更为明智的投资决策。

(3)正在权衡是否应借出资金的放贷人,主要关注公司的借款能力以及其支付债务利息的实力。他们希望通过深入了解这些方面,来评估贷款的风险和回报,从而做出更为稳妥的放贷决策。

至关重要的是,创业者必须深入剖析是否能够实现既定的财务目标,毕竟所有的计划与努力,其最终目的都是带来切实的收益。这不仅是评估项目成功与否的关键指标,而且是确保投资回报和业务可持续发展的重要保障。

财务计划作为创业计划书的核心组成部分,扮演着至关重要的角色。它能够将业务的各个方面,包括市场机会、运营策略、营销计划以及管理团队等,转化为预期的财务成果。因此,深入理解并针对特定读者调整财务计划,是确保创业计划书达到最佳效果的关键所在。

本部分旨在向读者展示公司目前的财务绩效状况及未来的规划蓝图。在此所描述的财务前景,正是创业者对相关风险和投资回报率的最优预测,它构成了读者判断商业成功可能性的具体依据。通过深入了解这些信息,读者能够更全面地评估公司的财务状况和发展潜力。创业计划书中的财务分析主要包含以下 5 部分。

1. 收入预测表(业务收入来源及规模预估)

收入预测表主要用于详细阐述公司的业务收入构成,包括各项主营业务及主营业务外的收入情况,并揭示其相应的规模。举例来说,本期公司实现了主营业务收入××万元,相较于去年同期呈现出××%的增长率。此外,该表还预测了公司未来的收入情况,为投资者和利益相关者提供了关于公司财务状况的清晰展望。

2. 成本预测表(项目开支的大体去向)

成本预测表用于说明项目开支的大体去向。例如,本期公司成本费用共计××万元。其中,主营业务成本××万元,占成本费用总额××%;营业费用××万元,占成本费用总额××%;管理费用××万元,占成本费用总额××%等。

3. 利润预测表(企业效益)

利润预测表是对项目的效益进行预测。例如,本期利润总额比去年同期增加××万元,总额增长率为××%。其中,主营业务收入比去年同期增加利润××万元;营业费用比去年同期增加利润××万元;财务费用比去年同期增加利润××万元等。

4. 现金流量表(体现投资回收周期)

现金流量表直接体现项目筹措现金和经营的能力。从经营角度看,现金流量表相对于利润预测表是更有说服力的,是公司真实情况的直接反映,具体包括经营活动、投资活动、融资活动的现金流量。例如,销售商品、提供劳务的现金流入××万元,支付税额流出××万元,融资活动流入××万元等。

5. 财务指标(结论)

财务指标主要是从偿债能力指标、营运能力指标、盈利能力指标、发展能力指标四个方面进行分析。但在分析过程中,需要注意的是与同行业竞争者、自身同期等进行比较,这样横向行业比较、纵向公司自我比较,能够得出较为准确的结论。

(十)公司基本情况

在创业计划书中介绍公司的基本情况时,应该全面、准确地展示公司的核心信息和特点。公司的基本情况主要包含以下几方面信息:

(1)明确公司的名称和成立时间,描述公司的法律形式和注册地点,有助于投资者和合作伙伴了解公司的法律地位和运营环境。

(2)详细介绍公司的主营业务和产品或服务。这包括产品或服务的特点、竞争优势以及满足市场需求的方式。通过突出公司的核心价值和创新能力,能够吸引投资者的关注并提升合作伙伴的信任度。

(3)介绍公司的目标市场和客户群体也是至关重要的。

(4)阐述公司的组织架构和管理团队。说明公司的部门设置、人员配置以及关键岗位的职责和角色。重点突出管理团队的专业背景和经验,以展示公司的运营能力和管理水平。

(5)提供公司的财务状况和业绩指标。这包括公司的收入、利润、资产规模等关键财务数据,以及这些数据的增长趋势和变化原因。这有助于投资者评估公司的经济实力和发展潜力。

在介绍公司的基本情况时,语言应简洁明了,重点突出,避免使用过于复杂或模糊的术语。同时,确保提供的信息准确可靠,避免夸大或虚假宣传。通过精心撰写这一部分,可以向投资者和合作伙伴展示公司的实力、潜力和价值,为创业成功打下坚实基础。

(十一)团队成员

众所周知,业务运转的核心在于管理团队,即人才的力量。团队正是将众多独立个体凝聚成组织有序、充满活力的整体的关键。缺乏合适的人选,任何商业机遇都难以从概念走向现实。因此,管理者简介作为创业计划书中不可或缺的一环,往往成为众多读者首先关注的内容。

为了让所有读者对管理团队有更全面的了解,建议在创业计划书的附件中附上管理者的简历。然而,在这部分应更有针对性地回答读者可能提出的问题,无论是潜在的投资人、放贷人还是内部审核者,他们都会关注更具体、更深入的细节。因此,应通过简历以外的形式,详细阐述管理团队的背景、经验和能力,以满足读者的不同需求。

(1)管理者过往的职场经历是怎样的?他们在公司内外是如何一步步成长起来的?读者渴望得知团队成员在本公司、本行业或相关行业中积累了多少经验,以及他们拥有哪些社会人脉资源,更重要地是他们是否具备与计划中的业务直接相关的工作经验。这些信息对于评估团队的能力和对业务的适配度至关重要。

(2)他们曾取得过哪些卓越的业绩?他们的成就具体体现在哪些方面?他们是否拥有

成功完成项目的纪录？换句话说，他们是否已经展现出接受新概念并将其转化为实际成果的能力？这些都是评估管理者能力和业绩时读者十分关心的问题。

（3）他们在业界享有怎样的声誉？他们是否常常想法多变，难以静下心来专注于一个项目的完成？他们是否以正直和信守承诺而著称？他们是否因勤奋敬业、专心致志的工作态度而广受赞誉？这些都是读者在评估管理者时会着重考虑的因素。

（4）他们对业务成功的概率是否持有务实的看法？他们是否能够清晰地认识到潜在的风险，并具备应对无法避免问题的能力？他们所提出的关键设想是否具有可行性？在团队中，哪些成员能够坚定地表达自己的见解？又有谁愿意发出警示之声，为团队带来更为全面的视角？这些都是评估管理团队时，读者需要深入思考的问题。

（5）他们能为这项业务带来哪些独特的知识、技能和专长？在经验、技能领域和知识深度方面，他们是否形成了互补和平衡？团队是否已经完备，还是需要进一步招募具备其他技能或素养的人才来完善？这些都是评估管理团队时，读者需要深入探究的关键问题。

（6）他们对这个充满风险的项目究竟有多大的投入和敬业度？在面临困境时，他们是否能够坚持到底？他们之前是否有过共同合作的经历？通常而言，相较于那些已经共事过并共同克服过内部冲突和外部问题的团队，新组建的团队往往面临更高的风险。因为前者已经通过实践证明了他们的协作能力和解决问题的能力。

（7）每位团队成员的动机是什么？他们各自追求着什么样的目标？他们成为团队一员是出于偶然机遇，还是经过深思熟虑后的选择？如果他们是主动选择加入团队的，他们期望从中获得哪些利益？如果他们是被指派为团队成员的，那么又有哪些动力因素驱使他们为团队的成功而付出努力？这些问题的答案，对于理解团队构成和激发团队潜力至关重要。

（十二）风险预测与管理

创业活动往往处于一个充满变数与不确定性的复杂环境中，这使得创业之路充满了挑战。与此同时，创业者的个人经验、能力和视野也可能存在局限性，这无疑增加了创业活动的风险。许多创业项目在执行过程中往往容易偏离预期目标，甚至遭遇失败。为了尽可能地降低这些风险，创业者在筹划创业之初，就应当深思熟虑，对创业项目可能遭遇的技术难题、市场波动、财务压力等风险进行全方位的预测和分析。在此基础上，创业者还需预先制定应对策略，确保在风险来临时能够迅速做出反应，调整策略，从而确保创业项目的顺利进行，最终实现创业目标。

（十三）附录

附录部分是计划主体内容的补充说明。其中包括各类媒介对企业的宣传报道、企业产品（服务）的图文说明、企业产品的专利书、企业营业执照等相关资料。

二、优化创业计划书

千篇一律的创业计划书往往难以在目标读者中脱颖而出，要使其质量上乘并凸显项目特色，赢得目标读者的青睐，优化是不可或缺的一环。可以说，优秀的创业计划书并非单纯"撰写"而成，而是在不断的"优化"过程中逐步完善。因此，对于创业者而言，为了让创业计划书产生更好的传播效果,务必对其进行深入细致的优化工作。只有这样,才能确保创业计划书在竞争激烈的市场中脱颖而出,吸引更多的关注和投资。根据优化对象的不同,创业计划书的优化可分为内容优化和形式优化两大类。

(一)内容优化

创业计划书的内容优化,主要聚焦于篇幅、段落、语句、字词及标点等文字内容部分的深度提升。具体来说,这一优化过程涵盖了以下3个方面。

1. 优化篇幅结构

在内容优化的过程中,首要任务是合理调整创业计划书的整体篇幅。通过适当调整和归并章节内容,确保详略得当,保持章节之间的平衡与连贯。同时,优化工作还需特别关注突出内容的重点。每份创业计划书都应针对目标读者的特点,精准组织材料和撰写内容。从目标读者最关切的问题出发,运用独特的呈现方式和叙述逻辑,力求在详略之间取得平衡,并凸显关键要点。此外,对于涉及创业项目核心技术的机密部分,应进行适当简化,以避免泄露重要信息,确保商业机密的安全。

2. 优化语言表述

在编制创业计划书时,创业者应运用简明扼要、清晰易懂的表达方式,通过通俗易懂的语言展示市场调查的详细内容和市场潜力,明确揭示消费者的需求所在,并解释他们为何会选择本创业项目的产品或服务。同时,需要充分阐述为何本创业团队是实施这一项目的最佳人选。描述创业计划书的相关内容时,应追求规范化和科学化,确保信息的准确性和可靠性。然而,鉴于目标读者中可能包含不具备相关专业知识的银行家、投资人等,创业者在编写过程中应避免过度专业化的技术或工艺描述,以及复杂的分析,而应追求简单明了、深入浅出的表达方式。对于必须引用的专业术语和特殊概念,应在附录中给予清晰的解释和说明,以便读者理解。此外,创业者还需注意创业计划书中使用资料的时效性,对于制订周期较长的创业计划,应及时更新相关资料依据,确保信息的最新性和有效性。

3. 优化文字

在编制创业计划书时,文字表达务必流畅通顺,每个词汇都应精准传达意图,严防语病出现。鉴于创业计划书内容繁多、涵盖领域广泛,适合由创业团队分工合作完成。然而,为确保内容连贯、逻辑严谨,团队负责人必须统一协调并定稿,防止内容散乱、不连贯以及文风不一等问题的发生。这样,创业计划书才能保持前后一致,逻辑严密,为创业者赢得投资者的青睐。

(二)形式优化

创业计划书的形式优化,主要是针对文字内容以外的视觉呈现进行精细调整,整体目标是使创业计划书既具备视觉上的美感,又能鲜明地展示本创业项目的独特之处。在进行形式优化时,一般应着重于图表的处理、排版的设计以及封面的设计等方面。通过精心制作图表,使其清晰易懂,直观展现关键数据和信息;合理布局排版,确保页面整洁有序,提高可读性;而封面设计则应独具匠心,既符合创业项目的定位,又能吸引目标读者的目光。通过这样的形式优化,创业计划书将更好地呈现出其独特的魅力和价值。

1. **图表处理**

(1)图表美化。在编制创业计划书时,务必选用清晰度高的图片,以确保图片信息的准确传达。同时,应确保全文中的图片大小一致,避免出现模糊或大小不一的情况,以保证整体视觉效果的美观和协调,如图2-5-2所示。在此基础上,创业者可以充分利用各软件自带的"快速样式"功能,对图片进行快速美化处理,提升图片的质量和观感。这样不仅能凸显创业项目的特色,还能增强创业计划书的吸引力,为成功吸引投资者提供有力支持。

图2-5-2 "Tipix-人人都是艺术家"项目创业计划书图文设计

制作表格时,应确保各行各列分布均衡,表格内部字体统一,避免表格过大而超出页面范围。为了美化表格格式,创业者可以直接利用各软件自带的"表格样式"或"新建表格样式"功能,以简洁高效的方式提升表格的视觉效果,从而增强创业计划书的可读性和专业性。

(2)设置编号与标题。在创业计划书中,图片和表格应按照其出现的先后顺序进行编号,并确定相应的标题。这些标题应分别置于图片下方和表格上方,以便于读者查阅和理解。通过规范的编号和标题设置,可以确保创业计划书的条理清晰,提高读者的阅读体验。

(3)排版。除有特殊需要外,单一图表一般采用居中排版。图片较多时,创业者可借助工具图形或表格快速实现多图、图文排版。

【小知识】

图文排版的步骤

第一步:根据图文数量规划单元格数量,如 3 张图片横排,可插入一个 2 行×3 列的表格。

第二步:设置表格属性,取消勾选"自动重调尺寸以适应内容"。

第三步:在表格第一行插入相关图片,在第二行输入相应的文字。

第四步:去掉表格框线。

2. 排版设计

创业计划书要美观大方,应恰当使用不同的字体、字号、文字颜色、段落间距等。为凸显某些重要信息,还可加粗文字以及为文字添加下划线、颜色底纹等。

(1)字体设置。在编制创业计划书时,主体部分应使用统一字体,全篇字体数量建议控制在 2 至 3 种以内,以保持整体风格的协调一致。相较于正文内容,标题的字号应更大且加粗,以突出其重要性。

选择字体时,应倾向于使用简洁明了的字体,如宋体(包括标宋、书宋、大宋、中宋、仿宋、细仿宋)、黑体(包括中黑、平黑、细黑、大黑)、楷体(包括中楷、大楷、特楷)、等线体(包括中等线、细等线)以及圆黑(包括中圆、细圆、特圆)等。这些字体作为标准的基础字体,虽然普通但十分耐看,通常用于内文内容的呈现。而花体因装饰性较强,具有独特的美化效果,更适合在篇幅较小的地方使用,如标题部分,以增添视觉亮点。

(2)确定字号大小。为确保创业计划书在视觉上保持统一的风格,各个层级的文本元素在不同版面上应呈现相同或一致的视觉特征。因此,在排版过程中,每个层级应统一使用一种字体和字号,避免版面间的杂乱无章。通常而言,字号应逐级递减,且字号级数不宜过多,以确保整体版面的清晰与协调。

(3)确定间距并对齐。确保文字清晰易读,字与字之间以及行与行之间均需保持适宜的间距并对齐,以确保读者的阅读体验。字间距的设置对于提升读者的阅读体验至关重要。过窄的字间距会导致阅读困难,因此应避免这种情况。字体类型对字间距的要求有所不同,例如,楷体对字间距的要求相对较低,而黑体和宋体由于其对文字四边空间的利用率较高,字间距需要稍大一些,以确保读者阅读时的舒适感。若需要在版面中集中排版,建议选用更小的字体,以便留出适当的间距,保证整体版面的清晰与美观。

行距的适当调整可以有效提升文字内容的易读性。通常情况下,除非追求特殊的视觉效果,汉字的行距应当大于字距。例如,如果使用 10 磅的字体,那么相应的行距建议设置为 12 磅,以确保读者在阅读时能够轻松辨认每一行文字,提高阅读体验。

对齐主要指的是确保创业计划书中的头尾以及段落之间对齐工整。为保持文段的完整性和美观性,应避免将标点置于行首或行尾。通过严谨的对齐处理,能够提升创业计划书的整体质感,使其更具可读性。

(4)提高阅读舒适性。在完成前述排版工作的基础上,创业者还可进一步考虑采用一些创意排版技巧,如首字下沉、添加文本阴影、设置文字环绕效果、使用任意形状的文本框以及设置气口等,以赋予枯燥的文本块更多趣味性,从而进一步提升阅读的舒适性。这些创新性的排版方式不仅能使创业计划书更具吸引力,还能有效提高读者的阅读体验,如图2-5-3所示。

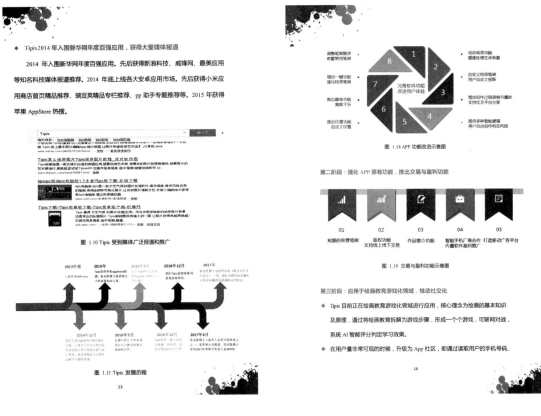

图2-5-3 "Tipix-人人都是艺术家"项目创业计划书版面设计

【小知识】

文章排版喘息空间——气口的设置

为了让读者在阅读长篇文本时能够有喘息的空间,可以在自然段或自然章节的起始和结束处,设置比常规行距更大的空白区域,这些空白区域与文本外围的留白相衔接,形成类似空气对流的视觉通道。

对于篇幅较长且内容复杂的文本,特别是那些抽象、枯燥的技术性文本块,由于其层级关系复杂,更需要根据不同层级设置相应的气口。这样做能够缓解阅读的紧张感,使文本块看起来更有节奏感和趣味性。需要注意的是,气口的设置通常应位于自然段或自然章节的前后,而不应强行拆分一个完整的段落来设置气口,以免破坏文本本身的完整性。

3. 封面制作

创业计划书的封面设计应涵盖文字信息与图片元素两大核心内容。文字信息部分应清晰列出创业项目名称、企业名称、创业团队核心成员以及计划书的编制日期。同时,可通过简洁的一句话来概括创业项目的主题、独特性以及美好愿景。图片元素的作用不仅在于美化封面,还应凸显创业项目的特色,使封面设计新颖独特,给人留下深刻印象,如图2-5-4所示。

此外,为更好地体现创业项目的特色,还可通过采用特殊开本、调整整体色彩搭配以及选用个性化图标等方式,对封面进行形式优化,使其更具吸引力和辨识度。

图2-5-4 "Tipix-人人都是艺术家"项目创业计划书封面设计

【思考讨论】

了解关于开本的知识,思考一下创业计划书如何选择采用哪种开本?

三、创业计划书的制订

(一)明确目标与定位

创业之初,创业者应首先清晰界定自身的目标追求。这不仅是追求经济上的丰厚回报,还可能是为了实现个人的创业梦想或为社会创造独特的价值。与此同时,精准定位产品或服务在市场中的位置至关重要,需明确自身的竞争优势、锁定的目标客户群体以及潜在的市场规模,为后续的创业之路奠定坚实基础。

(二)深入市场调研

创业者需广泛搜集市场信息,深入剖析市场趋势与需求,通过详尽的市场分析和竞争对手研究,确立自身在市场中的独特地位。这一过程不仅有助于形成清晰、务实的商业理念,而且为后续创业计划的制订提供了坚实的数据支持和理论基础,确保创业之路更加稳健。

(三)制订创业计划书纲要

随着商业理念逐渐清晰,创业者应着手构建一份全面且细致的创业计划书框架。此纲要需包含执行摘要的精准概述,对商业模式进行深度剖析,精准把握市场与竞争态势,明确阐述市场定位,周详规划运营策略,严谨预测财务前景,并细致考量潜在风险。这份纲要将为创业者铺就坚实的基石,助力其在创业之路上稳步前行。

(四)详细规划产品和服务

在编写的创业计划书中,创业者应详尽描绘其产品或服务的核心功能,突出其独特优势,并明确差异化竞争策略,以凸显产品或服务在市场中的竞争力。此外,还需详细展示当前的研发进度、未来的发展规划以及产品线扩展的宏伟蓝图,以此展现企业的创新活力与巨大的发展潜力。同时,市场推广计划也需详尽规划,确保产品或服务能够迅速而精准地占领市场,实现既定的商业目标。

(五)分析市场与竞争

创业者需对市场进行深入的剖析,掌握市场规模与增长趋势,洞悉市场需求与潜在客户群体。同时,对竞争对手进行全面分析,明确其优势与劣势,从而制定出更具针对性的竞争策略与差异化定位,确保企业在激烈的市场竞争中脱颖而出,实现可持续发展。

(六)制定营销策略和推广计划

为确保产品或服务能够精准触达市场,创业者需明确市场定位,锁定目标客户群体,制定有效的销售渠道和促销活动。通过精准的市场定位,能够更好地满足目标客户的需求;通过多元化的销售渠道,能够拓宽市场覆盖;通过创新的促销活动,能够提升品牌知名度和市场份额。

(七)规划财务计划和资金需求

财务计划是创业计划书的核心部分,需要创业者细致规划。明确收入来源,合理控制成本结构,科学预测利润与现金流,是企业稳健发展的基础。创业者需结合市场分析与竞争状况,制订切实可行的财务计划,为企业的经济运作提供明确指导和有力保障。

(八)修饰与检查

创业计划书完成之际,创业者需对其进行最后的修饰与细致检查。首先,确保计划书内容完整无遗漏,逻辑清晰条理分明,杜绝错别字等低级错误。其次,精心设计封面,编写详尽的目录与页码,提升计划书的整体形象与可读性。最后,将计划书打印、装订成册,呈现出一份专业而精美的创业计划。

【小知识】

在着手编写创业计划书之前,思考以下问题:

(1)你期望从投资人中获取何种回应?

(2)你的需求是单纯的资金注入,还是期望与其他投资人或业务伙伴建立深厚的合作关系?

(3)你更倾向于获取一笔可未来偿还的贷款,还是愿意分享企业的所有权与利润?

(4)为了确保创业计划书对关键受众产生最大影响,你是否清楚其最佳呈现方式?

任务三 展示创业计划

展示创业计划是吸引投资者、合作伙伴以及潜在顾客的关键环节。一个精心策划的展示不仅能凸显项目的独特性和市场潜力,还能建立信任并激发听众的兴趣。

一、前期准备

(1)深入了解内容。确保对创业计划的每个部分都了如指掌,包括市场定位、竞争优势、财务预测等。这样在展示时可以自信地解答听众的疑问。

(2)明确目标受众。了解听众是谁,他们的需求和关注点是什么。这样可以根据投资者、合作伙伴以及潜在顾客的兴趣调整展示的内容和方式。

(3)制作辅助材料。准备幻灯片、图表、视频等辅助材料,以更直观地展示创业计划。确保这些材料简洁明了,与口头表述相协调。

二、有效沟通

(1)清晰阐述。用简洁明了的语言阐述创业计划,避免使用过于复杂或专业的术语。重点突出项目的创新点、市场潜力和盈利模式。

(2)利用故事性。将创业计划融入一个引人入胜的故事中,使听众更容易产生共鸣和理解。讲述你的创业初衷、遇到的挑战以及取得的成果。

(3)展现激情。通过语气、表情和肢体语言展现出对项目的热情和信心。这将感染听众,使他们更容易相信创业计划的实施。

三、互动答疑

(1)鼓励提问。在展示过程中,主动邀请听众提问,并认真回答听众的问题。这不仅可以解决听众的疑虑,还能增强与听众的互动。

(2)收集反馈。展示结束后,向听众收集反馈意见,了解其对项目的看法和建议。这将有助于进一步完善创业计划。

四、后续跟进

(1)发送详细资料。在展示结束后,向感兴趣的听众发送详细的创业计划书和相关资料,以便他们更深入地了解项目。

(2)保持联系。与潜在投资者、合作伙伴保持联系,定期更新项目的进展和成果,让他们感受到你的专业素养和项目的生命力。

任务实训

编制创业计划书。通过本次实训作业,学生能够掌握编制创业计划书的基本步骤和方法,了解创业计划书的基本结构和内容,提高创业意识和创业能力。作业要求如下:

(1)选择一个你感兴趣的创业项目,可以是实体店铺、网络服务、科技创新等任何领域的创业想法。

(2)请各位同学充分发挥自己的创新意识,按照下列步骤完成一份属于自己的商业计划书。

(3)创业计划书应具体、详细、逻辑清晰,能够反映出你对创业项目的全面了解和深入分析。

(4)将创业计划书进行优化。

(5)创业计划书格式规范,排版整洁。(创业计划书模板见附录)

项目总结与分析

通过本项目的学习和实践,帮助大学生对创业计划书有更深入的了解和认识,掌握撰写和展示创业计划的基本技能。意识到创业计划书的重要性和复杂性,为未来在创业实践中撰写创业计划书打下了坚实的基础。

任务一,主要对创业计划书进行了初步的了解和认识。任务二,重点进行了创业计划书的构思和撰写工作,还特别关注了创业计划书的创新性和实用性。在描述项目特点和优势时,力求突出其独特性和市场潜力;在规划市场营销策略时,结合实际情况提出了切实可行的方案;在预测财务情况时,进行严谨的财务分析和风险评估。任务三,讨论如何展示创业计划。打磨创业计划书,准备辅助材料。展示时,注重表达与肢体语言,善用故事、案例吸引听众。结束后,收集反馈,优化计划。通过互动了解市场需求和投资者关注点,为创业提供有益借鉴。

思政小课堂

连环创业 凭实力开拓未来[①]

提及王兴,人们首先想到的便是他的连环创业者的身份,他的每一次创业尝试都充满了传奇色彩,展现了他对于创新的执着追求和对市场敏锐的洞察力。他不仅创立了校内网、饭否网以及美团网这三大知名网站,还以大学生创业者的身份,成为了无数年轻人心中的楷模。

王兴的创业之路并非一帆风顺,但他始终坚持自己的梦想,勇往直前。在毕业后,他并未选择像大多数人那样积累丰富的职业经验,而是毅然踏上了创业之路。他相信,只有在实践中不断探索、不断尝试,才能找到真正属于自己的道路。这种有勇有谋、敢于挑战自我、不畏艰难的精神,正是王兴创业成功的关键所在。

---

① 搜狐网. 王兴:引领美团点评崛起的创新者[EB/OL]. (2023-08-18)[2024-04-10]. https://www.sohu.com/a/714836842_121687421.

王兴被誉为天才少年,他的才华在年轻时就得到了广泛的认可。高中时,他便因卓越的才华被保送至清华大学,这所中国顶尖学府为他提供了更广阔的舞台。毕业后,他更是获得全额奖学金赴美深造,师从首位获得MIT计算机科学博士学位的大陆学者高光荣。这段经历不仅让他学到了先进的知识和技术,更让他拓宽了视野,为日后的创业之路打下了坚实的基础。

在完成学业后,王兴毅然选择回国创业。他深知,中国的互联网市场有着巨大的潜力和发展空间。尽管初期的创业项目并未取得显著成功,但王兴并未放弃。他坚信,只要不断努力、不断探索,就一定能够找到成功的钥匙。

这种坚持和执着终于迎来了回报。他随后创立了被誉为"中国版facebook"的校内网,这个网站迅速在大学生群体中走红,成为了他们交流、分享的重要平台。校内网的成功让王兴看到了自己的价值和潜力,也让他更加坚定了自己创业的信念。

然而,成功并非一帆风顺。2007年,王兴再次出手,创办了饭否网——中国首个类"X(原推特)"项目。这个项目在推出后迅速吸引了大量用户的关注和使用,正当饭否发展势头强劲之际,却遭遇了关闭的命运。这对于王兴来说无疑是一次沉重的打击,但他并未因此一蹶不振。相反,他选择了勇敢面对、从头再来。于2010年,他推出了新项目美团网。在激烈的千团大战中,美团网凭借出色的服务和创新的商业模式脱颖而出,稳居行业前列。这一成功不仅证明了王兴的商业眼光和创新能力,更让他赢得了市场的认可和用户的信赖。

创业并非一蹴而就的事情,而是需要有明确的目标和详细的规划。因此,在每一次创业尝试中,王兴都会投入大量的时间和精力进行市场调研、制定商业模式、分析竞争态势,编制出一份详尽的创业计划书。创业计划书不仅为他提供了行动的指南,也让他对未来的发展有了清晰的预见。

如今,王兴的连环创业之路正逐步迈向成功。美团网已经成为了中国领先的本地生活服务平台之一,单月流水已突破10亿元人民币。这一成就的背后,是王兴不懈地筹划、努力和坚持,更是他对于创新和市场的敏锐洞察。

在国家大力推动大学生创业的大背景下,王兴以其独特的创业眼光和精心的规划,成为了众多创业者的楷模。他的成功不仅得益于国家的政策支持,更离不开他对创业规划的深入思考和精准执行。

规划的重要性在于,它能够帮助创业者厘清思路,明确方向,避免盲目行动和资源浪费。通过规划,创业者可以更加精准地把握市场机遇,制定更加有效的营销策略,优化资源配置,提高创业成功率。

国家鼓励大学生创业的政策也为大学生创业者提供了更加广阔的空间和更多的机遇。然而,机遇与挑战并存,没有科学的规划和合理的布局,很难在创业的道路上走得更远。因此,对于每一位有志于创业的大学生来说,应重视规划的作用,坚持实践创新,制订切实可行的创业计划,为未来的成功打下坚实的基础。

项目六　创业项目的路演

知识目标

(1) 理解路演的概念与重要性：学生能够明确路演在创业融资、市场推广及品牌建设中的关键作用，了解路演的基本流程和目的。

(2) 掌握路演准备的关键要素：学生能够了解并掌握路演前需要准备的内容，包括项目介绍PPT、演讲稿、演示材料、团队介绍、市场数据等，以及如何通过有效的展示方式吸引投资者和听众的注意。

(3) 学习路演技巧与策略：学生能够学习并掌握路演中的演讲技巧、时间管理、互动问答、危机处理等策略，确保路演过程流畅、专业且富有吸引力。

(4) 了解融资谈判的基本知识与流程：学生能够初步了解融资谈判的基本原则、估值方法、条款协商等内容，为路演后的融资活动做好准备。

(5) 掌握路演后的反馈收集与评估方法：学生能够学习如何有效收集路演反馈意见，包括投资者的问题、建议、兴趣点等，并学会对这些反馈进行整理和评估，以便后续改进和优化。

能力目标

(1) 团队成员需展现卓越的合作精神和协作能力，确保分工明确并高效完成既定任务。

(2) 展现出色的问题探索和解决能力，善于运用多元思维深入分析并妥善解决各种问题。

思政目标

积极关注国家品牌的创业路演活动，以此激发文化自尊与文化自信，不断涵养爱国主义精神和深厚的民族情怀。

思维导图

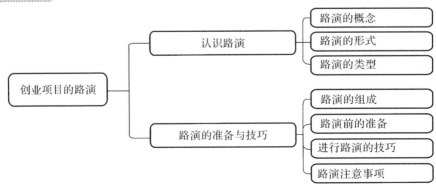

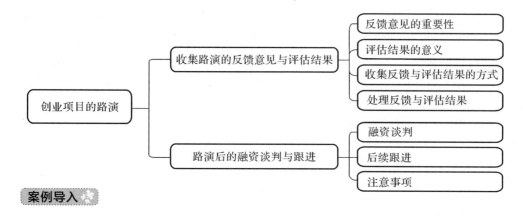

案例导入

为中国汽车工业全面崛起而奋斗[①]

2024年3月28日的发布会上,小米汽车正式揭开了其价格面纱,公布了小米 SU7 系列三款车型的定价,标志着小米正式进军中国新能源汽车市场。现场气氛热烈,众多业界重量级人物出席,雷军在演讲中表达了对小米汽车未来的信心与期待,将其视为自己创业生涯的最后一战并交出满意答卷。他强调,小米汽车的目标是通过15到20年的努力,成为全球前五的车企,为中国汽车工业的全面崛起贡献力量。

雷军指出,智能电动汽车是"汽车×电动×智能"的结合体,未来十年将是智能化的关键时期,智能化将成为决定汽车市场胜负的关键。发布会后,小米汽车官方微博宣布,上市仅27分钟,大定订单已突破 50000 台,显示出市场对小米汽车的热烈反响。

雷军在小米汽车发布会上的路演宣传策略非常成功。他通过情感共鸣、明确的目标愿景、突出的产品特性、合理的市场定位与定价策略以及社交媒体互动等多种方式,成功地吸引了消费者的关注并提升了小米汽车的品牌价值。

路演(road show)一词源于国外,最初是国际上广泛采用的证券发行推广方式,指证券发行商通过投资银行家或者支付承销商的帮助,在初级市场上发行证券前,针对机构投资者进行的推介活动。这种活动是在投资、融资双方充分交流的条件下促进股票成功发行的重要推介、宣传手段,有助于投资者与股票发行人之间的沟通和交流,保证股票的顺利发行,并有助于提高股票潜在的价值。

随着时代的发展,路演不仅局限于证券领域,它已经扩展到了各种商业活动和产品推广中。通过现场演示、演讲、产品推介等方式,路演成为一个公司、团体或个人向目标人群展示自己、吸引关注、促成销售的重要手段。

任务一 认识路演

一、路演的概念

路演是一种在公开场合展示、演说及演示产品、推介理念的活动,旨在向广大受众推广企

[①] 第一财经网.起售价 21.59 万元 小米汽车首款产品 SU7 价格公布[EB/OL].(2024-03-29)[2024-04-10]. https://www.yicai.com/news/102047502.html.

业、团体、产品或个人想法。其核心目的是通过宣传与销售项目和产品,进而扩大企业的影响力,增强其社会知名度。简而言之,路演是提升企业和产品形象、扩大市场份额的重要手段。

路演的核心在于讲述企业的故事,以此展现其深厚实力与独特文化,进而赢取投资人的青睐。众多企业的产品之所以能成功销售,往往得益于其引人入胜的故事叙述。路演同样需要借助故事的力量,为投资人呈现一幅生动的画面。迪士尼之所以能成为全球瞩目的营销传奇,其中一个重要原因便是它成功引领客户沉浸于一个又一个精彩绝伦的故事之中。因此,讲好故事至关重要。

【思考讨论】
根据自己的理解讲一讲演讲与路演的联系和区别?

二、路演的形式

项目路演的形式主要有线上和线下两种。

(1)线上项目路演主要依托腾讯视频会议、钉钉视频、QQ群、微信群等互联网手段,对项目内容进行详细阐述和解读。

(2)线下项目路演则主要采取活动专场的形式,通过面对面的演讲与交流,与投资人进行更为直接和深入的互动。

无论是线上还是线下,项目路演都是展示项目优势、吸引投资的重要手段。

三、路演的类型

路演,作为一种现场演示与交流的活动形式,其核心目的在于通过吸引目标人群的关注与兴趣,进而实现销售目标的达成。路演在多个方面发挥着不可或缺的作用。

(一)招商路演

招商路演,实为发布产品经营信息、寻觅合适代理人的重要环节。欲使招商路演取得成功,前期的充分准备必不可少,这对于吸引客户至关重要。首要任务是营造声势,通过各种方式如发放传单、铺货展示、陈列商品等,提升企业知名度,增强对客户的吸引力。其次,需明确目标,招商路演旨在引起目标消费者的关注,并获取他们的认可。这些准备工作的实施,将有效提升路演效果,为企业招商成功奠定坚实基础。

(二)产品推介路演

产品推介路演,通常选择在城市的繁华地带,如超市、商场等人群汇聚之所,通过引人入胜的节目吸引公众的目光。在演出的过程中,巧妙地穿插产品介绍,以此实现广泛的产品宣传推广。对于初创企业而言,面对资金有限的困境,精心组织一场产品推介路演,无疑是理想的宣传选择。它既能有效地提升产品的知名度,又能减轻企业的资金压力。因此,策划一场精彩纷呈的产品推介路演,无疑是新创企业进行产品宣传的明智之举。

(三)上市路演

随着企业的发展壮大,上市往往成为其重要的发展里程碑。而在上市前夕,众多企业会选择公开发行股票,这时路演便成为宣传造势的关键环节。以阿里巴巴为例,在其上市前的筹备阶段,马云亲自赴美进行公开路演。他凭借出色的口才和演讲技巧,成功吸引了投资者的目光。仅仅两天时间,阿里巴巴的计划募集额度便得到了足额认证,这一成就不仅彰显了马云的个人魅力,也凸显了路演在公开发行股票过程中的重要作用。

(四)融资路演

融资路演,简而言之,便是创业者为了筹集创业启动资金或推动后续发展的资金,面向潜在投资人进行的一场精彩演说。在现今这个新创企业如雨后春笋般涌现的时代,资本市场同样热闹非凡。资本正四处寻觅值得投资的好项目,而优质项目也急切渴望着资本的注入与支持。正是在这样的背景下,融资路演应运而生,它成为资本与项目相互寻觅、相互选择的渠道,推动着双方实现共赢,共同书写着创业与投资的辉煌篇章。

【思考讨论】
讲一讲不同类型的路演讲解的重点是哪些内容?

任务二 路演的准备与技巧

一、路演的组成

路演的核心在于凸显项目的独特价值,路演者应以新颖话题和独特主张吸引观众。在路演过程中,务必遵循观众的心理接受规律,精准传达项目的核心价值。对于观众而言,他们最为关心的是项目是否具备市场优势,能否有效解决市场痛点,进而判断其发展前景。由此可见,路演具有特定的结构,需要路演者精心策划和设计,以确保信息的有效传递和观众的深度参与。

一般而言,路演包括4个部分:

(1)路演者需明确解释"为何选择此项目",重点在于揭示市场的核心痛点。一个能吸引投资人目光的项目,必须有能力解决一个普遍且紧迫的市场问题。这个痛点不仅是市场存在的挑战,更是亟待解决的难题。

(2)路演者需详尽展示"解决方案",评估现有行业解决策略及市场存量,凸显自身方案之独特。同时,深入剖析竞争对手的实际情况,对比自身与对手的解决路径,凸显优势,为投资者呈现一个全面而深入的解决方案图景。

(3)路演者需清晰阐述"项目商业模式",涵盖项目的运营策略、营利途径、团队架构及执行规划。通过详尽的介绍,让投资者全面了解项目的运作方式,为项目的成功落地奠定坚实基础。

(4)路演者应当明确阐述"未来规划与路演需求",为投资者呈现项目的长远发展目标及当前路演所期望的支持与资源,以此展现项目的全面视野与具体需求。

二、路演前的准备

(一)路演的策划

路演如同舞台演出,路演者在正式登台前需进行多次的演练与彩排。为确保路演取得理想效果,路演者必须做好充分准备,使路演活动有条不紊。如此,观众在观摩时方能更深入地领略项目的宏伟愿景与思想精髓,进而与路演者产生深刻的精神共鸣。

1. 场地选择

选择一个空间足够大、环境幽雅且设施齐全的场地,如会议室、报告厅或活动中心等。确保场地能够满足路演的人数需求,并且有良好的音响和投影设备。

一般而言,场地的选择需要考虑以下6个因素。

(1)场地规模与容量:根据预期参与路演的人数来确定场地的规模,确保场地有足够的空间容纳所有的观众,并提供适当的座位。同时,也要考虑到可能的额外空间需求,比如表演区域、展示区或休息区等。

(2)设施与设备:场地的设施和设备也是选择的重要考虑因素。检查场地是否具备音响、灯光、投影等设备,并确保这些设备能够满足路演的需求。此外,还要考虑场地的电力供应情况,确保能够支持路演期间的用电需求。

(3)地理位置与交通便利性:场地的地理位置和交通便利性对于吸引观众和参与者至关重要。选择位于人流量大、交通便利的地点,可以更容易吸引观众前来参与。同时,也要考虑停车设施的便利性,方便参与者停车。

(4)场地环境与氛围:场地的环境和氛围应与路演的主题和风格相匹配。比如,如果路演是一个正式的商业活动,那么场地应该显得专业且庄重;如果是一个创意或艺术类的路演,那么场地可以选择更有创意和艺术气息的地方。

(5)安全与合规性:在选择场地时,安全性和合规性也是不可忽视的因素。确保场地符合当地的安全标准和法规要求,比如防火、疏散等方面的规定。同时,也要考虑到可能出现的紧急情况,并制订相应的应急预案。

(6)预算与成本:预算也是选择场地时需要考虑的重要因素。根据活动的预算范围,选择合适的场地,确保在预算内能够租赁到满足需求的场地。同时,也要比较不同场地的性价比,选择最符合预算和需求的场地。

2. 场地布置

(1)背景板:设置一块醒目的背景板,上面可以印有路演的主题、公司LOGO或相关标语,以吸引观众的注意力。

(2)座位安排:根据场地大小和人数,合理安排座位,确保观众能够舒适地观看路演。如果可能,可以设置VIP座位或预留区域,以便重要嘉宾或合作伙伴就座。

(3)展示区域:在场地前方设置一个展示区域,用于摆放产品或项目的实物模型、图片等,以便观众更直观地了解路演内容,如图2-6-1所示。

 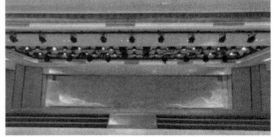

图2-6-1 路演现场图

3. 音响与灯光

(1)音响设备:确保音响设备清晰、音量适中,以便观众能够清晰地听到路演者的发言。如果需要播放视频或音乐,也要确保播放设备正常工作。

(2)灯光布置:根据场地大小和布置需求,合理布置灯光。确保路演区域有足够的光线,同时避免直射观众眼睛。可以使用不同颜色或亮度的灯光来营造氛围,增强路演的吸引力。

4. 道具与装饰

(1)道具准备:根据路演内容,准备相应的道具,如白板、笔、话筒、PPT遥控器等。确保这些道具在路演过程中能够顺利使用。

(2)装饰元素:在场地内布置一些装饰元素,如花束、气球、横幅等,以营造轻松愉快的氛围。装饰元素应与路演主题和风格相协调。

5. 其他注意事项

(1)签到处:设置签到处,以便观众入场时签到并领取相关资料或礼品。

(2)指示牌:在场地周围设置明显的指示牌,指引观众找到入场口、座位和洗手间等区域。

(3)休息区:如果路演时间较长,可以设置一个休息区,供观众在路演间隙休息和交流。

(4)场地安全:确保场地安全,如检查电线是否裸露、防火设施是否完备等。同时,制定应急预案,以应对可能出现的突发情况。

(二)前期市场调研

在准备路演时,前期市场调研是至关重要的一环。通过深入的市场调研,企业能够更准确地把握市场趋势、了解竞争对手、明确目标客户群体,并为后续的融资和业务发展奠定坚实的基础。以下是前期市场调研需要做的一些主要工作。

1. 确定调研目标

首先,需要明确调研的目的和范围。这包括确定调研的具体问题、预期目标、所需信息类型等。例如,了解目标市场的规模、增长潜力、竞争格局、消费者需求等。

2. 收集市场信息

(1)行业趋势分析:通过查阅行业报告、研究论文、新闻报道等,了解所在行业的发展趋势、市场规模、增长速度等。这有助于企业把握行业脉搏,预测未来市场走向。

(2)竞争对手分析:识别并分析主要竞争对手的产品、价格、营销策略、市场份额等。通过对比自身与竞争对手的优势和劣势,企业可以制定更具针对性的市场策略。

(3)目标客户群体分析:了解目标客户的需求、偏好、购买行为等。这有助于企业更准确地定位产品,满足客户需求,提高市场竞争力。

3. 设计调研方案

根据调研目标,设计合适的调研方案。这包括确定调研方法(如问卷调查、深度访谈、实地观察等)、样本选择、数据收集方式等。确保调研方案能够全面、准确地收集到所需信息。

4. 执行调研

按照调研方案进行调研活动。在调研过程中,要确保数据的真实性和准确性。对于收集到的数据,要进行整理和分析,以便后续使用。

5.撰写调研报告

将调研结果整理成报告形式。调研报告应包含调研目的、方法、结果、结论等部分。在报告中,要对市场趋势、竞争对手、目标客户群体等进行深入分析,并提出相应的建议和策略。

6.评估与调整

根据调研报告的结果,评估企业的市场定位、产品策略等是否合理。如有必要,对策略进行调整和优化。同时,也要关注市场变化,及时调整调研方案,确保调研工作的持续性和有效性。

值得注意的是,在调研过程中,要保持客观公正的态度,避免主观臆断和偏见。确保收集到的数据真实可靠,避免使用虚假或误导性的数据。市场是不断变化的,要时刻关注市场动态,及时调整调研方案和策略。

(三)现场展示资料的准备

路演的核心在于全面展示项目。路演者通过运用多样化的展示材料,如路演演示文稿(简称PPT)、路演视频等,将项目内容以清晰、生动的方式呈现给观众,确保信息准确传达,从而加深观众对项目的理解与认识。

1.路演PPT的制作

路演PPT所展示的内容,是对路演主题的精练概括,同时也是路演逻辑脉络的清晰展现。它不仅能够提供详尽的文字说明,帮助观众深入理解路演内容,还能够发挥内容提醒的作用,确保路演者能够按照既定的逻辑线索进行演讲,使路演过程更加流畅、连贯。

(1)结构设计。路演PPT在路演活动中扮演着举足轻重的角色。实际上,路演PPT是支撑整个路演顺利进行的关键材料。一套精心制作的路演PPT能够为客户带来震撼的现场体验,为将客户从接受项目到最终投资决策的转变奠定坚实基础。路演PPT结构设计可遵循以下7点建议:

1)项目定位一语中的。一开始就明确阐述项目的核心意图,可以放眼未来,可以吸引眼球,也可以朴实无华,但务必能够吸引听众的注意力,让人产生浓厚兴趣。

2)深入市场分析。运用数据支撑,构建逻辑链条,通过一系列小结论的推导,最终论证项目的市场趋势和潜力。

3)突出优势与亮点。独立或关联地突出项目的优势和亮点,与市场分析相互呼应,通过详尽的演讲,全面展示项目的独特之处。

4)展示团队结构与经历。以图像化的方式呈现团队结构,并附上高清照片及不超过三个的重点经历,同时单独列出团队成员的履历,展现团队的专业能力和丰富经验。

5)阐述战略与发展规划。详细说明当前的战略结构以及未来的发展战略,按照时间节点介绍发展计划,并详细阐述业务规模发展计划、业务能力发展计划等内容。

6)财务预测与融资详情。以图像化的方式展示财务结构,包括股权比例图、投资回报周期图、资金分配图等,清晰展示项目的财务状况和融资需求。

7)结尾页面设置。公布联系方式,包括手机号、二维码、公司地址和网址等,便于潜在投资者或合作伙伴联系。同时,可以加上结语,强调企业的LOGO,留下深刻印象。

(2)内容设计。大多数情况下,人们更容易记住图像而非文字。如果路演PPT中充斥着长篇大段的文字,缺乏图片或适当的留白,那么观众的注意力很难被吸引。这是因为人们的大脑已经储存了大量的信息,对于缺乏兴趣的新信息,大脑往往难以接收。相较于文字,图形更加直观生动,更易于大脑理解和记忆,这正是"一图胜千文"的道理。

路演者在路演过程中,同样可以遵循这一逻辑原则,通过路演PPT中的图像、照片、剪贴画、图表、图形及视频影像等视觉元素来传递信息。这不仅能有效活跃现场氛围,更能吸引观众的注意力。因此,路演者在设计路演PPT内容时,应充分运用逻辑清晰的图形或表格、形象生动的画面以及动态的视频影像来表达想要传递的信息,从而确保这些信息能够更好地被观众所接受和理解。

当面临信息量庞大的文本材料时,路演者应当设法减轻观众的阅读负担。为此,可以采取两种主要方法:一是通过文字提炼,以主题形式来呈现核心内容,使信息更为凝练;二是借助路演PPT的动态播放功能,将文本信息分层或逐条展示,充分发挥其动态特性。这样的呈现方式有助于观众在观看路演时一次性捕获更为精准的信息,并保持高度的注意力。

(3)设计原则。在设计路演PPT应该遵循以下3个原则。

1)统一性原则。设计路演PPT时,应遵循统一性原则,以确保整体风格的一致性和协调性。①画面风格应统一,包括颜色搭配的统一,通常使用的颜色不超过三种,图片选择和字体颜色的变化也应与整体色调相符,同时图片和图标应采用相同风格。②文字形式应保持统一,建议使用三种以下字体,以区分标题、副标题和正文的不同层级,并注意分别处理英文和中文的字体。③排版方式应统一,相同性质的PPT页面,如不同结论的数据分析页面,应采用相同的排版方式。遵循这些统一性原则设计的路演PPT将更具整体感和专业性,如图2-6-2所示。

图2-6-2 获奖创业计划路演PPT展示

2 产品介绍

2.1 产品概述

"Tipix-人人都是艺术家"是一款可以用快速、美妙和有趣的方式将照片艺术化并将其进行分享的应用。不同于目前大多数美图类应用的单一效果,它融合了多种图像处理算法,用户在 Tipix 上可以利用选取笔刷、组合笔刷或指尖涂抹等功能进行个性化艺术创作,而这些笔刷由专业设计师通过众包、众创和数据分析等方式层层筛选,能够充分满足人们对美育及艺术创作的需求。

图 2.1 Tipix Logo

2.2 产品定位与理念

Tipix 致力于打造大众化、简单易用、效果丰富、激发无限趣味的照片艺术化及分享类软件应用。

正如 Tipix 每个字母所代表的涵义一样,T 是 Technology,i 是 inspire potentiality(激发人类潜能),p 是 promote human flourishing(促进人类繁荣),第二个 i 是 improve the wellbeing of individuals, society, and the planet(提升个人、社会和全球的幸福感),x 代表一个未知但美好的世界。Tipix 相信技

36

图 2.3 Tipix 目标客户分类

◆ 缺乏时间进行写生创作的绘画爱好者
◆ 不满足于照片滤镜雷同效果的女性爱美群体
◆ 对照片处理有特殊需求的摄影爱好者
◆ 学习专业 PS 软件较困难并致力于提升美学素养的大众群体
◆ 个性独特并拥有创作需求的艺术家

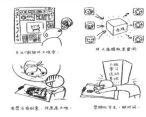

图 2.4 目标用户痛点

38

续图 2-6-2 获奖创业计划路演 PPT 展示

2)主题性原则。在路演 PPT 设计中,应坚守主题性原则。①通过颜色凸显主题,对于较为严肃的主题,用色应趋于简约,以体现其庄重性。②运用图片来传达主题,高清的图片不仅展现了设计者的认真与细致,更能通过不同的图片内容凸显不同的主题。③字体选择同样能反映主题,例如草书字体常用于展现个性化的主题,而微软雅黑等字体则更适合表达商务主题。因此,在设计过程中,应紧密围绕主题,选择恰当的颜色、图片和字体,以确保 PPT 的整体风格与主题相契合。

3)简洁性原则。这是路演 PPT 设计中的重要准则。在演示过程中,应尽量避免冗余和无关紧要的信息,确保每张幻灯片的内容精简而核心。尽管对路演者而言,将全部展示内容放入幻灯片中可能方便讲演,但这种做法往往忽略了观众的体验,是不可取的。因此,路演 PPT 的设计应致力于呈现简洁明了的信息,使观众能够快速理解并聚焦于核心内容。

2. 路演视频的制作

在信息化高速发展的时代,视频凭借其直观性成为极具影响力的展示工具。路演视频在调动观众感官体验的同时,往往能够带来令人惊喜的路演效果。通过精心制作的视频展示,观众能够更深入地了解项目的实际情况。在销售路演的场合,路演者利用视频对企业的

产品或服务进行生动呈现,使观众对产品或服务有更清晰、更直观的认识。而在商业路演中,路演者通过视频展现企业的强大实力和产品的独特优势,能够更有效地吸引观众的关注和兴趣。

制作路演视频的方法丰富多样,但核心流程通常涵盖三个关键步骤。

(1)前期策划阶段,这相当于撰写策划文案。在进行策划之前,路演者需详尽搜集企业的相关资料和行业信息,以确保策划出的文案严谨且有针对性。

(2)中期拍摄阶段。在这一步,路演者需明确拍摄的重点,以确保拍摄出的画面内容充实、重点突出,避免无意义或次要的镜头干扰主题。

(3)后期制作阶段。在这一环节中,路演者需将拍摄得到的镜头素材进行有效整合,并辅以文字、画外音等元素,最终呈现出一部完整且高质量的视频作品。

值得强调的是,路演宣传片堪称富含"干货"、格调高雅且动态呈现的PPT,其专业性至关重要。为确保宣传片的质量与效果,路演者宜聘请专业的媒体公司进行精心设计与制作,从而充分展现项目的核心价值与魅力。

3. 演讲稿的准备

演讲稿作为路演者讲解的依据,能够帮助路演者确定路演目的和主题,梳理讲解思路,提示讲解内容,并能帮助路演者把握讲解节奏。一份好的演讲稿,能突出创业项目重点,助力路演者充分展现创业项目的优势。因此,路演者在路演前应精心准备好演讲稿。

(1)为了确保路演取得最佳效果,路演者应尤为注意演讲环境可能带来的不确定性。在深入探讨主题后,路演者应迅速清晰地勾勒出所讲述内容的整体框架,这样做有助于观众,尤其是规模不小的投资人群体能够紧跟演讲者的思路,更准确地预判后续内容。通过这样的结构安排和逻辑呈现,路演者能够引导观众,使他们更好地理解和吸收演讲内容,进而达到预期的演讲效果。

演讲稿的结构设计多种多样,不仅涵盖话题顺序、时间顺序等传统方式,还包括空间顺序以及"提出问题—分析问题—解决问题"的递进顺序等创新形式。路演者需根据演讲内容的特性和目标,精心安排演讲稿的逻辑顺序和整体框架。这一设计应当严谨且连贯,确保内容层层递进,逐步深入,使观众能够紧密跟随演讲者的思路,与之产生共鸣,共同推进演讲的进程。

(2)为了使演讲稿内容卓越出众并触动观众心灵,路演者需要投入大量时间与精力进行精心设计。在构思过程中,路演者需综合考虑投资人的特性、演讲场合的氛围以及演讲主题的核心要点,力求在演讲的伊始就牢牢吸引投资人的注意力和兴趣。演讲的终极目标在于吸引并打动观众,因此,路演者可以采用"将话题与观众关联"的策略。这种方式尤为有效,因为人们通常对自己及与自己相关的事物保持高度关注,也更容易产生共鸣和兴趣。通过这一策略,路演者能够更有效地实现演讲目的,与观众建立紧密的情感联系。

此外,路演者不仅要注重在理性层面传达信息,还应努力在更高的情感层面触动观众,与他们在感性层面上产生强烈的情感共鸣,从而更有效地打动人心。在当今时代,单纯依赖数据堆砌的演讲已难以吸引观众的关注。相反,路演者通过讲述充满人情味的故事、分享与观众紧密相关的重大新闻事件,往往能够更轻松地捕获观众的注意力。这样的演讲方式不仅能够使观众产生情感上的共鸣,还能加深他们对演讲内容的记忆和理解。

（3）在演讲稿中，主体段无疑是信息量最为丰富、写作量最大的部分。因此，路演者在设计演讲稿主体段时，需特别关注如何清晰阐述演讲要点，并有效利用相关事实来支撑各个论点和要点。这一环节是路演成功与否的关键所在。此外，与路演者的口头描述相比，通过展示产品的实物、照片或视频等方式，观众能够更直观地了解产品，这不仅能够强化项目所要传达的核心理念，还能使路演更加真实可信，进而增强其说服力。因此，路演者在准备演讲稿时，应充分考虑这些视觉辅助材料的运用，以提升演讲的吸引力和影响。

在准备演讲稿的过程中，路演者务必重视产品的现场演示环节。产品的现场演示并非仅仅将产品呈现给观众观赏，若能实现产品的现场操作，将更有助于观众真切地感受产品的形态与功能。此外，这一环节还能有效激发观众的参与热情，保持其大脑的活跃度，使他们始终保持兴奋状态。通过这样的互动展示，路演者能够取得更为出色的路演效果，加深观众对产品的认知与兴趣。

（4）在演讲中，善用修辞手法能够有效提升演讲的感染力与精彩程度。平淡的语言往往难以引起观众的共鸣，而起伏的情绪和精彩的内容则能起到"画龙点睛"的作用。虽然文字内容是演讲的基石，但表达方式同样关键，它能够赋予演讲独特的魅力。因此，路演者在撰写演讲稿时，应巧妙融入修辞手法，通过比喻、排比、对比等手法，使演讲更具张力与感染力，从而达到更好的表达效果。比喻赋予了语言更强的黏性和生动性。它不仅能够创造出一种独特的感官体验，还能够将复杂的思维过程简化，使观众更容易理解和接受。设问则是一种巧妙的手法，通过提出问题随后给出答案，能够引起观众的注意和思考。这种修辞手法不仅提醒观众进行深入思考，还能重点突出演讲中的关键内容。此外，排比和引用也是演讲中常见的修辞手法，它们的应用可以使演讲更具层次感和说服力。因此在撰写演讲稿时，路演者应善于运用这些修辞手法，以提升演讲的吸引力和影响力。

三、进行路演的技巧

8分钟是国际公认的路演标准时长。一旦演讲者能够熟练掌控这8分钟的演示，未来无论面对的是3分钟、5分钟还是10分钟的路演，都将游刃有余。毕竟，8分钟作为一个时间节点，其难度的把控较其他时长更为关键，因此，成功驾驭这一时长将为成功路演奠定坚实的基础。

在一场仅有8分钟的路演中，路演者要想快速抓住听众的注意力，需要做到：

8分钟的路演＝提出问题与痛点＋解决问题与痛点的方案

在一场仅有8分钟的路演中，路演者需要高效地传达关键信息以吸引听众的注意。通过清晰地阐述问题和解决方案，路演者能够在有限的时间内有效地传达项目的核心价值和市场前景。

【小知识】

路演如何展开

（1）自报家门。告诉观众，企业是做什么的，这是观众关心的最基本问题。

（2）可以为观众解决什么问题。路演人要告诉观众为客户解决了什么问题，这个问题必须是企业对整个行业进行调研和对消费者进行分析之后得出的结果。

(3)独一无二之处。这个问题的关键在于告诉观众,企业与其他同行业在哪些方面是不同的,企业的核心竞争力是什么。

(4)与观众进行连接。这是最重要的问题,需要告诉观众,企业的路演内容与观众有什么关系,观众为什么要关注企业的路演。

路演实则是通过讲述引人入胜的故事,将市场需求与解决方案以生动的方式呈现,这种方式远比单纯的事实论证更具说服力。在路演中,路演者向投资人揭示目标用户的画像,阐述项目的启动策略,展示相较于其他创业者的独特优势,并提供一份条理清晰的财务预测。这样的呈现方式对于投资人而言,不仅不显得枯燥,反而能够引发他们的兴趣与共鸣。在路演过程中要注意以下几方面。

(一)路演演讲的语言技巧

路演演讲的核心目的在于宣传与鼓动,旨在通过口头语言这一主要形式,辅以非口头语言的表达手段,向广大观众传达关于企业或产品的深刻见解和主张。然而,仅仅完成这些基本要素并不足以使路演演讲达到理想的效果。路演者最需深入思考的问题在于,如何在现场营造出强大的感染力,从而激发投资人的兴趣并吸引其投资。为了实现这一目标,路演者可以从以下四个关键方面入手,掌握并灵活运用相关的语言技巧,以打造具有强大感染力的路演演讲。

(1)在路演演讲中,人称的选择至关重要。使用第一人称能够赋予演讲更强烈的亲切感,使路演者与观众之间建立更紧密的联系。相比复杂、乏味的被动语态,简单、生动的主动语态更能促进双方之间的直接对话与交流。因此,路演者在演讲时应积极采用第一人称,以便更自然地与观众互动。在介绍创业团队时,如果时间允许,路演者可以分享一些自己的亲身经历,这样的讲述将使路演演讲更具温度与情感。

(2)在路演过程中,专业词汇的恰当使用能够显著提升路演者的专业形象。然而,这种使用必须建立在观众能够理解的基础上。因此,路演者在选词时应优先考虑那些既体现专业性,又适应口语表达的词汇,确保语言通俗流畅,易于传达。同时,路演者还需充分考虑到口语表达的"口传"与"耳收"特性,避免使用过多生僻或过于专业的词汇,以免给听众带来理解上的障碍。在语气运用上,路演者应采用亲切、自然的语气,以与观众进行真诚交流的方式展开演讲。这样的语气能够使话语更加真切,有助于拉近与观众的距离,实现深入人心的效果。

(3)路演者需严谨对待语音语调的锤炼,力求使声音达到最优状态。在路演过程中,路演者可采取身体前倾的姿势,放松腹腔,确保气流顺畅无阻,让声音经过胸腔共鸣而发出,从而营造出洪亮有力的效果,同时需避免吞音现象的发生。此外,路演者还需精准掌握音量大小,灵活控制演讲节奏,并根据现场实际情况适时调整语速,特别是在演讲的后半段,应通过高昂激越的语调将演讲推向高潮,使观众感受到强烈的情感冲击和震撼。

(4)在演讲中巧妙地运用兴奋语言,是吸引投资人关注并满足其心理需求的关键。那些能够引发投资人兴趣、激起热烈反响的事例、名言、佳句以及深刻独到的见解,均属于兴奋语言的范畴。路演者在演讲时,应依据演讲内容的需要,精心挑选并策划兴奋语言,巧妙地将它们融入演讲过程中。通过运用这些兴奋语言,路演者可以有效地拉近与投资人的心理距离,满足其心理期待。然而,在设置兴奋语言时,必须确保其自然流畅、合情合理,切忌脱离实际、故弄玄虚或刻意为之。只有这样,才能真正实现与投资人的心灵共鸣,让演讲更加引人入胜。

【案例】

董宇辉双语带货,跨界走红网络

董宇辉作为新东方的一名英语老师,以其出色的教学能力和对教育的热情赢得了学生和家长的认可。然而,随着"双减"政策的实施,新东方面临着巨大的转型压力。正是在这个关键时刻,董宇辉决定尝试转型,成为新东方农产品直播带货的主播之一。在转型初期,董宇辉面临着巨大的挑战和困惑。直播间的观众寥寥无几,销售额也远不尽如人意。但他并未因此放弃,而是不断调整自己的直播风格和内容,力求吸引观众的眼球。2022年6月9日,董宇辉的直播间迎来了一次重大突破。他采用双语直播的方式,将农产品与英语知识相结合,吸引了大量观众的关注。这种新颖且富有创意的直播方式也迅速在网络上传播开来。

随着知名度的提升,董宇辉的直播间人气飙升,观众数量急剧增加。他的直播内容不仅涵盖了农产品的介绍和销售,还融入了丰富的文化知识和人生哲理,让观众在购物的同时也能感受到文化的熏陶和人生的启迪。

董宇辉的成绩离不开他个人的卓越才华与不懈努力。身为一名英语老师,他不仅具备扎实的语言基础,还积累了丰富的教学经验。在直播中,他能够运用深入浅出的语言,将复杂的英语知识点解释得通俗易懂,为观众营造了一个轻松愉悦的学习氛围。同时,他擅长捕捉时事热点,巧妙地将知识点与现实生活相结合,使学习内容更加实用且引人入胜。这种寓教于乐的教学方式深受观众喜爱,让董宇辉的教学魅力得以充分展现。

此外,董宇辉的成绩也得益于直播平台的蓬勃发展以及互联网的便捷传播。在现今社会,直播平台已经成为人们获取新知、休闲娱乐的重要平台。董宇辉通过直播这一新颖方式成功转型,并将自己的教学理念和知识传递给广大观众。

(二)路演演讲的非语言技巧

(1)面部表情在路演演讲中占据着举足轻重的地位。路演者应当保持自然的表情,以微笑示人,并主动与观众进行眼神交流。微笑与眼神往往能够反映出路演者的心理状态。一旦路演者感到紧张,其微笑便会显得僵硬不自然,同时眼神也会显得飘忽不定,回避观众的直视。这样的神态明显透露出缺乏自信的气息。因此,路演者应当努力保持自信,以自然、真诚的面部表情来展示自己,从而赢得观众的信任和认可。

(2)站姿与走姿是路演者展现自信与专业形象的关键要素。路演者应当保持挺拔而舒展的站姿,这样不仅能展现出内在的自信,还能有效避免摇晃、转动或抖动等不必要的小动作。关于站姿的规范要求,路演者应当头部端正,双眼平视前方,嘴巴微闭,下巴内收,表情自然;同时,双肩放松并稍向后沉,双臂自然下垂;在站立时,两脚可以选择前后站立的姿势,或者采用稍息的姿态,这样既能保持稳定,又不失灵活性。通过规范的站姿与走姿,路演者能够更好地展现出自己的专业形象,赢得观众的尊重和信任。

恰当的走姿是一种流动的、优雅的动态美。对于路演者而言,当需要走动时,务必保持双肩舒展打开,注重收腹、挺胸、抬头的姿态。行走过程中,路演者应尽可能放缓步伐,避免手舞足蹈的举止,以展现稳健、从容且轻盈的步态。同时,在行走过程中,与观众保持眼神交流同样重要,切勿左顾右盼,以维持与观众的互动和连接。这样的走姿不仅能展现路演者的专业风范,更能增强观众对其演讲内容的信任与共鸣。

(3)手势在演讲中扮演着举足轻重的角色,是肢体语言中最具表现力的元素之一。在演讲过程中,路演者应当注意控制手势的使用范围,尽量保持在胸前或头部区域,这样能够有效地凸显其力量和自信。同时,为了避免单调乏味,路演者应避免反复使用同一手势,并且不要在演讲过程中随意拨弄话筒、白板笔等道具,以免分散观众的注意力。通过合理运用手势,路演者能够更好地表达自己的思想和情感,增强演讲的吸引力和说服力。

(4)外在形象。路演者的外在形象会直接影响投资人对项目的第一印象,路演者的个人形象细节对路演的结果有着非常重要的影响。所以,路演者需要从多个方面改善个人形象。优秀的演说家基本都很注重本人形象,他们在每个重要的演说场合都会穿戴整齐,将精神状态调整到最好,从而从容应对每一场演讲,并出色发挥。

四、路演注意事项

(1)路演时,首席执行官(CEO)亲自上阵效果更佳。
(2)务必守时,建议提前到场等待,以免迟到失礼。
(3)穿着方面,选择商务正装以彰显尊重与专业。
(4)使用标准普通话进行讲解,保持语速适中,确保每位听众都能轻松理解。
(5)在讲解过程中,避免盯着屏幕照本宣科,应面向观众,注重眼神交流,并根据现场氛围灵活调整节奏。
(6)内容应实事求是,数据准确可靠,态度平和谦逊,避免夸大其词。
(7)以充满激情的方式展示切实可行的实施方案,并在最后明确提出融资需求。
(8)重点突出项目的核心优势,强调自身独特性和难以被模仿的特点。
(9)尽量减少使用专业术语,以确保内容的通俗易懂。
(10)在阐述产品技术的同时,应加强对市场环境和竞争态势的分析。
(11)保持自信、平和的心态,以应对各种情况。

任务三　收集路演的反馈意见与评估结果

路演结束后,收集路演的反馈意见与评估结果是优化活动效果和提升未来表现的关键环节。这一过程不仅有助于了解路演的实际效果,还能为改进创业策划和执行提供有力的依据。

一、反馈意见的重要性

(一)指导改进

通过广泛收集观众的反馈意见,能够深入了解路演在内容设计、形式展现以及效果呈现等方面的优点和不足。基于这些宝贵的建议,可以有针对性地制定改进措施,不断优化路演流程和内容,从而提升路演的整体质量,为观众带来更加精彩和有价值的体验。

(二)了解观众需求

反馈意见如同一面镜子,真实反映了观众的兴趣所在和内心期待。对于策划者来说,这些反馈不仅是宝贵的建议,更是调整路演策略的重要依据。通过认真倾听并吸纳这些意见,策划者能够更精准地把握观众需求,以更贴近观众心理的方式进行表达和交流,进而提升路演的吸引力和影响力。

(三)提升口碑

积极回应并妥善处理观众的反馈意见,不仅彰显了策划者的专业素养,还体现了对观众的尊重与关怀。这种态度能够加深观众对路演活动的印象,进而提升活动的口碑和影响力。通过不断改进和完善,能够让路演活动更加符合观众期待,赢得更多人的支持和喜爱。

二、评估结果的意义

(一)量化效果

评估结果往往以精确的数据形式直观呈现,这些数据能够量化地反映出路演的实际效果。例如,观众数量、参与度以及满意度等关键指标,都为策划者提供了客观而全面的评价依据。通过深入分析这些数据,策划者能够更准确地把握路演的成效,为未来的改进提供有力支持。

(二)总结经验

对评估结果进行深入分析,不仅能够总结出路演的成功经验和亮点,还能发现其中的不足之处和待改进之处。这些宝贵的经验教训,将为未来活动的策划和执行提供有力的参考和借鉴,帮助更好地优化活动流程、提升活动质量,从而取得更加优异的成绩。

(三)优化资源配置

评估结果对于策划者来说具有重大意义,有助于全面了解各项资源的利用情况,包括场地的使用情况、设备的运行效率以及人员的分工协作等。基于这些数据,能够更加精确地掌握资源的优化配置方案,提高活动效益,为未来的活动举办奠定坚实基础。

三、收集反馈与评估结果的方式

(一)问卷调查

为了深入了解观众对路演的看法和建议,可设计一份针对性强的问卷。这份问卷将通过线上平台或线下活动现场发放给观众,旨在收集他们的宝贵意见,为未来的路演策划提供有力支持。以下是"创青春"全国大学生创业大赛获奖创业计划路演调查问卷案例。

【案例】

"创青春"全国大学生创业大赛获奖创业计划路演调查问卷

您是否想置身童话般的王国,在浪漫的氛围中,制作一个属于自己的"专属"蛋糕呢?或为欣赏、或为品尝、或为放松……为了满足您的需求,我们正在筹办属于咱们自己的DIY蛋糕店!现在我们对此开展调查。在此,我们郑重承诺,调查结果仅供研究使用,结果保密。

希望您能挤出一点宝贵的时间如实填写,谢谢啦!

1. 您的性别是(　　),您的年龄是(　　)岁。
2. 您的职业是(　　　　　　　　　　)。
3. 您经常去蛋糕店吗?(　　)
   A. 经常　　　　　　B. 只在特定的日子里去　　C. 偶尔去　　　　D. 不会去
4. 您会因为什么事情买蛋糕?(　　)
   A. 生日庆典　　　　B. 休闲娱乐　　　　　　　C. 浪漫情调　　　D. 单纯喜欢
5. 您觉得现如今市面上的蛋糕样式能否满足您的需求?(　　)
   A. 能　　　　　　　B. 基本可以　　　　　　　C. 不太满足　　　D. 不能
6. 您对DIY方式持怎样的态度?(　　)
   A. 很看好　　　　　B. 是发展的趋势　　　　　C. 有点担心　　　D. 根本不合适
7. 您是否愿意花时间自己制作蛋糕?(　　)
   A. 愿意　　　　　　B. 还可以　　　　　　　　C. 没那个时间　　D. 太麻烦
8. 您能接受的蛋糕的价位是多少?(　　)
   A. 50元以下　　　　B. 50~100元　　　　　　　C. 101~150元　　 D. 150元以上
9. 您认为自己制作多大的蛋糕比较合适?(　　)
   A. 15寸以下　　　　B. 15~20寸　　　　　　　C. 20~30寸　　　D. 30寸以上
10. 您喜欢什么形状的蛋糕?(　　)
    A. 圆形　　　　　　B. 方形　　　　　　　　　C. 三角形　　　　D. 奇形怪状
11. 如果要您自己动手制作蛋糕,您最担心的地方是什么?(　　)
    A. 卫生安全　　　　B. 材料储备　　　　　　　C. 时间问题　　　D. 价格高低
    E. 其他原因(请注明:　　　　　　　　　　　　　　　　　　　　　　　)
12. 您希望在什么样的环境下自己制作蛋糕?(　　)
    A. 静雅舒适的环境　B. 温馨的童话王国　　　　C. 浪漫温馨
    D. 其他(请注明:　　　　　　　　　　　　　　　　　　　　　　　　　)
13. 如果有DIY蛋糕店,您更愿意和谁一起去?(　　)
    A. 朋友　　　　　　B. 家人　　　　　　　　　C. 恋人　　　　　D. 孩子
14. 对于DIY蛋糕店,你会去几次?(　　)
    A. 只去一次,看看新鲜　　　B. 不会去　　　　　C. 经常去,有空就去
    D. 偶尔去(请注明:　　　　　　　　　　　　　　　　　　　　　　　　)
15. 您得知新开的店的方式有?(　　)
    A. 朋友推荐　　　　B. 电视　　　　　　　　　C. 报纸
    D. 网络　　　　　　E. 传单海报

衷心感谢您参与我们的调查!

(二)现场访谈

　　路演活动结束后,安排与部分观众进行面对面的深入交流。这样的互动不仅有助于更直接地了解观众的感受和意见,还能从中捕捉到观众的真实反馈,为未来的路演策划提供更为精准和具体的指导。

(三)社交媒体分析

关注社交媒体上关于路演的讨论和评价,收集和分析观众的反馈意见。利用数据分析工具对路演的观众数量、参与度、互动情况等进行统计和分析,评估路演的效果。

【思考讨论】

讨论一下现实生活中你了解的反馈调查?你是否遇到过这样的调查?

四、处理反馈与评估结果

(一)整理分析

在路演活动结束后,迅速对收集到的反馈意见和评估结果进行系统的整理与分析。通过仔细梳理每一条建议和信息,成功提炼出关键的建议和改进点,为接下来的路演策划提供了有力的参考。

(二)制定改进措施

根据对路演反馈意见和评估结果的深入分析,制定具体的改进措施。这些措施不仅明确了改进的方向和目标,还考虑了实际操作的可行性和效果评估的便捷性,旨在全面提升路演的质量和影响力。

(三)实施改进

将制定的改进措施付诸实践,积极优化路演的内容和形式。通过不断尝试和创新,努力提升路演活动的整体效果,使其更加符合观众的期待和需求。这一过程中始终保持对细节的关注和对质量的追求,确保每一次路演都能给观众带来全新的体验和感受。

(四)持续跟进

在未来的路演活动中,持续关注并收集观众的反馈意见和评估结果。这些宝贵的建议和数据将成为持续改进的重要参考,帮助不断优化路演的内容和形式,提升活动效果。通过形成这种持续改进的良性循环,路演活动将不断迈向新的高度。

任务四 路演后的融资谈判与跟进

路演后的融资谈判与跟进是确保项目顺利获得资金支持的关键环节。

一、融资谈判

(1)准备充分。在谈判前,对项目的商业模式、市场前景、财务状况等进行深入梳理,确保能够清晰、准确地回答投资人的问题。同时,了解投资人的投资偏好和关注点,以便更好地展示项目的亮点。

(2)保持沟通。在谈判过程中,保持与投资人的良好沟通,积极回应他们的疑虑和关切。对于投资人的建议和要求,要认真倾听并考虑,展现出诚意和合作态度。

(3)灵活应对。谈判过程中可能会遇到各种突发情况,需要保持冷静,灵活应对。在坚守项目核心利益的同时,也要考虑投资人的诉求,寻求双方都能接受的解决方案。

二、后续跟进

(1)发送感谢邮件。路演结束后,及时向参加路演的投资人发送感谢邮件,表达对他们的感激之情,并附上联系方式,方便后续沟通。

(2)定期报告。定期向投资人发送项目的进展报告,包括财务状况、市场推广、产品研发等方面的信息,让他们了解项目的最新动态。

(3)电话回访。定期通过电话回访投资人,了解他们的需求和意见,解答他们的疑问,同时也可以向他们介绍项目的最新进展和成果。

(4)社交媒体互动。利用社交媒体平台与投资人进行互动,发布项目动态、行业资讯等内容,增加项目的曝光度和影响力。

三、注意事项

(1)保持诚信。在谈判和跟进过程中,要始终保持诚信,不夸大项目的优势,也不隐瞒项目的风险。只有真实、客观地展示项目情况,才能获得投资人的信任和支持。

(2)尊重专业。尊重投资人的专业判断和经验,对于他们的建议和意见要认真对待。同时,也要展现出自己对项目的深入理解和专业能力,让投资人看到项目的潜力和价值。

(3)持续改进。根据投资人的反馈和市场变化,及时调整项目策略和方向,不断优化项目方案。只有持续改进,才能在激烈的市场竞争中脱颖而出,获得投资人的青睐。

路演后的融资谈判与跟进是一个复杂而重要的过程,需要充分准备、保持沟通、灵活应对并持续改进。只有这样,才能确保项目顺利获得资金支持,实现创业计划的可持续发展。

任务实训

创新项目路演策划与实施:从概念到实践的全方位锻炼

1. 实训目标

通过本次实训作业,通过策划和实施一次创新项目的路演活动,全面锻炼其项目管理、团队协作、沟通表达以及创新思维等多方面的能力。

2. 实训要求

(1)举办一次路演活动,在路演活动中介绍项目三实训作业中的创业计划。
(2)根据项目五实训作业中的创业计划书制作PPT。

项目总结与分析

通过本项目的学习与实践,学生可以深刻认识到路演在项目推广和融资过程中的重要性。路演不仅是一个展示项目优势和价值的平台,还是一个建立信任、推动合作的关键环节。同时,也可以从路演过程中学到很多宝贵的经验和教训,如注重与受众的互动、优化演示材料、提升讲解效果等。这些经验和教训将为大学生创业者未来的项目推广和融资工作提供有益的借鉴和参考。

在对任务一认识路演的学习中,学生可以了解到路演作为项目团队向投资者、合作伙伴和公众展示核心价值的平台,不仅有助于筹集资金,还能提升项目的知名度和影响力。通过路演,能够凸显项目的独特性和创新性,吸引潜在投资者的关注。同时,路演也是项目团队自我检验和提升的契机,通过收集受众的反馈和建议,团队能够更深入地了解项目的优势与不足,进而优化项目方案、完善商业模式。因此,路演不仅是项目推广和融资的重要手段,还是项目团队建立信任、推动合作的关键环节,对于提升项目竞争力和成功率具有重要意义。

任务二讲解了如何进行路演。分析了项目团队需明确路演目标及受众,定制精准策略,涵盖主题、结构与讲解方式,凸显项目核心价值。精心准备演示材料,力求简洁直观,多次演练确保现场表现专业流畅。路演中强化互动,激发受众兴趣,及时解答疑问,增进信任。同时,注重细节,营造舒适氛围,精选场地,把控时间,确保路演高效且引人入胜。

任务三和任务四是对路演完成后的后续工作的跟进。路演后,及时收集并分析反馈与评估,通过问卷、访谈及社交媒体洞察公众反应,为项目优化提供依据。针对反馈,项目团队需总结亮点,识别并修正不足,制定改进措施。随后,融资谈判成为关键,团队需展现项目潜力与团队实力,与投资者深入交流,就投资细节达成共识。签署投资协议后,持续沟通尤为重要,保持信息透明,分享项目进展,巩固合作关系,确保资金有效支持项目发展,同时增强投资者信心,为项目的成功奠定坚实基础。

思政小课堂

路演实现科创与产业的"双向奔赴"[①]

2022年3月,陕西省发布了"三项改革"试点方案,旨在推动省内高校和科研院所的科技成果转化。这些改革包括单独管理职务科技成果、专业评价技术转移人才以及利用科研项目结余经费推动转化。此举旨在解决科研人员担忧风险、缺乏动力及资金不足等问题,激发其创新创业热情。

为推广这一经验,省科技厅建立了常态化路演机制,打造项目团队与企业、投融资机构间的对接平台,促进存量成果和静态资源向新质生产力转化。

同时,秦创原轩辕科技创新中心作为陕西首个县域级创新驱动平台,自2022年运营以来,依托强大资源整合能力,为企业提供全生命周期服务,推动区域经济高质量发展。该中心不仅是黄陵县创新驱动的核心窗口,而且是连通省级秦创原与延安创新促进中心的重要桥梁,为科技成果的转化与应用提供了有力支持。

创新是推动社会进步的核心动力,而在秦创原轩辕科技创新中心的引领下,创新氛围在黄陵桥山地区越发浓厚。几个月的时间里,"秦创原""创新创业""企业孵化"等词汇已成为当地群众口中的热门话题。这一系列新名词、新气象的背后,正是秦创原轩辕科技创新中心在推动区域创新、引领经济发展方面所发挥的积极作用。

舞台上,聚光灯下,此刻,创业者是主角。

---

① 陕西日报群众新闻网.科创与产业的"双向奔赴"[N/OL].(2023-11-27)[2024-04-10].https://www.sxdaily.com.cn/2023-11/27/content_10468226.html.

截至2023年年底,秦创原创新促进中心积极承办陕西省高校院所"三项改革"科技成果转化项目的集中路演活动,至今已成功举办26场。这些活动有效对接了75所高校,推介了115个优质项目和团队,促进了科技成果的广泛传播和转化应用。同时,这些活动还催生了257家新的科技成果转化企业,实现了高达204.12亿元的技术合同交易额,为陕西省的科技创新和经济发展注入了强劲动力。秦创原创新促进中心举办高校路演活动的初衷就是全面摸排高校科技成果资源,将这些"沉睡"在抽屉里的宝贵资源拿到桌面上,唤醒它们的潜在价值。

　　与此同时,线上路演活动也开展得如火如荼,为科技成果的转化开辟了新空间。例如,在陕西省科技成果转化三项"改革"线上路演平台启动仪式上,陕西富镁氢科新材料科技有限公司总经理详细介绍了其高性能镁基固态储氢材料及系统关键技术与应用项目,并得到了产业导师们的在线点评和指导。

　　作为线上路演平台的运营方,秦创原发展股份有限公司搭建这一平台为科研人员和广大学生提供了更广阔的展示舞台,也为挖掘优质项目提供了更加便捷的途径。

　　目前,这一系列路演活动已经带动了全省范围内385场路演活动的开展,涉及路演项目达3 220项。这些路演项目不仅获得了广泛关注,还累计融资超过30亿元,充分展示了秦创原创新促进中心在推动科技成果转化和创新创业方面的显著成效。展望未来,秦创原轩辕科技创新中心将继续发挥其创新引领和资源整合的优势,为黄陵县乃至全省的科技创新和经济发展注入更多活力。

　　秦创原创新促进中心的一系列路演活动深入贯彻落实创新驱动发展战略,通过推动高校院所的"三项改革"科技成果转化项目,促进科技创新和成果转化。积极响应国家提高自主创新能力。为科创企业搭建展示和对接平台,助力企业成长和发展。积极响应国家关于支持中小企业发展、推动创新创业的号召。

　　新时代的大学生更应在这样的积极号召下努力培养文化素养,树立文化自尊和民族自信,带着强烈的爱国主义精神和民族情怀投身于社会主义现代化建设的道路。

项目七　新企业的创办

知识目标

能根据自身情况模拟新企业的注册,并根据所学内容对新企业的成立提出最佳方案。

能力目标

(1)具备学习能力,独立思考,善于发现问题,解决问题。

(2)具备创新意识和实践操作能力。

(3)具备良好的沟通能力和合作精神,能够与他人协作,善于表达自己的意见和看法。

(4)具备安全意识,拒绝违法行为,合法合理创业的责任感和价值观。

思政目标

(1)拥有强烈的爱国情怀和民族自尊,深刻领悟我国支持大学生创新创业的深远意义。

(2)树立正确的价值观,具备良好的道德品质和社会责任感,能够积极投身于社会实践和公益事业中。

思维导图

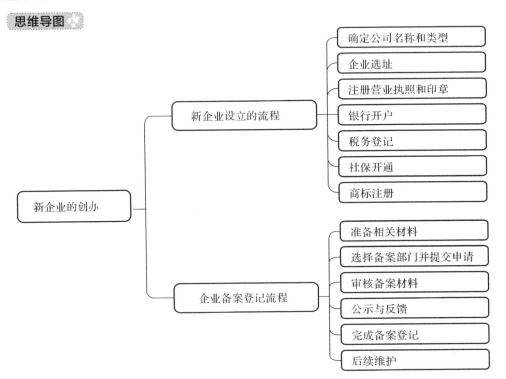

项目七　新企业的创办

> **案例导入**

4名在校大学生创业一年收入500万元[①]

四位来自风景如画的杭州大学物理系的杰出学子——丁力、王海、赵思博、董磊,因受爱因斯坦的启发,不仅深入探究宇宙之美,更以创新思维和勇气,决心在创新创业的道路上做时代的弄潮儿。面对外界对物理系学生经商能力的质疑,他们不畏挑战,以坚定的信念和实际行动证明自己的价值。

在深入调研后,他们发现杭州大学和浙江大学这两所学术殿堂中,每日的复印需求量巨大。于是,他们巧妙地将这一需求转化为商机,通过团购形式与文印店合作,成功赚取了可观的第一桶金。

几个月后,这四位怀揣梦想的学子共同出资,成立了"天堂文化信息咨询公司"。这家位于杭州大学附近的普通社区内的公司,以其高质量的打印、复印服务和专业的会议组织、图书策划出版、广告图文代理等业务,赢得了市场的广泛认可。其中,他们编写的教辅书《高考数理化专项训练精华》更是成为公司的代表作,首批5000本迅速售罄,随后推出的语文、英语系列也备受好评。这些成绩不仅为公司带来了丰厚的利润,更彰显了他们在创新创业领域的实力与潜力。

尽管业务繁忙,他们却从未忽视学业。办公桌上,《爱因斯坦与相对论》等物理书籍与公司的文件、资料并存,展现了他们既注重实践又重视理论的态度。深夜的讨论和争吵,更是他们追求卓越、不断进取的生动写照。在短短一年多的时间里,他们凭借课余时间,将公司从最初的20万元注册资金发展壮大到如今的500多万元资产,员工人数也扩大了50倍,超过200人。他们的成功不仅为大学生创新创业树立了典范,更为国家和社会的发展做出了积极贡献。

展望未来,他们将继续前行,不断追求更高的目标。他们的梦想是创办一所物理实验研究所,并将余下的资金回馈社会,为国家的科技进步和社会发展贡献更多力量。这四位大学生创业者用自己的行动诠释了创新创业的积极内涵,展现了新时代青年的担当与作为。

在波澜壮阔的商业海洋中,每一个新企业的诞生都如同一次勇敢的航行充满了无限的可能与挑战。当创业的钟声即将敲响,站在新企业的起点,怀揣着梦想与激情,但也必须冷静而审慎地思考前方的道路。新企业的开业不仅是一个简单的仪式,它标志着一段全新旅程的开始。在这段旅程中,企业将面对变幻莫测的市场、激烈残酷的竞争、日新月异的技术以及团队的协作与成长。每一个决策、每一个步骤都将影响企业的未来走向。

任务一　新企业设立的流程

一、确定公司名称和类型

(一)公司名称

企业名称即企业的名称,准确地说,是企业在经营活动中使用的用以表彰其身份以区别

[①] 4个在校大学生创业一年收500万[EB/OL].(2023-03-26)[2024-06-20]. https://www.yjbys.com/chuangye/gushi/1274.html.

于其他企业的名称,对于企业名称的保护存在注册制和使用制两种保护模式。注册制要求企业名称只有经法定程序注册登记后方可取得,否则不具有法律效力。

最新修订的《企业名称登记管理规定》自2021年3月1日起施行。《企业名称登记管理规定》贯彻落实党中央、国务院关于深化"放管服"改革、优化营商环境的部署要求,充分尊重企业自主选择企业名称的权利,进一步释放企业名称资源,简化企业名称登记流程,降低企业开办成本,强化事中事后监管,维护企业合法权益和良好市场秩序。根据《企业名称登记管理规定》,企业名称应当使用规范汉字;企业只能登记一个企业名称,企业名称受法律保护;企业名称由行政区划名称、字号、行业或者经营特点、组织形式组成,如常州泰昌减速机有限责任公司。

企业名称是企业形象的首要元素,创业者在设计企业名称的过程中应注意以下事项。

(1)行政区划名称。企业名称中的行政区划名称应当是企业所在地的县级以上地方行政区划名称。市辖区名称在企业名称中使用时应当同时冠以其所属的设区的市的行政区划名称。开发区、垦区等区域名称在企业名称中使用时应当与行政区划名称连用,不得单独使用。

(2)字号。根据《企业名称登记管理规定》,企业可以选择字号。企业名称中的字号应当由两个以上汉字组成。企业有正当理由的可以使用本地或者异地地名作为字号,但不得使用县级以上地方行政区划名称作为字号。

(3)行业或者经营特点。企业名称中的行业或者经营特点应当根据企业的主营业务和国民经济行业分类标准标明。国民经济行业分类标准中没有规定的,可以参照行业习惯或者专业文献等表述。

(4)组织形式。企业应当根据其组织结构或者责任形式,依法在企业名称中标明组织形式。

创业者在拟定好企业名称后,可以通过企业名称申报系统或在企业登记机关服务窗口提交有关信息和材料,对拟定的企业名称进行查询、比对和筛选,选取符合《企业名称登记管理规定》要求的企业名称。创业者提交的信息和材料应当真实、准确、完整,并承诺因其企业名称与他人企业名称近似侵犯他人合法权益的,依法承担法律责任。

(二)公司类型

根据公司的业务需求、股东构成、税收政策等因素,选择合适的公司类型,如有限责任公司(LLC)、股份有限公司等。不同类型的公司在法律上有着不同的权利和义务,因此需要仔细考虑,公司组织形式的选择在理论篇已经介绍,不再赘述。

二、企业选址

选择一个合适的注册地址,这个地址可以是公司的实际办公地点,也可以是一个虚拟地址。注册地址是公司的法律地址,用于接收邮件和法律文件。

(一)企业选址遵循的原则

(1)经济性原则。和非营利性组织选址不同,企业选址是为了获取个体最优化发展空间或区域最优化组合的过程。所谓最优化,是指企业通过在地理空间中进行各种经济活动,获取最大的经济收益。因此,创业者研究选址问题时,都会围绕经济收益最大化这一目标来进行。

(2)协作性原则。社会化分工与专业化生产发展至今,企业能否实现区域协作、产业链协同,会直接影响自身的竞争能力、创新能力等重要特质。对于选址问题,企业不能将其抽离出来作为孤立对象进行研究,必须将其置于特定的系统中,充分考虑个体间的协作同区位因素间的作用,才能使选址符合经济发展现状与发展趋势。

(3)适应性原则。不同企业由于发展目标、成长过程、行为习惯等都有不同的特征,对选址的要求自然不尽相同。对其他企业有利的区位空间,并不一定对创业者自身也有利。一个影响因素在某个区位空间内对企业有利,在另一个区位空间内可能成为对企业不利的因素。区位空间及其内在的相关因素必须与企业各自的需求相适应,才能使有利因素的影响最大化,避免弱化不利因素的影响。

(4)综合性原则。在空间位置影响企业的因素中,既有直接因素,也有间接因素;既有显性因素,也有隐性因素;既有内在因素,也有外在因素;既有短期因素,也有长期因素。创业者需要综合考虑,全面分析各因素对核心目标的影响过程,才能准确厘清其中的关键因素及各因素之间的关联,从而做出决定。

(二)企业选址的影响因素

企业选址的影响因素,对于不同行业的企业而言,选址考虑的因素也有所不同。

(1)制造企业选址须考虑的因素。如果创业者想要创办一家制造企业,生产并销售日用品、化妆品、电子产品或家具等,那么选址时需要考虑的因素包括政策法规、基础设施条件、劳动力资源、接近市场、接近原料供应地、水电供应和物流运输条件等。

(2)服务企业选址须考虑的因素。服务企业通常提供服务或劳务,如与房屋装修、邮件快递、搬家、家庭服务、法律咨询、技术培训等相关的企业都是服务企业。服务企业选址须考虑的因素包括租金、人群密度、与消费者接近的程度、聚集效应、交通条件、消费者的收入及消费水平、与竞争对手的相对位置等。

(3)贸易企业选址考虑的因素。贸易企业从事商品的买卖活动,从制造商或批发商处购买商品,再把商品卖给顾客或其他企业。所有把商品卖给最终消费者的商店都是零售商,而批发商则是从制造企业购买商品,再转给零售商,如蔬菜、水产、瓜果、文具、日用品批发中心等都是批发商。贸易企业选址通常考虑的因素包括租金、城市商业条件(包括城市类型、设施建设等)、人口因素(包括人口规模、人口年龄性别构成)、地段客流规律、交通条件、商业环境、城市规划等。

(4)农、林、牧、渔企业选址须考虑的因素。这类企业利用土地或水域进行生产,可能是种果树,也可能是养珍珠等,种植或饲养的产品多种多样,选址须考虑的因素包括地方优惠政策、当地的自然、社会和经济条件,周围环境的污染情况,当地劳动力资源,交通条件等。

创业者在确定了创办企业的类型后,需要根据企业的特点以及对市场的要求由企业选址,并运用科学的方法决定企业的地理位置,使之与企业的整体经营运作系统有机结合,以便有效、经济地实现企业的经营目的。

三、注册营业执照和印章

注册公司,首要步骤是办理营业执照。这一手续既可以选择前往当地工商局完成,也可在部分地区的市场监管局网站上进行线上办理。在注册过程中,需要清晰确定公司的名称、形式以及注册资本。例如,可以选择注册资本为200万元,并设定认缴期限为30年,同时明确企业形式为有限责任公司,并为其命名为×××有限责任公司。若选择合伙创业,则需特别留意签署以下五份关键协议:出资协议、退出协议、公司管理协议、保密协议以及竞业协议。完成这些协议签署后,按照流程提交相关材料,等待审核通过,随后即可领取营业执照和印章。

【小知识】

了解"五证合一"与注册认缴制

在进行公司注册时,需要了解"五证合一"和注册认缴制度两个基本概念。

(1)"五证"是指营业执照、组织机构代码证、税务登记证、社会保险登记证和统计登记证。在"五证合一"政策实施之前,注册公司除了需要办理营业执照外,还需办理税务登记证、组织机构代码证、开户许可证等多个证件。然而,自2016年10月1日起,我国正式推行"五证合一"制度,将原有的五个证件合并为一张加载有统一社会信用代码的工商营业执照。此举极大地简化了企业注册流程,有效降低了创办企业的复杂度,是国家为鼓励创业而推出的一项具有深远意义的政策。

(2)商事登记改革后,公司股东自主权扩大,可自由约定认缴出资额、方式及期限,并载入章程。工商局仅登记认缴总额,取消验资报告及出资比例、时限限制。此举降低了初创门槛,鼓励创新。但认缴制非免除出资责任,股东仍须依约履行出资义务。当公司经营危机或债务清偿时,股东需按章程出资,保障公司偿债能力,债权人可依法追责。因此,虽放宽限制,股东仍应理性设定注册资金,避免虚高带来的潜在风险。

四、银行开户

为进行税务核对,创业者需前往银行开设账户。银行账户类型有公司基本账户和一般账户之分,对于初创企业,建议优先考虑开设基本账户。在选择开户银行时,并无特定限制,通常可以选择距离公司较近或长期合作且信誉良好的银行。完成网银设置后,银行会提供两个U盾,其中一个用于操作,另一个用于审核,确保资金安全。

五、税务登记

每个公民都承担着依法纳税的基本义务,因此,新公司在取得营业执照后的30天内,必须前往税务局进行税务登记。税务登记工作可以线上完成,只需打开电子税务局网站,并与银行、税务局签订三方协议,企业即可开始开具发票。此后,企业需要按照相关规定,每月或每季度进行纳税申报。例如,个人所得税需要在每月的15日进行申报;而企业所得税则需按季度申报,即在每年的1月、4月、7月、10月的15日之前完成申报。税务局会根据企业申报的金额,直接从企业的银行对公账户中扣除相应的税费。

六、社保开通

为确保自身及员工能够顺利缴纳社保,创业者需前往当地的社保局及住房公积金管理中心办理社保和公积金开户手续。办理社保开户所需准备的材料包括单位及法人的公章、工商营业执照原件及其复印件,以及单位经办人的身份证复印件。准备齐全这些材料后,即可顺利进行社保开户流程。

七、商标注册

创业过程中,建议创业者对自己的品牌进行商标注册,以确保其不被他人盗用或侵犯。在商标注册时,应考虑到多类保护,不应仅局限于某一类别,而是应对 45 个类别都给予足够的关注与保护。

完成上述步骤后,新公司的注册工作基本告一段落。对于初创企业,建议将财务税务的相关业务委托给专业的财务公司进行管理。这样不仅能降低公司的运营成本,优化人力资源配置,还能有效避免漏报税收的风险。请注意,即使公司的收入与支出均为零,仍需进行零申报。若忽视税务申报,企业可能会因此出现异常状况,进而对法人的信用产生不良影响。因此,确保财务税务的合规性至关重要。

大学生创业时,在完成注册公司基本流程的同时,务必高度关注国家和当地政府提供的创业优惠政策。它们能有效助力大学生快速创办企业并实现快速成长。

【小知识】

新企业开业前的思考

新企业的开业是一个新的开始,也是一个全新的挑战。创业者在筹备新企业之际,需从以下三个层面进行深入思考:

首先,新企业的组织形式、架构如何设计。

其次,熟知与创业息息相关的法律条例应如何遵循以保障各方权益。

最后,了解新企业的注册流程和选址策略应如何规划以确保稳健起步。

任务二 企业备案登记流程

企业备案登记流程是指企业在完成注册后,需要按照相关规定向相关部门提交备案申请,并经过审核、登记等一系列步骤,最终获得备案证书或备案号的过程。具体来说,企业备案登记流程包括以下几个步骤。

一、准备相关材料

在备案申请的过程中,准备齐全、真实准确的材料是至关重要的。企业需要认真整理并收集企业营业执照副本、法定代表人身份证明、公司章程以及验资报告等必要材料,确保每一项都符合规定要求,为备案申请的顺利进行奠定坚实基础。

二、选择备案部门并提交申请

在备案登记的过程中,企业需根据自身的行业特点和经营范围,慎重选择相应的备案部门。随后,企业可以灵活地选择提交备案申请的方式,无论是方便快捷的在线申请,还是传统的邮寄或亲自递交,都应根据实际情况进行选择。

三、审核备案材料

备案部门在接收到企业提交的备案材料后,会进行严格的审核工作。他们仔细核对每一项材料,确保其真实、完整,并符合相关法规和政策要求。如果材料符合标准,备案部门会进一步处理;若存在问题,则会及时告知企业,并指明需要补正的具体内容。

四、公示与反馈

备案审核通过后,备案部门会及时公示备案结果,旨在接受社会各界的监督与反馈。若公示期间收到异议或反馈意见,政府部门会认真倾听并审慎处理,根据实际情况对备案结果进行调整或变更,确保备案工作公开、公正、透明。

五、完成备案登记

公示和反馈阶段结束后,企业便迎来了正式备案登记的环节。备案部门将依据前期审核结果,为企业办理详尽的备案登记手续。完成登记后,备案部门会正式颁发备案证书或备案号,作为企业合法经营的凭证,标志着备案流程的圆满结束。

六、后续维护

备案登记只是企业合规经营的一个起点,完成备案后,企业还需承担起备案管理的责任。这包括定期更新备案信息,确保信息的时效性和准确性;严格遵守备案规定,维护市场秩序;并积极配合相关部门的监督检查,共同构建良好的营商环境。

需要注意的是,具体的备案登记流程和要求可能因地区和行业而异。因此,在进行备案登记前,企业应仔细了解当地的政策和规定,并向相关部门咨询或查询官方网站,以确保按照正确的流程和要求进行操作。

项目总结与分析

在创立新企业的过程中,遵循一套系统而详尽的流程是至关重要的。从初期的筹备到后期的正式运营,每一步都需精心策划与执行,以确保企业的合法合规及顺利启动。

新企业设立的流程涵盖了从概念到实体的全面转化。确定公司名称和类型是企业身份的基础,它决定了企业的法律地位和市场定位。紧接着,企业选址则直接关系到运营成本、市场接近度及未来发展潜力。随后,注册营业执照和印章是企业合法存在的关键步骤,它们为企业提供了在市场中运营的法律凭证。

银行开户和税务登记则是企业财务运作和税务合规的基石。银行开户便于企业日常的资金收付与管理,而税务登记则是企业履行纳税义务、享受税收优惠的前提。同时,社保开通保障了企业员工的基本福利权益,是构建和谐劳动关系、增强企业凝聚力的重要一环。

此外,商标注册作为品牌保护的重要手段,有助于企业在市场中树立独特的品牌形象,防止侵权行为,维护企业无形资产的价值。

至于企业备案登记流程,它强调了政府对市场主体的监管与服务职能。通过准备齐全的相关材料,企业能够顺利进入备案程序,接受相关部门的审核与公示。这一过程不仅确保了企业的合法合规性,也为企业后续享受政策支持、参与市场竞争提供了必要的资质认证。

完成备案登记后的后续维护同样不可忽视。企业需持续关注政策变化,及时更新备案信息,确保与政府部门的有效沟通与合作,以应对市场变化,实现可持续发展。

思政小课堂

北大才子文人情怀卖猪肉[①]

陆步轩,来自陕西西安的一个贫寒之家,自幼便经历了母亲早逝的苦难,父亲的文化程度有限,生活的重压却未能压垮他,反而成为他奋发向上的动力。他每日刻苦学习,成绩始终名列前茅,怀揣着改变命运的决心。1985年,陆步轩凭借出色的成绩,成功考入北京大学,实现了他走出农村、迈向更大世界的梦想。然而,这位曾经的北大才子,毕业后却选择了与众不同的道路——成为一名屠夫,专营猪肉销售。尽管初始时饱受嘲笑,如"考上北大,还不是在这儿卖肉"的讽刺声不绝于耳,但陆步轩始终坚守初心,自信满满。他自豪地表示:"在杀猪卖肉的行当里,我认的字最多;在知识分子中,我又最懂猪肉。"

陆步轩的坚持和努力并未白费。他创立了"壹号土猪"品牌,如今已在全国20多个城市开设门店,并拥有2000家加盟店,年营业额高达18亿元,个人身价更是据传已达40亿元。更值得一提的是,他还撰写了猪肉行业的"宝典"——《猪肉营销学》,为整个行业贡献了智慧与经验。

在传统观念中,北大这样的高等学府毕业生应该从事更"体面"的工作,而非杀猪卖肉这样的基层行业。然而,陆步轩并没有被这些束缚,他选择了自己认为有发展潜力的行业,并勇敢地走上了创业之路。这种勇气和决心,正是大学生所需要的品质。

陆步轩通过创新创业实现了个人价值的最大化。他不仅在猪肉销售行业取得了巨大的成功,创立了知名品牌,还通过不断学习和努力,成为了行业内的专家。他的成功不仅改变了自己的命运,也为社会创造了巨大的经济价值。这种通过创新创业实现个人价值和社会价值目标的方式值得人们所追求。

陆步轩的故事充分展示了无论选择何种职业,只要心怀梦想并为之努力,就一定能够闯出一片属于自己的天地。人生的道路并不是一成不变的,有时候需要勇敢地做出自己的选择,并且坚定地走下去。只有不断地学习和提升自己的能力,才能更好地适应社会的变化和抓住机遇。大学生应该从陆步轩的故事中汲取经验和启示,积极投身到创新创业的实践中去,为实现个人价值和社会价值做出更大的贡献。

[①] 20年前,"北大才子"陆步轩被迫卖猪肉,如今身家上亿[EB/OL].(2024-04-03)[2024-04-10]. https://baijiahao.baidu.com/s? id=1795273158418650796&wfr=spider&for=pc.

项目八　新创企业的成长

知识目标

(1)了解新创企业应精通资金筹集渠道(天使投资、风投、贷款、众筹等),并遵循资金管理原则,优化资金利用。制定并执行严格预算,通过成本控制提升资金效率。同时,分析盈利模式,灵活管理现金流,确保运营稳健与持续发展。

(2)掌握市场调研方法,洞悉市场需求与竞争态势,为营销策略奠定基础。强化品牌建设,运用有效推广提升品牌知名度。精选营销渠道,制定针对性策略,促进销售增长,提升客户满意度。

(3)理解在创业实践中重视技术创新,掌握研发流程,持续改进产品服务。同时,提供优质服务,构建良好客户关系,增强客户忠诚度,促进口碑传播,助力企业稳健成长。

(4)合理组建团队,明确分工,提升协作效率。运用激励机制与绩效管理,激发团队潜能。掌握沟通技巧,有效解决冲突,营造和谐氛围,保障团队工作顺畅推进。

能力目标

(1)战略思维。培养学生具备全局观念和长远眼光,能够制定符合企业实际情况的发展战略。

(2)创新能力。勇于尝试新的思路和方法,推动企业不断创新和发展。

(3)团队协作。提升团队协作能力,学会在团队中发挥自己的优势并尊重他人的意见。

(4)自我学习与成长。具备持续学习和自我提升的能力,适应不断变化的市场环境和企业需求。

思政目标

深入理解创业不仅是追求个人成功的途径,更是对社会的一种贡献和责任。作为新时代的青年,积极投身于创新创业的大潮中,用智慧和汗水为国家的发展和社会的进步贡献力量。

思维导图

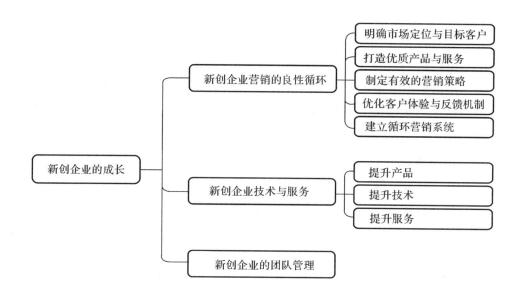

任务一　新创企业资金的良性循环

新创企业资金的良性循环对于确保企业运营的稳定性、支持企业扩张和发展、优化资源配置和降低成本、提升企业形象和信誉度以及促进企业的长期稳定发展等方面都具有重要作用。因此，新创企业应高度重视资金的良性循环建设，通过加强财务管理、优化资金结构、提高资金使用效率等措施来推动资金的良性循环，确保资金的有效筹集、合理运用和高效回流，促进企业的良性发展。

一、精确制订财务计划

（1）市场分析与预测。基于详细的市场调研，预测未来销售收入和市场份额，为资金筹集和使用提供可靠依据。

（2）成本估算与利润规划。合理估算各项成本，设定合理的利润目标，并制定详细的成本控制和利润提升措施。

（3）现金流预测。预测企业未来的现金流入和流出情况，确保有足够的现金流支持日常运营和应对突发情况。

二、多元化资金筹措

（1）风险投资与天使投资。积极寻求风险投资机构和天使投资人的支持，获取初期发展所需的资金。

（2）银行贷款。根据企业实际情况，选择合适的银行贷款产品，满足短期或长期的资金需求。

（3）股权融资。在适当的时候，通过发行股票或增资扩股等方式，向公众或特定投资者筹集资金。

(4)债券融资。对于信用评级较高的企业,可以考虑发行债券以筹集资金。

三、高效运用资金

(1)优化资金使用结构。将资金投入到高回报、低风险的项目中,确保资金的有效利用。
(2)加强成本控制。通过精细化管理,降低各项成本支出,提高盈利能力。
(3)提升运营效率。优化生产、销售、管理等各个环节,提高运营效率,减少资金占用。

四、促进资金回流

(1)加强应收账款管理。建立完善的应收账款管理制度,加快资金回笼速度。
(2)优化库存管理。合理控制库存水平,减少资金占用,提高库存周转率。
(3)拓展销售渠道。通过线上线下相结合的方式,拓展销售渠道,提高产品销量和市场份额。

五、建立财务预警机制

(1)监控财务指标。定期监控企业的各项财务指标,如资产负债率、流动比率、速动比率等,及时发现潜在的财务风险。
(2)制定应对策略。针对可能出现的财务风险,制定相应的应对策略和措施,确保企业的财务安全。

【案例分析】

李志彬:向死而生,力挽狂澜[1]

"创业很难""坚持为核"是李志彬创业以来最大的感悟。他说:"向死而生,力挽狂澜,这是创业最酷的地方。"

李志彬,浙江万里学院商学院的杰出校友,以其非凡的创业历程诠释了"创业维艰,坚持为魂"的真谛。自2015年起,他凭借对设计的独到见解,在华为终端UI框架设计项目中大放异彩,不仅赢得全国大奖,还积累了宝贵的创业资金与经验。

面对网络影视的崛起,李志彬敏锐捕捉商机,毅然转型创办宁波鱼骨头文化传媒有限公司。初期,他凭借25万元启动资金试水校园网络电影,成功迈出影视传媒的第一步。随后,团队获得宁波湖畔文化产业园的鼎力支持,完成资源重组,正式进军影视行业,实现了从设计到影视制作的华丽转身。

2017年,公司迎来爆发式增长。2017年8—11月,他们拍摄了系列热门爱奇艺独播网剧和热点网络大电影,公司还拥有多部大型小说储备IP,项目启动后产值已超1400万元。

两年多的创业生涯每一步都充满艰辛,特别是2017年8月的一周同时遭遇人事大地震和资金匮乏等困境,这是他创业生涯中极为艰难的一段时期。李志彬通过一系列措施成功度过了这次财务危机,以下是对他如何应对这些挑战的具体说明:

---

[1] 弄潮新时代创新创业行:大学生创业英雄十强事迹[EB/OL].(2018-05-08)[2024-06-12]. https://baijiahao.baidu.com/s?id=1599845187471568299.

(1)迅速调整策略,聚焦核心业务。在面临资金短缺的困境时,李志彬和团队迅速调整策略,将资源集中在公司的核心业务上,即影视传媒行业。他们可能减少了在非核心业务上的投入,如广告设计、UI设计等业务的扩展,以确保核心业务的稳定运营和持续增长。

(2)积极寻求外部融资。为了缓解资金压力,李志彬带领团队积极寻求外部融资。在2017年8月这一关键时期,他们成功获得了爱奇艺(北京)和横瑞影视的近700万元天使投资。这笔资金的注入不仅缓解了公司的资金短缺问题,还为公司的后续发展提供了有力的支持。

(3)优化成本结构,提高运营效率。在资金紧张的情况下,李志彬和团队可能进一步优化了公司的成本结构,通过精细化管理、减少不必要的开支、提高运营效率等方式来降低成本。同时,他们可能还加强了与供应商、合作伙伴的沟通与合作,以争取更有利的合作条件,降低运营成本。

(4)强化团队凝聚力,共同应对挑战。面对人事大地震和资金匮乏等困境,李志彬深知团队凝聚力的重要性。他可能通过加强团队沟通、明确目标、共同承担责任等方式来强化团队的凝聚力。同时,他也可能通过激励措施来激发团队成员的积极性和创造力,共同应对挑战。

(5)灵活应对市场变化,抓住机遇。在度过财务危机的过程中,李志彬和团队还展现出了灵活应对市场变化的能力。他们可能根据市场需求和竞争态势的变化,及时调整产品策略和市场策略,以抓住新的发展机遇。例如,他们可能加大了对热门网络剧和网络大电影的投入力度,以满足市场需求并获得更多的收益。

李志彬在创业过程中遇到财务危机时,通过迅速调整策略、积极寻求外部融资、优化成本结构、强化团队凝聚力和灵活应对市场变化等措施成功度过了困境。这些措施不仅缓解了公司的资金短缺问题,还为公司的后续发展奠定了坚实的基础。

【案例分析】

"未来视界"的折翼:初创企业的资金挑战与梦想反思

在科技园区的一隅,"未来视界"曾如一颗新星般璀璨升起,它承载着创始人李明对教育未来的无限憧憬,以及团队对个性化教学革命的满腔热情。然而,这段创业旅程并非一帆风顺,尤其是在决策与资金管理上的失误,最终让这颗新星黯淡无光。

起初,"未来视界"凭借创新的项目理念和李明出色的路演能力,成功吸引了天使投资,为研发和市场推广奠定了基础。然而,随着项目的推进,一系列决策失误开始显现。李明和团队在追求技术领先的同时,忽视了市场调研和用户反馈的重要性,盲目投入大量资金于尚未验证的技术研发上。这种"闭门造车"的决策方式,不仅导致了资金的浪费,也错失了市场先机。

更为严重的是,公司在资金管理上出现了滥用现象。在资金紧张的情况下,本应精打细算的每一分钱,却被用于不必要的奢华办公场所装修、频繁的团队建设活动和过度的市场推广活动上。这些非核心支出的增加,不仅未能有效提升企业形象或促进业绩增长,反而加剧了公司的财务危机。

面对资金短缺的困境,李明和团队虽然采取了一系列应对措施,但由于前期的决策失误和资金滥用,这些努力都显得力不从心。他们试图通过缩减开支来降低成本,但关键岗位的人才流失和研发进度的滞后已经造成了不可逆的损害。同时,由于公司信誉受损和财务状况恶化,新的融资渠道也变得异常艰难。而竞争对手则趁机加大市场投入,利用"未来视界"的失误迅速抢占市场份额。最终,"未来视界"在资金链断裂的沉重打击下,不得不宣布暂停运营。这个曾经充满希望和梦想的项目,在决策失误、资金滥用的迷雾中走向了陨落。

这个故事不仅是对初创企业资金挑战的一个警示,更是对创业者在决策和资金管理上必须保持谨慎和理性的深刻教训。它提醒着所有追梦人:在追求梦想的路上,既要勇于探索,更要脚踏实地;既要敢于创新,更要注重实效;既要充满激情,更要理性决策。

任务二 新创企业营销的良性循环

新创企业营销的良性循环对于提升市场竞争力、促进销售和收入增长、优化资源配置和降低成本、推动创新和持续发展以及增强企业信誉和品牌形象等方面都具有重要作用。因此,新创企业应高度重视营销的良性循环建设,通过不断优化营销策略和提升客户体验来实现企业的长期成功。新创企业在追求营销良性循环的过程中,需要综合考虑市场环境、客户需求、资源分配以及长期发展目标等多个方面。以下是一些关键策略和建议,旨在帮助新创企业实现营销的良性循环。

一、明确市场定位与目标客户

(1)深入市场调研。在创业初期,新创企业需要通过市场调研全面了解行业现状、竞争对手情况以及目标客户群体的需求和偏好。这有助于企业精准定位自己的产品或服务,并制定相应的营销策略。

(2)确定目标客户。明确目标客户群体,包括他们的年龄、性别、收入水平、兴趣爱好、消费习惯等特征,以便企业能够更有针对性地开展营销活动。

二、打造优质产品与服务

(1)注重产品质量。产品是新创企业的核心竞争力之一。企业应确保产品质量过硬,能够满足甚至超越客户的期望,从而赢得客户的信任和口碑。

(2)提供优质服务。除了产品本身外,优质的服务也是吸引和留住客户的关键。企业应建立完善的客户服务体系,及时响应客户需求,解决客户问题,提升客户满意度和忠诚度。

三、制定有效的营销策略

(1)创新营销手段。新创企业可以充分利用互联网和新媒体的优势,通过社交媒体、短视频、直播等渠道进行营销推广。同时,也可以尝试一些创新的营销手段,如内容营销、口碑营销等,以吸引更多潜在客户。

(2)实施差异化营销。针对目标客户群体的不同需求,企业应实施差异化营销策略,提供个性化的产品或服务,以满足客户的独特需求。这有助于企业在激烈的市场竞争中脱颖而出。

(3)强化品牌建设。品牌建设是新创企业实现长期发展的关键。企业应通过持续的品牌宣传和推广,提升品牌知名度和美誉度,从而在客户心中树立起良好的品牌形象。

四、优化客户体验与反馈机制

(1)提升客户体验。客户体验是新创企业营销良性循环的重要环节。企业应通过优化产品设计、改进服务流程、提升服务质量等方式,不断提升客户体验,让客户感受到企业的关怀和尊重。

(2)建立反馈机制。企业应建立有效的客户反馈机制,及时收集和处理客户的意见和建议。这有助于企业了解客户的需求和期望,从而不断改进产品和服务,提升客户满意度和忠诚度。

五、建立循环营销系统

(1)提高客户忠诚度。通过提供优质的产品和服务、建立会员制度、开展积分兑换等活动,提高客户的忠诚度和复购率。忠诚的客户是企业持续发展的重要基石。

(2)扩大客户群范围。利用老客户的口碑效应和推荐机制,吸引更多新客户加入。同时,企业也可以通过线上线下相结合的方式,扩大营销渠道和覆盖范围,进一步拓展客户群。

(3)实现持续销售。通过建立循环营销系统,企业可以不断吸引新客户、留住老客户,并实现持续销售。这有助于企业稳定市场地位、提升盈利能力并推动企业的长期发展。

【案例分析】

储亮:创业者的"三圈"智慧与市场营销的破局之道[①]

安徽科瑞特模塑有限公司的创始人储亮,以其独特的"三圈"理论在创业道路上独树一帜。他深刻指出,创业者应聚焦于三个核心圈层的交集:热爱之事、擅长之事与市场需求之事,以此作为项目选择的黄金准则。这一理念不仅源于他对汽车专业的深厚底蕴,更是在实践中不断验证的智慧结晶。

从热爱到市场的跨越:作为合肥工业大学的硕士研究生,储亮在汽车电子技术的海洋中遨游,最终将这份热爱转化为创业的动力。然而,创业之路并非坦途,尤其是在面对市场冷遇时,他深刻意识到,仅凭技术热情远远不够。于是,储亮带领团队进行了深入的市场调研,发现了初创企业在主流市场中的生存困境,并果断调整策略,转向门槛较低的二级市场,这一明智之举迅速为公司赢得了生存空间。

市场营销是破局的关键:在储亮的创业故事中,市场营销的重要性不言而喻。面对产品不被市场认可的困境,他没有选择退缩,而是积极寻找突破口。通过精准定位市场、灵活调

---

① 弄潮新时代创新创业行:大学生创业英雄十强事迹[EB/OL].(2018-05-08)[2024-06-12]. https://baijiahao.baidu.com/s?id=1599845187471568299.

整策略,科瑞特成功打开了销路,实现了从生存到发展的跨越。这一过程中,储亮深刻体会到,良好的市场营销不仅是产品走向市场的桥梁,更是企业生存与发展的生命线。

软实力与技术创新并重:在站稳市场脚跟后,储亮没有止步于现状。他深知,要在竞争激烈的汽车零部件领域立足,必须不断提升企业的软实力。于是,他带领团队在产品品质、管理体系、人才队伍建设等方面全面发力,不仅建立了完善的质保体系和管理体系,还积极与合肥工业大学等高校建立产学研合作关系,引入优质技术资源,为公司的发展注入了源源不断的动力。

创新引领未来:储亮深知,创新是企业发展的灵魂。他创办科瑞特时,便赋予了公司"创新、创造"的基因。在他的倡导下,公司鼓励全员创新,无论是产品技术创新、生产工艺创新还是管理模式创新,都给予充分的支持和试错空间。这种创新文化不仅激发了团队的创造力,更为公司在新能源汽车市场安全预警系统领域填补了国内空白,赢得了市场的广泛认可。

储亮的创业历程充分证明了良性的市场营销对于新创企业的重要性。在激烈的市场竞争中,只有准确把握市场需求、灵活调整营销策略、不断提升企业软实力和创新能力,才能在红海中开辟出一片属于自己的蓝海。储亮和他的科瑞特模塑有限公司正是这样做的,他们的成功为无数创业者提供了宝贵的经验和启示。

【案例分析】

张小泉老字号陷虚假宣传风波,400年信誉遭质疑[①]

2023年11月,杭州张小泉电子商务有限公司因虚假宣传行为被杭州市临平区市场监督管理局处以25万元罚款。这一处罚源于该公司为应对张小泉菜刀"拍蒜断裂"舆情影响所采取的非常规手段。具体而言,张小泉电子商务有限公司组织内部人员建立微信群,通过刷单、虚假好评的方式提升商品好评率,以图减轻负面舆论压力。

自2022年7月起,张小泉品牌因"拍蒜断刀"事件陷入舆论风波,该事件不仅引发了消费者的广泛关注和质疑,还多次登上微博热搜。尽管面对如此严峻的舆论环境,张小泉并未选择从根本上提升产品质量和用户体验,而是采取了短期见效但风险极高的虚假宣传策略。

天眼查App显示,张小泉电子商务有限公司在2022年11月创建了"内部福利群",组织内部员工以极低的成交价(甚至0元或1元)购买自家商品,并在收货后上传美图及好评,随后申请退款。这一行为在2022年12月至2023年4月期间持续进行,涉及天猫和京东两大电商平台,刷单订单数量达数百个,退款金额接近全部订单金额。

作为拥有近400年历史的中华老字号,张小泉更应坚守诚信经营的原则。在市场竞争日益激烈的今天,企业的信誉和口碑是其最宝贵的无形资产。虚假宣传或许能带来一时的销量增长,但长远来看,将严重损害品牌形象和消费者信任。

面对产品质量问题引发的舆论危机,企业最应做的是深入剖析问题根源,采取有效措施提升产品质量和用户体验。只有真正解决了消费者的痛点,才能赢得市场的认可和尊重。

---

① 人人都是产品经理的腾讯网官方账号. 2023十大营销翻车案例,品牌营销别再踩坑了![EB/OL].(2023-12-18)[2024-06-12]. https://new.qq.com/rain/a/20231218A0274D00.

在舆情事件中,企业应保持开放透明的态度,积极回应消费者的关切和质疑。通过真诚沟通、及时解释和有效补救措施,可以有效缓解消费者的不满情绪,减少负面舆论的扩散。

在提升产品质量的基础上,企业还应加强品牌建设和市场营销策略的创新。通过精准定位目标市场、打造差异化品牌形象、优化销售渠道和服务体系等方式,不断提升品牌影响力和市场竞争力。

张小泉事件再次提醒创业者,企业在追求短期利益的同时,必须兼顾长远发展。只有坚守诚信经营的原则,不断提升产品质量和用户体验,积极回应消费者关切并加强品牌建设和市场营销策略的创新,才能在激烈的市场竞争中立于不败之地。

任务三　新创企业技术与服务

优质的产品、先进的技术以及卓越的服务是新创企业不可或缺的三大要素。它们相互支撑、相互促进,共同构成了企业的核心竞争力。新创企业应充分认识到这三者的重要性,并不断努力提升产品质量、加强技术研发、优化服务流程,以赢得客户的信任和支持,推动企业持续健康发展。

提升新创企业的产品、技术与服务是一个综合性的过程,需要从多个方面入手。

一、提升产品

(1)深入了解市场需求。通过市场调研、用户访谈等方式,深入了解目标客户的需求和痛点,确保产品能够满足市场需求。关注行业动态和竞争对手的产品,分析市场趋势,及时调整产品策略。

(2)加强产品研发。投入足够的研发资源,包括资金、人才和技术,确保产品具有创新性和竞争力。实施严格的产品测试和质量控制流程,确保产品的稳定性和可靠性。

(3)优化产品设计。注重产品的用户体验设计,包括界面友好性、操作便捷性等方面,提升用户满意度。根据用户反馈和市场需求,不断优化产品功能和性能,提高产品的市场竞争力。

二、提升技术

(1)加强技术创新。鼓励团队成员进行技术创新和研发,探索新的技术方向和应用场景。与高校、科研机构等建立合作关系,共同开展技术研发项目,提升企业的技术实力。

(2)引进先进技术。关注行业内的先进技术和应用案例,积极引进并消化吸收,为企业所用。引进先进的生产设备和技术工具,提高生产效率和产品质量。

(3)建立技术团队。组建专业的技术团队,负责技术研发、维护和升级工作。定期对技术团队进行培训和技能提升,保持团队的技术领先性。

三、提升服务

(1)建立以客户为中心的服务理念。将客户满意度作为服务的核心目标,注重客户体验和感受。建立健全的客户服务体系,包括售前咨询、售中支持和售后服务等环节。

(2)提供个性化服务。根据客户需求和偏好,提供个性化的服务方案和产品推荐。建立客户档案和数据库,记录客户的购买历史和偏好信息,为个性化服务提供支持。

(3)加强服务培训和团队建设。定期对服务团队进行培训和技能提升,提高服务人员的专业素养和服务意识。加强服务团队的协作和沟通,形成高效、专业的服务团队。

(4)建立客户反馈机制。建立完善的客户反馈机制,及时收集和处理客户意见和建议。对客户反馈进行认真分析和总结,不断改进服务质量和效率。

(5)利用技术手段提升服务效能。引入先进的客户关系管理系统(CRM)等技术手段,提高服务效率和准确性。利用大数据和人工智能技术,对客户需求进行预测和分析,提前布局和规划服务策略。

【案例分析】

什么是客户至上,服务至上?胖东来给出了最佳答案[①]

胖东来,这家在快消品领域脱颖而出的企业,再次因其独特的服务理念登上热搜,成为人们心中的理想职场典范。其成功的秘诀在于,将"客户至上,服务至上"不仅仅停留在口号,而是深入骨髓的企业文化。

胖东来创始人于东来深谙员工是企业核心竞争力的源泉,因此,他推行了多项超前福利政策:实行 7 小时工作制,并计划缩短至 6 小时,确保员工充足休息;为店长配备高价音响,中层以上员工配备高端车型,这些不仅是对员工努力的认可,更是对其生活质量的提升,展现了企业对员工幸福的深切关怀。

尤为值得一提的是胖东来的"委屈奖",以 5000 元奖金抚慰员工在服务中可能遭遇的委屈与挫折,这种及时且实质性的支持,极大地增强了员工的归属感和工作动力。胖东来深知,只有让员工感受到被尊重与理解,他们才能以更加饱满的热情和真诚的微笑面对客户,提供超越期待的服务体验。

在胖东来看来,客户与员工的幸福是相辅相成的。其坚持严选商品品质,承诺不卖假货,赢得了客户的长期信任。同时,通过提升员工幸福感,激发其内在潜能,实现了服务质量的飞跃。这种以人为本、双向共赢的服务理念尤为珍贵,它不仅仅是在经营一家企业,更是在传递一种尊重人性、关注个体价值的社会责任。

胖东来的成功,是对传统企业管理理念的深刻反思与超越。它证明了,在激烈的市场竞争中,唯有真正关注并满足员工与客户的真实需求,才能在商业的海洋中稳健航行,成就非凡。

【案例分析】

Manner 咖啡冲突事件:品牌责任与人文关怀的双重反思[②]

飞速扩张的 Manner,在 2024 年 6 月因店员与顾客发生争执而遭遇公关危机。多段网

---

① 什么是客户至上,服务至上?胖东来给出了最佳答案[EB/OL].(2023-12-02)[2024-06-12]. https://baijiahao.baidu.com/s?id=1784180110329222480.

② Manner 咖啡冲突事件:品牌责任与人文关怀的双重反思[EB/OL].(2024-06-22)[2024-06-12]. https://new.qq.com/rain/a/20240622A087OY00.

传视频显示,6月17日,上海两家Manner咖啡门店店员在同一天均与顾客发生争执,一家门店的男店员与顾客发生肢体冲突,另一家门店的女店员则将咖啡粉泼向顾客。

值得注意的是,Manner近年来飞速扩展,目前在全国拥有1 295家直营门店,成立以来已经获得5轮融资。这两起事件不仅让Manner咖啡的品牌形象受损,也引发了公众对于品牌扩张与服务质量、员工管理之间如何平衡的深刻思考。在这两起冲突事件中,我们不禁要问:是什么导致了这样的结果?是员工的工作压力过大,还是与顾客之间的沟通不畅?抑或是品牌在管理上的疏忽?无论是哪种原因,这都暴露出Manner咖啡在品牌扩张过程中,对于服务质量和员工关怀的忽视。

从员工的角度来看,服务行业的工作压力不容小觑。据了解,Manner咖啡作为近年来快速崛起的咖啡品牌,其门店规模在不断扩大,但同时也面临着员工工作压力大、服务质量难以保证的问题。在部分门店,由于人手紧张,员工需要承担繁重的工作任务,甚至出现了"一员一店"的情况。正因为如此,员工需要时刻保持高度的专注和耐心,以应对各种复杂情况。然而,当员工面临工作压力过大、情绪失控时,他们往往难以保持专业的服务态度,从而引发与顾客的冲突。此次Manner咖啡的冲突事件就是这一问题的集中体现。

然而,我们不能简单地将责任归咎于员工。作为服务行业的一员,他们承受着巨大的工作压力和心理负担,同时也需要面对各种复杂的人际关系和情感挑战。在这种情况下,他们需要得到更多的理解和支持,而不是简单地指责和批评。

从顾客的角度来看,他们有权对服务质量提出要求,但同时也应当尊重员工的人格和劳动成果。在消费过程中,如果顾客对服务不满意,应当通过合理的途径进行投诉和反馈,而不是采取过激的行为来解决问题。同时,顾客也应当理解员工的工作压力和困难,以更加包容和理解的态度对待他们。

从企业的角度来看,企业应当承担起管理责任,加强员工培训和管理,提高服务质量。针对Manner咖啡冲突事件,企业应当反思自身的管理方式和培训体系,是否充分考虑到员工的工作压力和情绪管理问题。同时,企业也应当加强与顾客的沟通和互动,及时了解顾客的反馈和需求,以提供更加优质的服务。

Manner咖啡冲突事件不仅是一起简单的服务纠纷,更是服务行业普遍存在的问题的缩影。应当从员工、顾客和企业三个方面出发,共同努力改善服务行业的现状,让每一位员工都能在轻松愉快的环境中工作,每一位顾客都能享受到高品质的服务。

任务四　新创企业的团队管理

新创企业的团队质量对公司发展的影响是深远且多方面的。一个优秀的团队能够成为企业发展的强大动力,而一个表现不佳的团队则可能成为阻碍企业前进的绊脚石。

新创企业的团队管理需要综合考虑目标、沟通、文化、激励、个人成长、应对挑战以及领导力等多个方面。通过有效的团队管理,可以激发团队成员的潜力,提高团队的整体绩效,推动企业实现可持续发展。项目四的任务四中介绍了创业团队管理与激励,这里不再过多赘述。

【案例分析】

松鼠之梦：三只松鼠的团队创业传奇[①]

三只松鼠品牌的创业故事，是一部充满团队创业精神的传奇篇章。这个故事，从一个普通的创业团队出发，凭借着不屈不挠的精神、敏锐的市场洞察力和团队之间的紧密合作，最终成为了国内电商零食行业的领军者。

创业初期：梦想启航

三只松鼠的创始人章燎原经历了多次创业失败，但他从未放弃对梦想的追求。在19岁那年，一次与表哥的深刻经历触动了他，让他决心改变自己的命运。于是，他开始努力学习，并最终在坚果行业找到了自己的方向。

2003年，章燎原加入安徽詹氏集团，从业务员做起，凭借着自己的努力和勤奋，逐渐积累了丰富的行业经验。这段经历不仅为他日后的创业奠定了坚实的基础，也让他深刻理解了坚果行业的市场潜力和挑战。

团队组建：志同道合，共创未来

2012年，章燎原决定离开詹氏集团，开始自己的创业之旅。他召集了一群志同道合的伙伴，共同成立了安徽三只松鼠电子商务有限公司。这个团队虽然年轻，但每个人都充满了激情和梦想，他们决心通过电商渠道，打造出一个与众不同的坚果品牌。

创业挑战：团结一心，共克时艰

创业之路并非一帆风顺。三只松鼠在成立初期面临着诸多挑战，包括资金短缺、市场竞争激烈、供应链不稳定等。然而，团队成员并没有退缩，他们团结一心，共同面对困难。通过不断的试错和优化，他们逐渐找到了适合自己的发展道路。

在这个过程中，团队成员之间的紧密合作起到了至关重要的作用。他们相互支持、相互鼓励，共同克服了一个又一个难关。正是这种团结一致的精神，让三只松鼠在激烈的市场竞争中脱颖而出。

品牌崛起：创新引领，追求卓越

在团队的共同努力下，三只松鼠迅速崛起。他们注重产品的品质和口感，不断推陈出新，满足消费者的多样化需求。同时，他们还巧妙地运用社交媒体和网络营销等手段，提升品牌知名度和影响力。

在品牌建设方面，三只松鼠以"让天下主人爽起来"为口号，将消费者视为品牌的核心。这种以消费者为中心的经营理念，让三只松鼠赢得了广大消费者的喜爱和信任。

展望未来：持续创新，引领行业

如今的三只松鼠已经成为国内电商零食行业的领军者。然而，他们并没有停下脚步，而是继续保持着创新和进取的精神。他们不断投入研发，提升产品质量和生产效率；同时，他们还积极拓展市场，寻求新的增长点。

[①] "三只松鼠"创始人章燎原和他的团队创新创业故事[EB/OL].(2019-03-31)[2024-06-04]. https://www.163.com/dy/article/EBK049FU0511LEU8.html.

三只松鼠将秉持着团队创业精神,不断追求卓越和创新。他们相信,只要团队成员团结一心、共同努力,就一定能够引领行业发展的新潮流,为消费者带来更多优质、健康、美味的零食产品。

三只松鼠的创业故事充分展示了团队协作的重要性和力量。一个优秀的创业团队需要具备紧密合作、共同目标与价值观、分工明确与高效执行、共同面对挑战与危机以及持续学习与成长等特质。这些特质不仅能够帮助团队在创业过程中克服各种困难和挑战,还能够推动团队不断向前发展并取得更大的成功。

【案例分析】

"西少爷"的创业反思[①]

西少爷,一个从IT转型至餐饮业的成功案例,其背后不仅是一段充满挑战与转折的创业旅程,更是对团队合作与团队管理重要性的一次深刻诠释。西安交通大学的三位校友——孟兵、宋鑫、罗高景,以及后来加入的袁泽陆,共同书写了这段既辉煌又复杂的历史。

起初,凭借对技术的共同热爱与追求,孟兵、宋鑫、罗高景携手创立了奇点兄弟计算机科技公司,尽管初期业务未达预期,但团队间的紧密合作与相互支持为后续的转型奠定了坚实的基础。三人决定转型做西少爷肉夹馍,这一决定不仅展现了团队对市场趋势的敏锐洞察,更体现了团队面对困境时的灵活应变与共同进退的决心。

随着西少爷的迅速走红,团队管理的问题逐渐凸显。孟兵提出的三倍投票权提议,引发了团队内部的激烈争执。这一事件不仅考验了团队成员之间的信任与沟通,也暴露了团队在决策机制与权力分配上的不足。尽管最终通过妥协达成了一定共识,但这一过程无疑对团队氛围与效率造成了不小的冲击。

宋鑫的离开及随后的股权纷争,更是将西少爷的团队管理问题推向了风口浪尖。这一事件不仅暴露了团队在股权架构设计上的不合理之处,也凸显了团队在面对利益冲突时缺乏有效的解决机制。众筹风波的爆发,更是让外界对西少爷的团队管理能力产生了质疑。

西少爷的创业历程,为创业者提供了宝贵的经验与教训。首先,团队合作是企业成功的基石。只有团队成员之间保持高度的信任与默契,才能在面对挑战时携手共进,共同攻克难关。其次,团队管理是企业持续发展的关键。一个优秀的团队管理者,应该能够建立科学合理的决策机制与权力分配体系,确保团队在高效运转的同时,也能保持内部的和谐稳定。

西少爷的故事告诉人们,无论是初创企业还是成熟企业,都需要高度重视团队合作与团队管理的重要性。只有不断优化团队结构、提升团队能力、完善管理机制,才能在激烈的市场竞争中立于不败之地。西少爷的创业历程虽然充满曲折,但其对团队合作与团队管理重要性的深刻反思与不懈追求,无疑为创业者提供了宝贵的启示与借鉴。

---

① 合伙人反目错失4000万,西少爷创始人反思:创业应先上股权课,公司需要一言堂[EB/OL]. (2017-07-03)[2024-06-20]. https://www.163.com/dy/article/CP6DP8700525B1G3.html.

项目总结与分析

本项目围绕新创企业在发展过程中的四大核心领域——资金、营销、技术与服务、团队管理进行了深入探讨与实践。通过本项目的实施与案例展示,学生不仅能够掌握新创企业成长的关键要素,还可以亲身体验从理论到实践的跨越,为未来的创业之路奠定坚实的基础。

思政小课堂

涅槃重生的平价咖啡龙头[①]

瑞幸咖啡,作为中国咖啡市场的平价龙头,经历了从爆雷到重生的过程。2020年,因财务造假风波,瑞幸咖啡被迫从纳斯达克退市,陷入困境。然而,通过一系列自救措施,包括调整董事会和高级管理层、解决诉讼问题、关闭亏损门店等,瑞幸咖啡成功实现了涅槃重生。如今,瑞幸咖啡已成为中国饮品特别是咖啡行业的一个范本。

战略调整:瑞幸咖啡在战略方向上进行了重大调整,从"高举高打"型营销转变为"品运合一"模式,注重提升产品质量和运营效率。同时,瑞幸咖啡还放大了公司在数字化能力、私域积累、门店数量和新零售模式运营经验上的优势,实现了从前端业务数据到后台数字化研发创新的良性循环。

产品创新:瑞幸咖啡注重产品研发,不断推出符合中国消费者口味的新品。例如,生椰拿铁、厚乳拿铁等爆款产品的推出,不仅提升了品牌知名度,还为公司带来了可观的销量和利润。这些产品的成功,证明了瑞幸咖啡在产品开发上的实力和创新能力。

市场拓展:瑞幸咖啡在市场拓展方面也取得了显著成效。通过直营和加盟两种方式,瑞幸咖啡快速扩张门店数量,覆盖了全国多个城市,特别是加盟模式的推出,使得瑞幸咖啡能够更快地渗透下沉市场,提升品牌影响力和市场份额。

供应链管理:瑞幸咖啡在供应链管理方面也进行了优化和提升。通过加强与供应商的合作,瑞幸咖啡确保了原材料的稳定供应和产品质量。同时,瑞幸咖啡还通过数字化手段提高了供应链的透明度和效率,降低了运营成本。

市场地位:目前,瑞幸咖啡已成为中国咖啡市场的平价龙头。在平价咖啡赛道中,瑞幸咖啡凭借其强大的品牌实力、丰富的产品线、广泛的门店网络和高效的供应链管理,占据了领先地位。

未来展望:未来,瑞幸咖啡将继续保持快速增长的态势。一方面,瑞幸咖啡将继续拓展门店数量,特别是在下沉市场中的布局;另一方面,瑞幸咖啡还将加强产品研发和供应链管理,不断提升产品质量和运营效率。同时,瑞幸咖啡还将积极探索新的业务模式和市场机会,以应对日益激烈的市场竞争。

---

① 瑞幸是如何"涅槃重生"的?[EB/OL].(2023-06-10)[2024-06-12].https://new.qq.com/rain/a/20230610A025XO00.

瑞幸咖啡作为中国咖啡市场的平价龙头,凭借其强大的品牌实力、丰富的产品线、广泛的门店网络和高效的供应链管理,实现了从困境中的涅槃重生。未来,瑞幸咖啡将继续保持快速增长的态势,为中国咖啡市场的发展贡献更多力量。

瑞幸咖啡在涅槃重生的过程中展现出了胜不骄败不馁的精神风貌。面对困境时勇于担当、积极自救;在取得成绩时保持谦逊态度、持续创新;展望未来时则不断探索新业务模式、加强品牌建设。这些举措共同促成了瑞幸咖啡的重生与崛起。

附录　创业计划书模板

1. 企业概况

(1) 主要经营范围。

(2) 企业类型。

□生产制造　　□零售　　□批发　　□服务　　□农业

□新兴产业　　□传统产业　　　　□其他

2. 创业计划者的个人情况

(1) 以往的相关经验(包括时间)。

(2) 教育背景,所学习的相关课程(包括时间)。

3. 市场评估

(1) 目标顾客描述。

(2) 市场容量或本企业预计市场占有率。

(3) 市场容量的变化趋势。

(4) 竞争对手的主要优势。

(5) 竞争对手的主要劣势。

(6) 本企业相对于竞争对手的主要优势。

(7) 本企业相对于竞争对手的主要劣势。

4. 市场营销计划

(1) 产品或服务特征展示见附表1。

附表1　产品或服务特征

产品或服务	主要特征

(2)产品或服务价格展示见附表2。

附表2 产品或服务价格

产品或服务	成本价	销售价	竞争对手的价格
折扣销售			
赊账销售			

(3)将产品或服务销售提供给(选择一项并打√)：
□最终消费者　　□零售商　　□批发商
(4)选择该销售方式的原因。
(5)促销方式：
①人员推销,成本预测：　　　　元。
②广　　告,成本预测：　　　　元。
③公共关系,成本预测：　　　　元。
④营业推广,成本预测：　　　　元。

5. 确定公司地点
(1)公司地址(附图片展示公司环境)。
(2)选择该地址的主要原因。

6. 企业组织结构
(1)企业将登记注册为：
□个体工商户　　□有限责任公司　　□个人独资企业
□合伙企业　　　□其他
(2)拟定的企业名称。
(3)企业组织结构图和员工工作描述书。
(4)企业将获得的营业执照、许可证；企业类型；预计注册费用。
(5)企业的法律责任；员工保险预估费用；员工薪酬预估费用；企业纳税预估费用。

(6)合伙(合作)人与合伙(合作)协议;合伙人;出资方式;出资数额与期限;利润分配和亏损分摊;经营分工、权限和责任;合伙人个人负债的责任;协议变更和终止;其他条款。

7. 固定资产购买与折旧

(1)根据预测的销售量,假设达到100%的生产能力,企业需要购买工具、办公设备等;根据交通及营销活动的需要,拟购置交通工具。固定资产购买统计见附表3。

附表3 固定资产购买统计

名称	数量	单价/元	总费用/元
合计			
供应商名称	地址		联系方式

(2)固定资产折旧概要见附表4。

附表4 固定资产折旧概要

项目	价值/元	年折旧/元
工具和设备		
交通工具		
办公家具和设备		
店铺		
厂房		
土地		
合计		

8. 流动资金(月)

(1)原材料和包装所需流动资金统计见附表5。

附表5　流动资金统计

项目	数量	单价/元	总费用/元
供应商名称	地址		联系方式

(2) 其他经营费用(不包括折旧费和贷款利息)统计见附表6。

附表6　其他经营费用统计

项目	费用/元	备注
业主的工资		
员工的工资		
租金		
营销费用		
公共事业费		
维修费		
保险费		
登记注册费		
其他		
合计		

9. 销售收入预测

销售收入预测(12个月)统计见附表7。

附表7　销售收入预测统计

	产品或服务	1月	2月	3月	4月	5月	6月	7月	8月	9月	10月	11月	12月	合计
1	销售数量													
	平均单价													
	月销售额													

续表

产品或服务		1月	2月	3月	4月	5月	6月	7月	8月	9月	10月	11月	12月	合计
2	销售数量													
	平均单价													
	月销售额													
3	销售数量													
	平均单价													
	月销售额													
4	销售数量													
	平均单价													
	月销售额													
5	销售数量													
	平均单价													
	月销售额													
合计	销售总量													
	销售总收入													

10. 销售和成本计划

销售和成本计划见附表8。

附表8 销售和成本计划

	项目	1月	2月	3月	4月	5月	6月	7月	8月	9月	10月	11月	12月	合计
销售	含流转税销售收入													
	流转税(增值税等)													
	销售净收入													
成本	业主工资													
	员工工资													
	租金													
	营销费用													
	公共事业费													
	维修费													
	折旧费													
	贷款利息													
	保险费													

续表

	项目	1月	2月	3月	4月	5月	6月	7月	8月	9月	10月	11月	12月	合计
成本	登记注册费													
	原材料(列出项目)													
	1													
	2													
	3													
	4													
	5													
	总成本													
	利润													
	企业所得税													
	个人所得税													
	其他													
	净收入(税后)													

11. 现金流量计划

现金流量计划见附表9。

附表9 现金流量计划

	项目	1月	2月	3月	4月	5月	6月	7月	8月	9月	10月	11月	12月	合计
现金流入	月初现金													
	现金销售收入													
	赊销收入													
	贷款													
	其他现金流入													
	可支配现金(A)													
现金流出	现金采购支出(列出项目)													
	1													
	2													
	3													
	4													

续表

项目		1月	2月	3月	4月	5月	6月	7月	8月	9月	10月	11月	12月	合计
现金流出	5													
	赊购支出													
	业主的工资													
	员工的工资													
	租金													
	营销费用													
	公共事业费													
	维修费													
	贷款利息													
	偿还贷款本金													
	保险费													
	登记注册费													
	设备													
	其他													
	税金													
	现金总支出(B)													
月底现金(A−B)														

参考文献

[1] 王晓明,方旭东.大学生创新创业教程[M].北京:机械工业出版社,2023.

[2] 黄昕,王江生.大学生创新创业教育实务[M].成都:西南交通大学出版社,2023.

[3] 刘霞,宋卫.大学生创新创业基础与实践[M].北京:人民邮电出版社,2021.

[4] 李明慧.大学生创新创业理论与技能指导[M].成都:四川大学出版社,2021.

[5] 焦晓波.大学生创新创业教程[M].北京:人民邮电出版社,2021.

[6] 李良进.社会调查方法与实践[M].上海:同济大学出版社,2024.

[7] 杨喆,韦宏思,张建军.高职学生社会实践探索[M].成都:西南交通大学出版社,2021.

[8] 黎娟,郑璁.市场调查与预测[M].西安:西北工业大学出版社,2014.

[9] 张静,许静,徐贽.大学生志愿服务理论与实践[M].成都:西南财经大学出版社,2024.

[10] 陆根书,刘胜辉.大学生创新创业基础[M].2版.北京:北京理工大学出版社,2017.

[11] 郑懿,熊晓曦,张孟琪.大学生创新创业基础:微课版[M].北京:人民邮电出版社,2020.

[12] 万生新,姬建锋.大学生创新创业教育[M].西安:陕西人民出版社,2019.

[13] 林夕宝,吴瑞红.大学生创新创业教育教程[M].成都:电子科技大学出版社,2016.

[14] 李子毅,刘佩.大学生创新创业指导[M].北京:北京理工大学生出版社,2019.

[15] 万超,周探伟,慈继豪.高校大学生社会实践与创新能力培育[M].长春:吉林人民出版社,2020.

[16] 陈玉,李辉.创意产业视角下大学生创新创业实践能力培养[J].山西财经大学学报,2023,45(增刊1):85-87.

[17] 田丽苗,李俊吉,苗娜妮,等."三全育人"理念下大学生创新创业实践育人体系探索[J].教育信息化论坛,2023(4):93-95.

[18] 易婷,古贞.价值共创视角下民办高校大学生创新创业实践平台建设研究[J].创新创业理论研究与实践,2023(2):196-198.

[19] 董理,穆葆慧.大学生志愿服务育人功能及其实现路径[J].领导科学论坛,2024(2):136-138.

[20] 郑媛元.双创背景下的大学生创新创业教育教学研究[J].学周刊,2024(12):4-6.

[21] 侯奕萱.新时代高校大学生创新创业精神培养的路径研究[J].黑龙江教育(教育与教学),2024(增刊1):28-30.

[22] 唐壮东,丑晓奇,邓炼.面向乡村振兴的大学生返乡创新创业模式分析[J].教书育人(高教论坛),2024(9):21-23.

[23] 李益坤.数字经济时代网络社交平台对大学生创新创业的影响[J].互联网周刊,2024(6):42-44.

[24] 王俭."互联网+"背景下大学生创新创业存在的现实困境与新策略探究[J].山西青年,2024(5):120-122.

[25] 屈任洁,赵闫非,牛天勇.大学生创业现状调查与促进策略研究[J].商展经济,2024(5):134-137.

[26] 任培培.大学生创新创业实践活动的现状调查及提升路径研究[J].黑龙江科学,2024,15(5):140-142.

[27] 徐爱芳."互联网+"时代大学生创新创业能力提升策略[J].产业创新研究,2024(5):196-198.

[28] 吴振娟.浅谈数字经济时代互联网创业发展趋势和对策[J].市场瞭望,2024(2):19-21.

[29] 王宏."互联网+创新创业大赛"推动下的高职院校创业教育新思路[J].林区教学,2023(12):49-52.

[30] 李利荣.大学生创新创业项目实战化研究[J].创新创业理论研究与实践,2023(17):188-193.

[31] 魏巍.互联网时代影响创业成功的关键因素及运营策略[J].投资与创业,2023(11):19-21.